iBT対策

目標スコア80〜100点

改訂版

TOEFL®テスト 集中攻略 リーディング

トフルゼミナール 編

テイエス企画

はじめに

　TOEFL iBT テストは、米国の Educational Testing Service（ETS）によって開発された、英語を第一言語としない人を対象としたテストです。主に英語圏の大学や大学院で授業を受ける際に必要となる英語力を測るために利用されています。さまざまな国で実施されており、世界で最も普及している英語の試験の1つと言えるでしょう。日本では留学を予定している学生が受験する試験として定着しているだけでなく、一部の大学では入試の英語力判定にも使われています。

　TOEFL iBT テストは Reading、Listening、Speaking、Writing の4つのセクションで構成されますが、本書は Reading セクションの対策をしようとする人のために作られました。高等教育機関で学ぶのに必要な英語力を試すテストなので、実際の大学の授業で課せられるのとほぼ同じ内容とレベルの文章を読むことになります。地学・生物学・医学などの自然科学、歴史・社会・経済などの社会科学、文学・芸術などの人文科学といった幅広い学問分野が話題として取り上げられ、毎回3つもしくは4つの長文が出題されますので、自分の専門の分野以外の文章も読まなければいけません。長文の内容を理解したり問題を解いたりするのに専門的な知識は必要とされませんが、それでも高いレベルの語彙力とアカデミックな内容の文章を論理的に読み進めていくための読解力が問われます。

　本書は、TOEFL iBT テストで出題される設問タイプを確認した上で、さまざまな分野の長文を読んで演習し、本番3回の実戦模試で総仕上げをします。みなさんが本書を使って試験形式に慣れ、特定の分野の長文に対する苦手意識を克服し、目標スコアを達成できることを願っています。

2021 年 2 月
トフルゼミナール

目次

本書の利用法

　本書は、TOEFL iBT テストの Reading セクションのスコアを確実に伸ばすために最適な 4 つの章で構成されています。合計で 24 のパッセージが収録されていますので、本番前に英文をたくさん読んで練習したい方におすすめです。本番で実力を発揮できるように、問題に挑戦した後も何度も復習して重要表現や設問形式に慣れていきましょう。

スコアアップのための 4 つの章

第 1 章　設問タイプの攻略
　例題を通して TOEFL iBT で出題される 8 つの設問タイプを 1 つずつ解説します。重要ポイントとともに、解答の方法やテスト対策上の留意点をしっかり把握しましょう。

第 2 章　分野別問題演習 自然科学
　TOEFL で頻出する分野のうち自然科学に属する分野のパッセージと問題を 7 題用意しました。解答と解説の最後には語彙・表現リストを掲載していますので、苦手分野の用語もしっかり覚えましょう。

第 3 章　分野別問題演習 人文・社会科学
　TOEFL で頻出する分野のうち人文・社会科学に属する分野のパッセージと問題を 6 題用意しました。繰り返し復習して、それぞれの設問タイプに対する解答力を磨きましょう。

第 4 章　実戦模試
　本試験と同じ 3 つの長文読解に挑戦する直前対策の模擬試験を 3 回分用意しました。時間配分に注意しながら本番で実力を出しきるための総仕上げをしましょう。

Appendix　追加の設問タイプ
　第 1 章で取り上げたもの以外で押さえておきたい設問タイプをさらに 2 つ紹介します。2 つの演習問題を解いて万全の準備をしておきましょう。

各章の学習の流れ

「第1章　設問タイプの攻略」の学習

1. 「TOEFL iBT Reading の取り組み方」を読む

　まず、TOEFL iBT テストの Reading セクションの概要を把握しておきましょう。どのようなトピックが取り上げらえるのか、どのような時間配分で解き進めるべきなのかといった基本情報を確認してください。

2. 例題1を解く

　本書では、本試験の際に示される Direction（解法の手順の説明）は収録されていませんので、そのまま問題に取りかかってください。解答時間は設定していませんので、好きなだけ時間をかけて構いません。

例題

例題 1　8つの設問タイプを攻略しよう

SPACE JUNK

1　It is hard to believe that space itself can be polluted by human efforts, but it is true even the outer limits can face damage. We have trashed the orbits our spacecraft travel through. So much so that, before every launch of a space shuttle, NASA's high-speed computers run for a full 24 hours on just one element of the flight: to choose a safe orbit, so that the shuttle will not be destroyed by colliding with some other man-made orbiting body.

2　Space is in fact fairly empty, but it is by no means free of debris. As of the last announced count, there were 19,000 man-made objects in low earth orbit big enough to be tracked by surface radar. A handful of them are working satellites—communications, intelligence, weather. Some are satellites which have run out of energy or lost communication and are now "dead," but remain in orbit because the laws of orbiting ballistics do not give them any other place to go. Some are pieces of scrap metal from broken satellites, launch vehicles or fuel tanks. A few are simply objects that the astronauts have dropped—a wrench, a screwdriver, a Hasselblad camera. They range from the size of a baseball to the size of a school bus, and they are moving at high speeds, around 4 miles a second, fast enough that even the smallest of them could seriously damage any object it happened to hit, even a space shuttle.

3　Taken all together, what these abandoned space-borne objects amount to is a sort of orbital minefield, left there by the spacefaring nations of the Earth. They are space junk, and their number is still increasing. Two German scientists—Peter Eichler and Dietrich Rex of the Technical University of Braunschweig— have estimated that the chance of a "catastrophic" collision in space is now about 3.7 percent per year.

4　Is there any way of cleaning up this garbage belt? There have been plenty of proposals for doing so, ranging from passive "vacuum cleaners" (a windmill-like satellite with huge plastic vanes, or a huge, miles-across ball of sponge plastic, either of which would simply soak up all the smaller objects in its path) to active robot spacecraft, remote-controlled, that would be flown ahead of the shuttle through its orbit much in the same way as tanks shelter advancing infantry. None of these is likely to be put into practice for three reasons. First, they are all

terribly expensive. Second, none of them would work as well as simply keeping the trash out of orbit in the first place. Third, most of them might actually produce more small particles after a collision.

5　However, those large objects are only the beginning, for in addition to the big ones, there is an uncounted multitude of tinier objects in those same orbits, too small for the radar search at Goddard Space Flight Center to detect. **A** Perhaps there are a million of these tiny bits of trash: flecks of paint from old fuel tanks, fragments of metal smaller than a fingernail, odds and ends of litter of all kinds. **B** Even the tiniest of these bits of cosmic shrapnel are dangerous to anything they collide with. **C** Small as they are, they are fast. **D** Because of their velocities, the kinetic energy—which is to say, the destructive power—of even the smallest of them in a head-on collision can do as much damage as a cannonball at sixty miles an hour. It is certainly enough, for instance, to kill an astronaut if he were unlucky enough to have his suit punctured by one.

6　Here, too, there is no end to the technological fixes that have been proposed. If the space station is ever built, for example, NASA has already made plans to surround it with a double wall of thin sheet aluminum—hopefully to absorb the kinetic energy before it hits anything important. Two engineers, Cyrus Butner and Charles Garrell, have patented a "Method and Apparatus for Orbit Debris Mitigation" which consists of a honeycomb of cone-shaped buffers lined with some energy absorbing substance, and there are dozens of other ideas which have been put forth rather tentatively.

7　Whether any of them would work is unclear. It is unquestionable that they would add mass to every launch, and thus reduce the amount of payload that could be carried. In any case, even if they worked there are many situations where they could not be used. The mirror of a space telescope or the receptors of many kinds of instruments simply could not function with any sort of shield between them and the things they are launched to observe.

第1章　設問タイプの攻略

③ 設問タイプを確認する。

例題を解き終えたら、解答とその根拠を確認すると同時に、頻出の設問タイプの特徴をしっかり押さえましょう。解法についても説明してありますので、同様の問題が出題された際にどのように取り組むべきか十分に理解しておくことも重要です。

設問タイプの説明

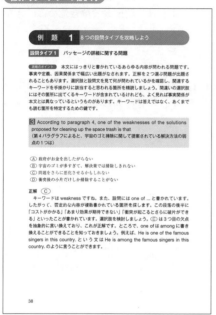

④ 例題2を解く

解答時間は気にしなくて結構ですので、例題1で学習した設問タイプごとの解法を試してみましょう。間違えた設問は解説をしっかり読むだけでなく、再度解法のポイントや手順を確認してください。

「第2〜3章 分野別問題演習」の学習

1 問題に取り組む

　パッセージの長さや難易度には若干の差がありますが、目標解答時間は1題18分に設定してあります。

分野別問題演習

自然科学　Passage 4　18 min.

PHYTOPLANKTON

1　Approximately 252 million years ago, the greatest extinction event in the history of the Earth took place. Known as the Permian extinction, roughly 90% of all marine species and 70% of all terrestrial species died off. This event also signaled the end of the Permian era and the advent of the Mesozoic era. It is currently believed that this incident occurred as a result of at least two key factors: gradual climate change along with a catastrophic event, such as a meteor impact or intense volcanism. In terms of biodiversity, it took approximately 10 million years for the Earth to recover from this "mass dying."

2　As the Earth's marine fauna recovered, there were considerable changes brought on by rapid diversification, as bony and cartilaginous fish gained prominence and the biomass of individual life forms began to quickly increase. This rapid diversification has been attributed to climate and sea level changes and evolutionary opportunities brought on by gaps created by the mass extinction. There may be an additional factor, however, that has only recently been considered: food availability.

3　Both before and after the Permian extinction, the bottom of the marine food pyramid was largely made up of microscopic plants known as phytoplankton (as it is still is today). Like other plants, phytoplankton convert the sun's energy to food through the process of photosynthesis. Phytoplankton are consumed by zooplankton, small herbivorous organisms that drift in the seawater, and these zooplankton are then consumed by organisms farther up the marine food pyramid. The phytoplankton that were dominant prior to the Permian extinction were known as green phytoplankton (or green algae). After this mass extinction, however, a new type of phytoplankton known as red phytoplankton (or red algae) began to appear in considerable numbers. (The color distinction between these two types of phytoplankton has to do with the type of chlorophyll' they use during photosynthesis.)

4　As for why this shift in phytoplankton populations occurred, we must first consider the types of micronutrients favored by both types. On the one hand, green algae prefer copper, zinc, and iron, while red algae thrive when manganese, cadmium, and cobalt are readily available. Although all of these micronutrients are present in most seawater, their concentrations vary considerably based on

自然科学　Passage 4

the oxygen levels in the environment. A In the case of the former group, a low-oxygen environment contributes greatly to the dissolution of these particular micronutrients, making them more readily accessible to green phytoplankton. B For the latter group of micronutrients, a high-oxygen environment does the same, providing much needed nutrients to red phytoplankton. C Additionally, from the Mesozoic onward, larger terrestrial plant life, coupled with more humid conditions, created considerably higher rates of erosion and weathering of soil and rock. D The runoff from this erosion, along with decomposing plant matter such as leaves, would end up in the shallow waters of the ocean, where it would contribute to the nutrient needs of red phytoplankton. These processes were further accelerated by the collision of the continents brought on by the formation of the supercontinent Pangaea during this same time period.

5　Compared to their green analogs, red phytoplankton are much more nutrient dense, and therefore more nutritious, to the zooplankton that consume them. With more nutrient-rich food to consume, the zooplankton provide much more energy to their own consumers. This effect ripples all the way up the food pyramid, resulting in much larger organisms all the way up. Because of their limited nutritive value, the green phytoplankton had effectively capped the size of the organisms in the marine food pyramid. The red phytoplankton, not only removed that cap, but also energized the entire system.

6　While clearly not the only factor responsible for the rapid diversification of marine life after the Permian extinction, the impact of the emergence of red phytoplankton is certainly worthy of consideration.

第2章　分野別問題演習　自然科学

108　　109

　本文訳、正解一覧、解答と解説、語彙・表現リストが含まれます。正解率が気になるでしょうが、正解一覧を見て答え合わせをするだけでは不十分です。毎回必ず解説を読み、正解した設問では正解の根拠を、不正解だった設問では正解に至るまでの解答のプロセスをしっかり確認することで解答力を鍛えていきましょう。

正解一覧・解答と解説

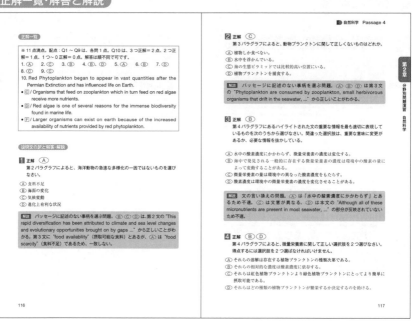

正解一覧

※ 11点満点。配点：Q1〜Q9は、各問1点。Q10は、3つ正解＝2点、2つ正解＝1点、1つ〜0 正解＝0点。解答は順不同で可です。
1. Ⓐ　2. Ⓒ　3. Ⓑ　4. Ⓒ　5. Ⓐ　6. Ⓑ　7. Ⓐ
8. Ⓒ　9. Ⓑ
10. Red Phytoplankton began to appear in vast quantities after the Permian Extinction and has influenced life on Earth.
- Ⓒ / Organisms that feed on zooplankton which in turn feed on red algae receive more nutrients.
- Ⓓ / Red algae is one of several reasons for the immense biodiversity found in marine life.
- Ⓕ / Larger organisms can exist on earth because of the increased availability of nutrients provided by red phytoplankton.

設問文の訳と解答・解説

1 正解　Ⓐ
　第2パラグラフによると、海洋動物の急速な多様化の一因ではないものを選びなさい。
Ⓐ 食料不足
Ⓑ 海面の変化
Ⓒ 気候変動
Ⓓ 進化上有利な状況

解説 パッセージに記述のない事柄を選ぶ問題。Ⓑ Ⓒ Ⓓ は第2文の "This rapid diversification has been attributed to climate and sea level changes and evolutionary opportunities brought on by gaps ..." から正しいことがわかる。第3文に "food availability"（摂取可能な資料）とあるが、Ⓐ は "food scarcity"（食料不足）であるため、一致しない。

116

2 正解　Ⓒ
　第3パラグラフによると、動物プランクトンに関して正しくないものはどれか。
Ⓐ 植物しか食べない。
Ⓑ 水中で浮かんでいる。
Ⓒ 海の生態ピラミッドでは比較的高い位置にいる。
Ⓓ 植物プランクトンを捕食する。

解説 パッセージに記述のない事柄を選ぶ問題。Ⓐ Ⓑ Ⓓ は第3文の "Phytoplankton are consumed by zooplankton, small herbivorous organisms that drift in the seawater, ..." から正しいことがわかる。

3 正解　Ⓑ
　第4パラグラフにあるハイライトされた文の重要な情報を最も適切に表現しているものを次のうちから選びなさい。間違った選択肢は、重要な意味に変更があるか、必要な情報を抜かしている。
Ⓐ 水中の酸素濃度にかかわらず、微量栄養素の濃度は変化する。
Ⓑ 海中で発見される一般的に存在する微量栄養素の濃度は環境中の酸素の量によって変動することがある。
Ⓒ 微量栄養素の量は環境中の異なった酸素濃度をもたらす。
Ⓓ 酸素濃度は環境中の微量栄養素の濃度を変化させることがある。

解説 文の言い換えの問題。Ⓐ は「水中の酸素濃度にかかわらず」とあるため不適、Ⓒ は文意が異なる。Ⓓ は本文の "Although all of these micronutrients are present in most seawater, ..." の部分が反映されていないため不適。

4 正解　Ⓑ Ⓓ
　第4パラグラフによると、微量栄養素に関して正しい選択肢を2つ選びなさい。得点するには選択肢を2つ選ばなければいけません。
Ⓐ それらの溶解する存在する植物プランクトンの種類次第である。
Ⓑ それらの相対的な濃度は酸素濃度に依存する。
Ⓒ それらは紅色植物プランクトンより緑色植物プランクトンにとってより簡単に摂取可能である。
Ⓓ それらはどの種類の植物プランクトンが繁栄するか決定するのを助ける。

117

■ 自然科学　Passage 4

第2章
分野別問題演習
自然科学

③ 語彙・表現リストで語彙力を強化する

パッセージごとに必修語句を整理してありますので、語彙力強化に役立ててください。リーディングセクションのスコアアップには頻出分野に関する語彙を身につけることが必須ですので、しっかり復習しましょう。

語彙・表現リスト

各パラグラフの語彙・表現

第1パラグラフ
dawn	（名）	夜明け、始まり
rule out	（動）	除外する、不可能にする
previous	（形）	以前の
ancestor	（名）	先祖
rely on	（動）	依存する、頼る
relatively	（副）	比較的に
crude	（形）	無加工の、粗雑な
motive energy	（名）	運動エネルギー
manual labor	（名）	肉体労働
draft animal	（名）	役畜（荷物を引くために使われる家畜）
wind mill	（名）	風車
inefficiency	（名）	非効率性
thermal	（形）	熱の
unleash	（動）	もたらす、（感情などを）解き放つ
locomotion	（名）	運動、移動
manufacturing	（名）	製造

第2パラグラフ
epoch-making	（形）	画期的な
due to	（前）	〜が理由で
significantly	（副）	著しく
stem from	（動）	〜に由来する
chemical	（形）	化学的な
property	（名）	特性、性質
specifically	（副）	具体的に
convert	（動）	変換する
remarkable	（形）	注目すべき
capture	（動）	とらえる
require	（動）	必要とする
crude	（形）	粗雑な
exceed	（動）	〜を上回る
precede	（動）	〜に先行する

自然科学 Passage 6

第3パラグラフ
put ~ into practical use	（熟）	〜を実用化する
phase	（名）	段階
physicist	（名）	物理学者
contribution	（名）	貢献
commercialize	（動）	商業化する、商品化する
mining	（名）	鉱山採掘
exceptionally	（副）	例外的に
ratio	（名）	比率
mechanical engineer	（名）	機械工学士
radically	（副）	急激に
improve	（動）	向上させる
utilize	（動）	使用する
rotary	（形）	回転の
advent	（名）	到来
coal-powered	（形）	石炭を動力とする
take off	（動）	始まる
in earnest	（熟）	本格的に、真剣に
no less than	（熟）	〜と同等である
fossil fuel	（名）	化石燃料

第4パラグラフ
launching	（名）	開始、着手
generation	（名）	生成
advance	（名）	進歩
refrigeration	（名）	冷蔵
combustion	（名）	燃焼
vastly	（副）	非常に
lead to	（動）	〜を引き起こす
unprecedented	（形）	先例のない

第5パラグラフ
crossroad	（名）	十字路、岐路
accustomed to	（熟）	〜に慣れている
nonetheless	（副）	それにもかかわらず
harness	（動）	利用する
consequence	（名）	結果、影響
exploration	（名）	探査

第2章 分野別例題演習 自然科学

150
151

「第 4 章　実戦模試」の学習

1　問題に取り組む

　模試 1 回あたり 3 つのパッセージについての設問を 54 分で解きます。第 2 ～ 3 章の分野別問題演習と異なり、解答と解説は 3 題まとめて掲載します。

2　解答と解説を確認する

　第 2 ～ 3 章の分野別問題演習と同様に解説をしっかり読みましょう。これまでの章で学習してきたことの総仕上げをする段階なので、正解できなかった設問や苦手な設問タイプの取り組み方については念入りに確認して、試験本番に備えてください。

「Appendix　追加の設問タイプ」の学習

① 設問タイプを確認する。

2つの設問タイプの特徴をしっかり押さえましょう。解法についても説明してありますので、どのように取り組むべきか十分に理解しておくことが重要です。

② 問題に取り組む

2つの設問タイプの演習問題を2つ用意しました。目標解答時間は3題で15分に設定してあります。

追加の設問タイプ

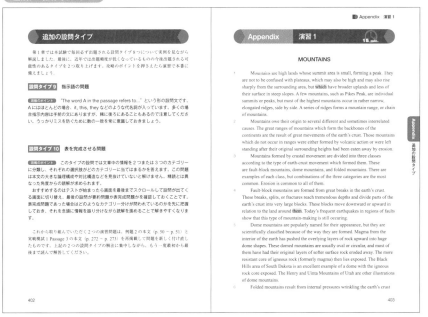

③ 解答と解説を確認する

分野別問題演習と実戦模試と同様に解説をしっかり読みましょう。正解の根拠と解法を確認することが解答力アップにつながります。

TOEFL について

TOEFL テストとは

　TOEFL（Test of English as a Foreign Language）は、非英語圏の人を対象にした英語力診断試験です。アメリカの ETS（Educational Testing Service）の運営・実施により世界約 165 カ国で試験が行われており、そのスコアは世界中、10,000 以上の短大や大学などの機関において総合的な英語力評価の目安として採用されています。とくにアメリカ、カナダを中心とした英語圏の大学や大学院に留学する場合には、この試験のスコアの提出が不可欠といえます。

　また、近年、入学試験や単位認定に TOEFL を利用する日本の大学も増加しており、国内進学を希望する高校生や就職活動に有利だとする大学生など、留学希望者以外の受験者も増えています。日本では、現在 iBT（Internet-based test）方式で試験が行われており、全国各地の試験会場で実施されています。

　TOEFL iBT は、日常生活や大学での講義など、非英語圏の人たちが大学で遭遇するさまざまな場面において必要なリーディング力、リスニング力、ライティング力、スピーキング力を客観的にスコアで判定するテストです。問題には「読む／聞く／質問に答えて話す」、「読む／聞く／質問に答えて書く」、といった総合力を試す形式（Integrated Task）が導入されています。

Reading Section（54 〜 72 分）コンピューター画面上、マウスでクリックして解答。
パッセージ 3 〜 4 題。（各パッセージ 10 の設問）

↓

Listening Section（41 〜 57 分）ヘッドセットを装着。コンピューター画面上、マウスでクリックして解答。
講義問題 3 〜 4 題（各問題 6 つの設問）。会話問題 2 〜 3 題（各問題 5 つの設問）。

↓

休憩（10 分）

↓

Speaking Section（約 17 分）ヘッドセットを装着。マイクに向かって解答を録音。
Independent Task（独立問題）1 題、Integrated Task（総合問題）3 題。

Writing Section（約 50 分）ヘッドセットを装着（総合問題）。キーボード入力で解答作成。
Independent Task（独立問題）1 題、Integrated Task（総合問題）1 題。

　テストはコンピューター上で行われ、Speaking Section ではマイクに向かって答えたものがデジタル録音されます。Writing Section ではキーボード入力で解答を作成

します。また、テスト全体にわたりメモを取ることが許されています。テストは1日で終わり、試験時間はおよそ3時間です。

┃TOEFL iBT の問題構成┃

◆ **Reading Section**（54 〜 72 分）
　700 語前後のパッセージが 3 〜 4 出題され、各パッセージに 10 の設問がつく。パッセージが 4 題出題される場合、そのうち 1 題が採点されないダミー問題。
　問題形式：4 択問題の他、パッセージ中の適切な場所に指定の文を挿入する問題、複数の選択肢を適切に並べて表や要約を完成させる問題も出題される。

▶ 4 択問題
　選択肢をクリックして解答する。

▶ 要約完成問題
　選択肢を空欄にドラッグして解答する。

◆ **Listening Section**（41 〜 57 分）
　3 〜 5 分の講義を聞く問題と 3 分程度の会話を聞く問題の 2 つに大別される。
・ 講義：教授のみが話すモノローグ形式と教授と生徒の対話形式の 2 つがある。3 〜 4 出題され、それぞれ 6 つの設問がつく。
・ 会話：2 〜 3 出題され、それぞれ 5 つの設問がつく。

セクション全体は会話1題と講義1～2題で構成されるセットに分割され、2～3
セット出題される。3セット出題される場合、1セットは採点されないダミー問題。
　問題形式：4択問題が最も多い。複数の正解を選ぶものや4つ以上の選択肢から2
　　　　　　つ以上の正解を選ぶ問題、まとめや関係を示す表の欄をクリックして埋
　　　　　　める問題が出題される。また、会話や講義の一部を再度聞いて質問に答
　　　　　　えるreplay問題が出題される。

▶講義の聞き取り
　講義の音声とともに講義風景が
展開される。

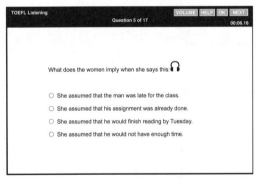

▶ replay問題
　ヘッドホンのマークの箇所は、
講義や会話の音声が再生される。

◆ Speaking Section（17分）
　4つのtaskから構成される：
Independent Task（独立問題）1題、Integrated Task（総合問題）3題。

1. Independent Task
　質問に対して答える（準備時間：15秒、解答時間：45秒）。
　問題形式：2つの選択肢のうちから支持するものを選び、理由を加えて意見を述べる。

2. Integrated Task—Read/Listen/Speak

75 ～ 100 語程度の英文を読む→ 150 ～ 180 語程度の英文（60 ～ 80 秒）を聞く
→質問に対して答える（準備時間：30 秒、解答時間：60 秒）。

問題形式：短い英文を読み、キャンパスでの会話を聞いた後、ポイントをまとめて
　　　　　説明する。

3. Integrated Task—Read/Listen/Speak

75 ～ 100 語程度の英文を読む→ 150 ～ 220 語程度の講義（60 ～ 90 秒）を聞く→
質問に対して答える（準備時間：30 秒、解答時間：60 秒）。

問題形式：短い英文を読み、講義の一部を聞いた後、中心的な見解や法則などと具
　　　　　体的な例との関連性を説明する。

4. Integrated Task—Listen/Speak

230 ～ 280 語程度の講義（90 ～ 120 秒）を聞く→質問に対して答える
（準備時間：20 秒、解答時間：60 秒）。

問題形式：講義の一部を聞いた後、中心的な見解や法則などの要約をする。

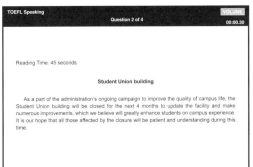

▶ Integrated Task：Read
制限時間内で英文を読む。

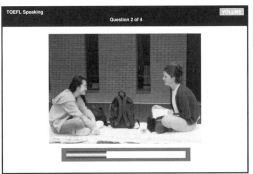

▶ Integrated Task：Listen
　会話の画面例。キャンパス関連
のやりとりを聞き取る。

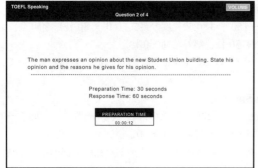

▶ Integrated Task : Speak

　解答準備時間が与えられた後、マイクに向かって質問に答える。

◆ **Writing Section**（約 50 分）

　2 つの task から構成される：

Independent Task（独立問題）1 題、Integrated Task（総合問題）1 題。

1. Integrated Task—Read/Listen/Write

　230 ～ 300 語の英文（3 分）を読む→講義（約 2 分）を聞く→質問に対して答える（150 ～ 225 語程度の長さ、それ以上の長さでも減点されることはない。解答時間：20 分）。

　問題形式：英文を読み、講義を聞いた後、質問に対して答える。講義の要約と英文の内容との関連性が問われる。

2. Independent Task

　トピックについて答える（300 語以上の長さ、解答時間：30 分）。

　問題形式：トピックが与えられ、自分の意見を述べる。

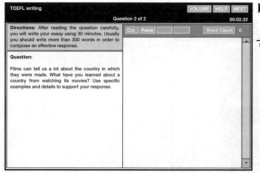

▶ Independent Task

　解答は、コンピューター画面上でキーボード入力する。

採点について

セクション	配点
Reading	0 〜 30
Listening	0 〜 30
Speaking	0 〜 30
Writing	0 〜 30
合計スコア	0 〜 120

　TOEFL iBT は、各セクションの素点にもとづく換算スコアの満点が 30 点で、4 セクションの総合スコアは 120 点満点です。

　採点はコンピューター（e-rater®）による自動採点だけで行われるセクションと、コンピューターと専門的な採点者によって行われるセクションとがあります。

　Reading Section と Listening Section では、コンピューターが採点し、素点の合計は換算表にもとづいて 0–30 のスコアに変換されます。Speaking Section では、各 Task の解答に複数の採点者によって 0–4 の評価点が与えられ、その合計をもとに 0–30 のスコアに換算されます。Writing Section では、人とコンピューターによる採点で 0–5 の評価点が与えられ、その合計をもとに 0–30 のスコアに換算されます。なお、各セクションとも、無解答は不正解とされ、最低 1 問の問いに答えなかった場合は採点されません。

　スコアは、テスト日の約 6 日後に、オンラインで確認できますが、公式のスコアレポートが指定の送付先への発送されるのはテスト日の約 11 日後とされています。スコアの有効期間はテスト日から 2 年間です。ちなみに、2018 年の日本人受験者の平均スコアは、Reading Section 18 点、Listening Section 18 点、Speaking Section 17 点、Writing Section 18 点で、4 セクション合計で 71 点となっています。

要求されるスコア

　大学・大学院の入学許可は、各校の学部や学科、専攻ごとの独自の規定にしたがって決定されます。卒業校や在籍校での成績、アメリカでは学校によって SAT などの成績も審査の対象になりますが、平均的な大学・大学院の入学に必要な TOEFL の基準点（minimum score）は、だいたい次のようになっています。

	2 年制大学	4 年制大学	大学院
アメリカ	46–61 点	61–80 点	80–100 点
カナダ	61 点以上	80 点以上	100 点以上

アメリカの一般的な 4 年制大学では、TOEFL iBT 61–80 点で入学を許可されますが、アカデミックな講義についていくには必ずしも十分な英語力とは言えないでしょう。入学時の最低スコアとして、難関校では 80–100 点、トップ校と言われる 4 年制大学・大学院では 100 点を要求される場合が多くなっています＊。英語力が不足していると判断された場合は、条件付き合格となり、併設する英語学校などで定められた基準を満たすように要求されることがあります。

　必要とされるスコアは、国によっても異なります。カナダの大学では、一般的にアメリカの大学より高いスコアが要求されます。最近は、イギリスやオーストラリアの大学でも、TOEFL iBT の成績で出願できる学校が増えていますが、カナダと同様に要求スコアは高く、80 点以上となっています。

＊英語圏の学生と同じくらいに英語ができることを前提に、スコア提出を課さない大
　学もありますが、トップ大学の講義を理解するには最低でも 100 点をとっておく
　ことが望ましいでしょう。プリンストン大学のように、志願者の平均スコアが 108
　点というところもあります。

TOEFL iBT テストの問い合わせ先

● 受験の申し込み、テスト日・会場変更、受験のキャンセル、一般情報
TOEFL iBT Regional Registration Center（RRC）
プロメトリック株式会社 RRC 予約センター
URL: http://www.prometric-jp.com
〒 101-0062　東京都千代田区神田駿河台 4-6 御茶ノ水ソラシティ　アカデミア 5F
TEL: 03–6204–9830（9:00–18:00、土日祝休）

● 受験者のプロフィール情報の変更
Educational Testing Service（ETS）
TOEFL Services ETS
URL: https://www.ets.org/toefl
TOEFL Services, Educational Testing Service
PO Box 6151 Princeton, NJ 08541-6151, USA
TEL:
1–609–771–7100（アメリカ、カナダ国外）
1–877–863–3546（アメリカ、カナダ国内）
（8:00–17:45　U.S. Eastern Time、土日祝休）
FAX: 1–610–290–8972
E-mail: toefl@ets.org

● 受験後のスコア、スコアレポート発行・発送状況について
Educational Testing Service（ETS）
Customer Support Center in Japan
TEL: 0120–981–925（9:00–17:00、土日祝休）
E-mail: TOEFLSupport4Japan@ets.org

第1章

Chapter 1

設問タイプの攻略

TOEFL iBT Reading の取り組み方

▌TOEFL iBT Reading とは▐

　みなさんは TOEFL iBT（以下 TOEFL）のリーディングと聞いてどのようなイメージをお持ちでしょうか。受験生のみなさんに聞くと専門的な文章が多い、語彙が難しい、時間が足りない、などの返事が返ってきます。正直言ってかなり厳しい試験であるといえるでしょう。

　わずかな上級者（リーディングで 27 以上くらいのイメージです）以外の人たちにとって、54 分で 3 題（ごくまれに 72 分で 4 題）の文章を読み、全設問に答えるというのは簡単なことではありません。

▌時間配分について▐

　このような試験ですのでタイムマネジメントが当然重要になってきます。設問に答える時間をつくるためには文章をある程度素早く読めるようにならなければいけません。機械的に 1 題あたり 18 分として、（この 18 分には設問を解く時間も含んでいます）ひとまず 1 つの文章を 7 〜 9 分程度で読み切ることを目指してください。

▌緩急をつける▐

　文章はもちろん複数のセンテンスで構成されています。一般的に個々のセンテンスが難しいほど文章は読みにくくなります。しかし、TOEFL のリーディングは複雑で難解なセンテンスばかりが集まったものではありません。文構造自体は語彙と基礎的な構文把握力があれば読めるものが多いのです。

　しかし一方で、複雑で読みにくい文も混じっています。そしてこのような難解な箇所を正確に読解しなければ正解できない問題も混じっています。したがって早く読むためには、全ての文を同じスピードで読むのではなく、読める文はさっと読み、ひっかかる英文に出会ったらスピードを落として慎重に、という風にペースに緩急をつけることが大切です。

出題トピックについて

　文系と理系、両方から出題されます。もちろん文系・理系というのは純粋に割り切れるものではなく、文理融合型も頻出します。また、理系のものばかりが出題されることがあったりと、常に文系と理系のトピックからバランスよく均等に出題されるとは限りません。主に出題される分野は以下のようなものです。

文系（人文社会系）	理系（自然科学系）
考古学	天文学
人類学	地学
歴史学	化学
芸術（音楽・文学を含む）	生物学

　それぞれのトピックに対して専門的な知識が必要かという質問をよく受けますが、それは必要ありません。リーディングの英文は専門的な知識がない人でも読めるようになっていると考えてください。しかし、背景知識があるとずっと理解が楽になることがあります。

　例えば何の背景知識もない状態でカリフォルニア・ゴールドラッシュの文章を読むより、西部開拓などの歴史的な流れがある程度頭に入っている状態で読むほうが展開も予測しやすいでしょう。まったく見たこともないゴッホの作品の説明を文字だけで読むよりも、実際にいくつか作品をみたことがあるほうが当然英文を理解しやすいはずです。

トピックへの対処法

　出題される（可能性のある）トピックを網羅することはもちろん不可能です。しかし、ある程度繰り返して出題されるトピックが存在します。ここで全てをあげることは出来ませんが、少しだけあげてみますと、マヤ文明などの古代文明、恐竜、氷河（とくに間氷期）、植民地貿易、古代の人類の移動、大陸移動説、渡り鳥などがあります。

　それではトピックに関する背景知識をどのように身につければよいでしょうか。もちろん時間があるときに趣味として各分野の入門書などを読んでみるのもよいでしょう。どこかで勉強したことがいつ出題されるかが分からないというのが試験の面白いところでもあります。

　しかし近道としては自分が読んだ英文の内容そのものを背景知識として吸収することです。さらにそのトピックに関連する内容を Wikipedia などで調べてみたり、Scientific American などのウェブサイトで読んでみるのもよいでしょう。

■結局は英語力！

しかし、だからといって背景知識の勉強に傾倒しすぎるのは得策とは言えません。もちろん勉強したトピックが全て本番で当たればよいかもしれませんが、なかなかそうはいきません。TOEFL はあくまでも英語の試験ですから何はともあれリーディングにおいては英語が読めること、そしてそのための努力をすることが最優先となります。

とくに重要なのは分野別の語彙力です。仮に背景知識があったとしても、語彙が分からなければ何の話をしているのかが分かりませんね。そのような場合、持っている背景知識を引き出してくることすら不可能となってしまいます。何はともあれ目の前の文を理解すること、それにつきます。

■読解力をつけるためには

TOEFL のリーディングではすでに述べたように構文力と語彙力が重要です。構文を正確に読む力については大学受験の標準的な参考書に載っているレベルをまず抑えてしまえば大きく困ることはないはずです。問題は語彙力です。各分野のキーワードになりそうな単語を最低限抑えることは大前提ですし、アカデミックな文章で使われる多少難しめの語彙も知っていなければなりません。

語彙力をつけるためには非常に地道で面倒な作業が必要になります。それは単語集を使って単語を覚えるという作業です。単語の暗記は苦しい勉強ですが単語力＝得点力と考えてください。覚えれば覚えるほど文章の理解度は上がりますし、得点力も向上します。もちろん、文章で出てきたものをかたっぱしから覚えていくという方法もあります。これはある程度語彙力があって足りないごく一部の語彙を補っていくという人には有効です。しかし語彙力が十分ではない人はこの方法ではうまくいきません。多読により自然に語彙を覚えるには相当な分量を読む必要があり現実的ではありません。自分にあった単語集を用意してそれをコツコツと覚えて、文章でたまたま出会って少しずつ定着させていく、というイメージです。

それと同時に、トピック別の語彙を短期集中で一気に詰め込む方法も有効です。例えばマヤ文明に関する文章題を解いたら、そのトピックをウェブサイトや百科事典で調べて同じような話を大量に読むという方法です。この方法を用いればその分野に必要不可欠な単語は何回も出てくることでしょう。この方法で分野別の語彙力と背景知識を積み上げていく方法は大変有効です。

■問題の攻略

これまで見てきたように、語彙力、読解力、スピードそして背景知識といった様々な要素が絡むのがリーディングです。限られた時間の中で文章を読み、問題に答えるということを考えると出来るだけ無駄のない解答プロセスを身につけておきたいもの

です。ですが、どのような問題にも通じる理想的な解き方のようなものはありません。文章というのは書き手、内容、語彙、文脈など数え切れない要素が絡み合って存在しているものですから、その内容理解に関する設問に対して「こうすれば解ける」といった機械的なプロセスは存在しないと考えたほうがよいでしょう。

ですが、設問のタイプそのものは明確な分類があり、どの設問タイプも文章理解の確認に関してそれぞれねらいを持って作られているものですから、「こうすれば解ける」という方法はなくとも、「どのような観点からアプローチすれば有効か」という点で対処法を考えていくことは有益ですし、それはひいては読解中に文章の中身や構成を意識して読む力を養うことにもつながります。

次のページからは例題1を題材として8つの設問タイプの概要とそれぞれに対するアプローチのコツをいっしょに勉強します。その際、時間がかかってもかまいませんから必ず先に問題を「自己流」で解いて、その時の思考プロセスと解答プロセスをメモに書き出してみてください。新しい考え方やアプローチを身につけようとするときには、自分のやり方との違いを明示的に比較してみることが重要です。そうしないと、なんとなく攻略法を読むだけでは「なんとなく解けそう」という気分だけで終わってしまいます。学習効率を上げるというのは学習の質をあげるということです。そのためには、中途半端なところで手抜きをせず地に足をつけて取り組んでみるという姿勢が重要です。ではさっそく次のページからの例題1に取り組んでみてください。

SPACE JUNK

1   It is hard to believe that space itself can be polluted by human efforts, but it is true even the outer limits can face damage. We have trashed the orbits our spacecraft travel through. So much so that, before every launch of a space shuttle, NASA's high-speed computers run for a full 24 hours on just one element of the flight: to choose a safe orbit, so that the shuttle will not be destroyed by colliding with some other man-made orbiting body.

2   Space is in fact fairly empty, but it is by no means free of debris. As of the last announced count, there were 19,000 man-made objects in low earth orbit big enough to be tracked by surface radar. A handful of them are working satellites— communications, intelligence, weather. Some are satellites which have run out of energy or lost communication and are now "dead," but remain in orbit because the laws of orbiting ballistics do not give them any other place to go. Some are pieces of scrap metal from broken satellites, launch vehicles or fuel tanks. A few are simply objects that the astronauts have dropped—a wrench, a screwdriver, a Hasselblad camera. They range from the size of a baseball to the size of a school bus, and they are moving at high speeds, around 4 miles a second, fast enough that even the smallest of them could seriously damage any object it happened to hit, even a space shuttle.

3   Taken all together, what these abandoned space-borne objects amount to is a sort of orbital minefield, left there by the spacefaring nations of the Earth. They are space junk, and their number is still increasing. Two German scientists—Peter Eichler and Dietrich Rex of the Technical University of Braunschweig— have estimated that the chance of a "catastrophic" collision in space is now about 3.7 percent per year.

4   Is there any way of cleaning up this garbage belt? There have been plenty of proposals for doing so, ranging from passive "vacuum cleaners" (a windmill-like satellite with huge plastic vanes, or a huge, miles-across ball of sponge plastic, either of which would simply soak up all the smaller objects in their path) to active robot spacecraft, remote-controlled, that would be flown ahead of the shuttle through its orbit much in the same way as tanks shelter advancing infantry. None of these is likely to be put into practice for three reasons. First, they are all

terribly expensive. Second, none of them would work as well as simply keeping the trash out of orbit in the first place. Third, most of them might actually produce more small particles after a collision.

5　　However, those large objects are only the beginning, for in addition to the big ones, there is an uncounted multitude of tinier objects in those same orbits, too small for the radar search at Goddard Space Flight Center to detect. **A** Perhaps there are a million of these tiny bits of trash: flecks of paint from old fuel tanks, fragments of metal smaller than a fingernail, odds and ends of litter of all kinds. **B** Even the tiniest of these bits of cosmic shrapnel are dangerous to anything they collide with. **C** Small as they are, they are fast. **D** Because of their velocities, the kinetic energy—which is to say, the destructive power—of even the smallest of them in a head-on collision can do as much damage as a cannonball at sixty miles an hour. It is certainly enough, for instance, to kill an astronaut if he were unlucky enough to have his suit punctured by one.

6　　Here, too, there is no end to the technological fixes that have been proposed. If the space station is ever built, for example, NASA has already made plans to surround it with a double wall of thin sheet aluminum—hopefully to absorb the kinetic energy before it hits anything important. Two engineers, Cyrus Butner and Charles Garrell, have patented a "Method and Apparatus for Orbit Debris Mitigation" which consists of a honeycomb of cone-shaped buffers lined with some energy absorbing substance, and there are dozens of other ideas which have been put forth rather tentatively.

7　　Whether any of them would work is unclear. It is unquestionable that they would add mass to every launch, and thus reduce the amount of payload that could be carried. In any case, even if they worked there are many situations where they could not be used. The mirror of a space telescope or the receptors of many kinds of instruments simply could not function with any sort of shield between them and the things they are launched to observe.

1 The word tracked in paragraph 2 is closest in meaning to

   Ⓐ ignored

   Ⓑ discovered

   Ⓒ followed

   Ⓓ tested

2 What can be inferred from paragraph 3 about the problem of abandoned objects in space?

   Ⓐ The problem is getting worse.

   Ⓑ A catastrophic collision is inevitable.

   Ⓒ Two German scientists are working on a solution to the problem.

   Ⓓ The nations of the Earth are irresponsible.

3 According to paragraph 4, one of the weaknesses of the solutions proposed for cleaning up the space trash is that

   Ⓐ governments are unwilling to pay for them

   Ⓑ there is simply too much space trash for them to clean up

   Ⓒ they may make the problem worse

   Ⓓ they will only be able to clean up the small particles after a collision

4 Which of the sentences below best expresses the essential information in the highlighted sentence in paragraph 5? Incorrect choices change the meaning in important ways or leave out essential information.

   Ⓐ The numerous large objects prevent the Goddard Space Flight Center from detecting the multitude of tinier objects in the same orbits.

   Ⓑ The Goddard Space Flight Center focuses its radar on the large objects and ignores the tinier ones.

   Ⓒ Along with the large objects, there are an unknown number of relatively small objects whose size makes them very difficult to find.

   Ⓓ The large objects are only the beginning of what the Goddard Space Flight Center cannot detect with its radar.

5 Why does the author mention a cannonball at sixty miles an hour in paragraph 5?

  Ⓐ Because most of the small particles are moving at about this speed

  Ⓑ Because it could easily kill an astronaut if his suit were punctured by one

  Ⓒ Because it has a lot of kinetic energy

  Ⓓ Because it shows how destructive one of these small particles could be

6 The word absorb in paragraph 6 is closest in meaning to

  Ⓐ magnify

  Ⓑ supply

  Ⓒ deflect

  Ⓓ take in

7 According to paragraph 7, which of the following most accurately reflects the author's opinion about the possibility of cleaning up the smaller particles?

  Ⓐ Because of the seriousness of the problem, a solution will surely be found.

  Ⓑ All of the proposed solutions have weaknesses and may not be successful.

  Ⓒ Despite their weaknesses, the proposed solutions must be tried.

  Ⓓ None of the suggestions would ever work.

8 All of the following are mentioned in paragraphs 4 and 7 as weaknesses in various suggestions for cleaning up space trash EXCEPT

  Ⓐ weight

  Ⓑ cost

  Ⓒ technical complexity

  Ⓓ interference with operation of equipment

9 Look at the four squares [■] that indicate where the following sentence can be added to the passage.

There are somewhere around forty or fifty thousand of these smaller things from the size of a marble up—as well as a much larger number of tinier objects still.

Where would the sentence best fit?

Ⓐ **A**
Ⓑ **B**
Ⓒ **C**
Ⓓ **D**

10 **Directions:** An introductory sentence for a brief summary of the passage is provided below. Complete the summary by selecting the THREE answer choices that express the most important ideas in the passage. Some sentences do not belong in the summary because they express ideas that are not presented in the passage or are minor ideas in the passage. *This question is worth 2 points.*

Write your answer choices in the spaces where they belong. You can either write the letter of your choice or you can copy the sentence.

The large number of man-made objects in orbits circling the Earth poses a growing danger to spaceflight.

-
-
-

Answer Choices

A These objects are incredibly varied in both size and type.

B The smaller objects are much more difficult to detect than the larger objects.

C Two German scientists have estimated the likelihood of a "catastrophic" collision with one of these objects as about 3.7 percent per year.

D A great many suggestions have been made for removing both the large and small objects or for protecting spacecraft from their destructive effects.

E We have been terribly irresponsible in allowing this problem to develop.

F All of the proposed solutions have weaknesses, so it is unclear what if any solution can be found.

宇宙のゴミ

1 宇宙空間そのものが、人間の活動によって汚染されうるというのは信じがたい。しかし、実際のところ、宇宙でさえダメージを受けるのである。私たちはこれまで、宇宙機が通る軌道を荒らしてきた。あまりにその程度が酷いので、今では毎回スペースシャトル打ち上げの前に、飛行というただそれだけのことのために、NASA（アメリカ航空宇宙局）の高速コンピューターを24時間フル稼働させる。つまり、安全な軌道を選び、シャトルが軌道にある他の人工物体と衝突して壊れることがないようにしているのだ。

2 宇宙空間は、実際にはかなり空いている。しかし、瓦礫が全くないわけではないのだ。発表された最新の計算では、地球の低軌道には、地上レーダーで追跡されるだけの大きさをもつ人工物体は1万9,000個だった。この一部は、稼働中の通信衛星、偵察情報衛星、気象衛星だ。ほかに、燃料が尽きたり通信が途絶えた衛星、今では「機能停止」だが、軌道弾道学の法則上ほかに行く場所がないので留まっている衛星もある。さらに、壊れた衛星、打ち上げロケット、燃料タンクから出た金属片などもある。少数だが、レンチ、ドライバー、ハッセルブラッド社のカメラといった、宇宙飛行士が落としたというだけのものもある。これらの物体は、大きさが野球ボールからスクールバスまでさまざまで、秒速約4マイルの高速で移動している。この速度は、たとえ一番小さいものでも、偶然衝突するどんな物にでも、スペースシャトルにでさえ、深刻な損害を与えるのに十分な速さだ。

3 すべてを考え合わせると、こういった捨てられた宇宙で運ばれる物体が作り出しているのは、一種の軌道地雷地帯で、地球の宇宙開発国家によってその場に放置されているのだ。それらは宇宙のゴミで、その数はいまだに増えている。二人のドイツ人科学者（ブラウンシュヴァイク工科大学のピーター・アイヒラーとディートリッヒ・レックス）は、宇宙空間で「破滅的な事態をもたらす」衝突が起こる確率は、現在1年当たり約3.7パーセントであると推定している。

4 このゴミ地帯を掃除する方法はないのだろうか？これまでに数々の提案はある。受動的な「掃除機」のようなものから（大きなプラスチックの羽根もしくは直径何マイルもある巨大な発泡プラスチックのついた風車に似た衛星で、どちらの場合にも、その行く手にあるすべての小さな物体を単に吸い取るだけのものだ）、能動的な遠隔操作のロボット宇宙機まである。こちらのロボットは、戦車が前進する歩兵連隊を保護するのと同じように、軌道ではずっとシャトルの前を進むというものだ。［しかし］これらの一つとして、以下の三つの理由のために、実行に移されることはないだろう。第一に、どれもみな、とてつもなく費用がかかる。第二に、軌道に初めからゴミを単に残さないようにする、という方法と比べて、どれも同じだけの効果があがりそうにない。第三に、ほとんどの方法で、実際には、衝突後にまたさらに小片を作り出してしまうかもしれないのだ。

⑤　しかしながら、そういった大きな物体は手始めに過ぎない。というのも、大きなものに加えて、その同じ軌道には数え切れないほど多くの小さな物体があり、それらはゴダード飛行センターでのレーダー捜索では検知できないほど小さいのだ。おそらく、古い燃料タンクから剥がれたペンキや、爪よりも小さな金属片、あらゆる種類のがらくたなど、100万個ほどの小さなゴミがあるだろう。こういった宇宙の榴散弾は、たとえ最小のものでも、衝突するものには危険だ。小さいが、速い。その速度ゆえ、正面衝突した際の運動エネルギー（つまりは破壊力）は、一番小さいものでも、時速60マイルの砲弾と同じ損害を及ぼしうる。例えば、もし宇宙飛行士が不運にもそれによって宇宙服に穴を開けられるようなことがあれば、間違いなく死に至ることになる。

⑥　技術的な応急処置についてもまた、提案された方法には際限がない。例えば、もし宇宙ステーションが建設されれば、NASAはそれを薄いアルミニウム板で二重に取り囲むことを既に計画している。願わくば、何か重要なものにぶつかる前に、その運動エネルギーを吸収するためだ。二人の技術者、サイラス・バトナーとチャールズ・ガーレルは、「軌道瓦礫緩和のための方法と装置」の特許を取得している。これはあるエネルギー吸収物質でおおわれた円錐型の緩衝装置を蜂の巣構造にしたものだ。他にも、どちらかといえば暫定的に発表されている試案は何十もある。

⑦　こうした案のいずれかがうまく行くかは不明だ。それらが打ち上げる質量を増加し、そのせいで搭載できる機器や装置を減らすことになるのは明らかである。いずれにしろ、仮にそれらがうまく行くとしても、使用できない状況も多々ある。宇宙望遠鏡の反射鏡や、多くの機器の受信装置は、その観察対象物との間にどんな種類であっても遮蔽物があると、まったく機能しない可能性があるのだ。

※ 11 点満点。配点：Q1 ～ Q9 は、各問 1 点。
Q10は、3つ正解＝2点、2つ正解＝1点、1つ～0正解＝0点。（解答は順不同です。）
1. Ⓒ　　2. Ⓐ　　3. Ⓒ　　4. Ⓒ　　5. Ⓓ　　6. Ⓓ　　7. Ⓑ
8. Ⓒ　　9. Ⓐ

10. The large number of man-made objects in orbits circling the Earth
poses a growing danger to spaceflight.

- Ⓐ / These objects are incredibly varied in both size and type.
- Ⓓ / A great many suggestions have been made for removing both
the large and small objects or for protecting spacecraft from their
destructive effects.
- Ⓕ / All of the proposed solutions have weaknesses, so it is unclear what
if any solution can be found.

 # 各パラグラフの語彙・表現

第 1 パラグラフ

□ pollute	〔動〕汚染する
□ orbit	〔名〕軌道
□ so much so that	〔熟〕あまりにもそうなので
□ launch	〔名〕打ち上げ
□ collide	〔動〕衝突する

第 2 パラグラフ

□ by no means	〔熟〕全く～ない
□ debris	〔名〕瓦礫、残骸、デブリ
□ satellite	〔名〕衛星
□ intelligence	〔名〕情報、諜報、偵察
□ run out of	〔熟〕～を使い果たす
□ ballistics	〔名〕弾道学
□ range from A to B	〔熟〕A から B に及ぶ

第 3 パラグラフ

□ abandon	〔動〕放棄する
□ amount to	〔熟〕合わせて～になる

□ minefield	〔名〕地雷地帯
□ estimate	〔動〕見積もる、推定する
□ catastrophic	〔形〕破滅的な

第 4 パラグラフ

□ proposal	〔名〕提案
□ vane	〔名〕羽根
□ shelter	〔動〕保護する
□ infantry	〔名〕歩兵
□ be likely to V	〔熟〕V しそうだ
□ put ~ into practice	〔熟〕～を実行に移す
□ particle	〔名〕粒子

第 5 パラグラフ

□ a multitude of	〔熟〕多数の～
□ detect	〔動〕検知する
□ fragment	〔名〕断片
□ odds and ends	〔熟〕がらくた
□ litter	〔名〕がらくた、くず
□ shrapnel	〔名〕榴散弾
□ velocity	〔名〕速度
□ cosmic	〔形〕宇宙の
□ kinetic	〔形〕運動の
□ astronaut	〔名〕宇宙飛行士

第 6 パラグラフ

□ absorb	〔動〕吸収する
□ patent	〔名〕特許
□ apparatus	〔名〕装置
□ mitigation	〔名〕緩和
□ honeycomb	〔名〕ハチの巣状のもの
□ buffer	〔名〕緩衝物
□ put forth	〔動〕提案する
□ tentatively	〔副〕試験的に、仮に

第 7 パラグラフ

□ unquestionable	〔形〕疑う余地のない
□ mass	〔名〕質量
□ payload	〔名〕総重量

設問タイプ1　パッセージの詳細に関する問題

攻略のポイント　本文にはっきりと書かれているあらゆる内容が問われる問題です。事実や定義、因果関係まで幅広い出題がなされます。正解を2つ選ぶ問題が出題されることもあります。選択肢と設問文を見て何が問われているかを確認し、関連するキーワードを手掛かりに該当すると思われる箇所を精読しましょう。間違いの選択肢にはその箇所に出てくるキーワードが含まれているけれども、よく見れば事実関係が本文とは異なっているというものがあります。キーワードは答えではなく、あくまでも読む箇所を特定するための鍵です。

3 According to paragraph 4, one of the weaknesses of the solutions proposed for cleaning up the space trash is that
（第4パラグラフによると、宇宙のゴミ掃除に関して提案されている解決方法の弱点の1つは）

Ⓐ 政府がお金を出したがらない
Ⓑ 宇宙のゴミが多すぎて、解決策では掃除しきれない
Ⓒ 問題をさらに悪化させるかもしれない
Ⓓ 衝突後の小片だけしか掃除することがない

正解　Ⓒ

　キーワードは weakness ですね。また、設問には one of ... と書かれています。したがって、否定的な内容が複数書かれている箇所を探します。この段落の後半に「コストがかかる」「あまり効果が期待できない」「衝突が起こるとさらに破片ができる」といったことが書かれています。選択肢を検討しましょう。Ⓒ は3つ目の欠点を抽象的に言い換えており、これが正解です。ところで、one of は among に書き換えることができることを知っておきましょう。例えば、He is one of the famous singers in this country. という文は He is among the famous singers in this country. のように言うことができます。

7 According to paragraph 7, which of the following most accurately reflects the author's opinion about the possibility of cleaning up the smaller particles?

（第7パラグラフによれば、小片を掃除する可能性に関する筆者の意見を、一番正確に反映しているのは以下のどれか）

Ⓐ 問題の深刻さゆえ、解決策は必ず見つかるだろう。
Ⓑ 提案された解決策にはどれも弱点があり、成功しないかもしれない。
Ⓒ 弱点はあるにせよ、提案された解決策は試されねばならない。
Ⓓ 提案はどれ1つとして決してうまくいかないだろう。

正解　Ⓑ

　この段落では最初に「うまくいくかわからない」と述べ、それを具体的に説明するという構成になっています。筆者は提案された解決策については否定的ですね。「うまくいくかわからない」ということは「うまくいく可能性も否定はできない」ということですから、Ⓓ のように断定しているものは不正解です。ところで、Ⓐ と Ⓓ を見て、この2つの選択肢に共通点があることに気づくでしょうか。どちらとも「どれも」や「必ず」といった断定調の言葉が入っていますね。試験対策ではしばしば「言い切っているものは間違いであることが多い」と言われることがあります。もちろん往々にしてそういうことはありますが、「断定調だからたぶん間違いだろう」と最初から思い込んでしまうことは避けたいですね。

設問タイプ2　パッセージに記述のない事柄を選ぶ問題

攻略のポイント　設問文が "According to the passage, which of the following is NOT true of ...?" や "The examples the author gives mention all of the following EXCEPT:" といったタイプのものです。選択肢の中に「正しい情報」が3つ、「間違っている情報」が1つ入っているということになります。このタイプの問題は「間違っている情報」が「正解」になるため解答に印を入れるときにミスをすることがあるのでより慎重になる必要があります。メモ用紙に A, B, C, D などと書いておいて、「正しい情報」にバツ印をつけていき、残ったものを解答としてクリックすればミスは防ぐことができます。解く際の流れは設問タイプ1と同じです。

8　All of the following are mentioned in paragraphs 4 and 7 as weaknesses in various suggestions for cleaning up space trash EXCEPT
（宇宙のゴミ掃除に関するさまざまな提案の弱点として、第4パラグラフと第7パラグラフに述べられていないのは）

Ⓐ 重さ
Ⓑ 費用
Ⓒ 技術的な複雑さ
Ⓓ 装置作動に伴う障害

正解　Ⓒ
　間違いを1つ探すということは、正しいものを3つ探すということです。Ⓑはお金に関する表現を中心に探してみるとよいでしょう。第4段落に terribly expensive とありますから、これは正しい情報です。よって、メモにあらかじめ書いておいた Ⓑ にバツをつけます。Ⓐ は第7段落に payload の話が、Ⓓ は同段落に could not function with any sort of shield between them ... とありそれぞれ正しい情報です。この2つにもバツをつけて、Ⓒ が「正解」だとわかります。

40

設問タイプ3　パッセージの内容から推測する問題

攻略のポイント　設問文に infer や imply など「推測」を表す言葉が入っています。本文にはっきりと書かれていないことを答える問題ですが、書かれていることと論理的につなぎ合わせて行間を読む必要があります。ここでいう「行間を読む」というのは決して「想像する」ということではありません。「想像」と「推測」は別ですね。必ず1文ずつがどのような論理関係でつながっているのか、を常に考えながら読みましょう。きちんと書かれた英文であれば、不必要な文はありません。それぞれの文がなにかしらの論理構成上の役割を持っていることを意識してみてください。

2 What can be inferred from paragraph 3 about the problem of abandoned objects in space?
（第3パラグラフから、宇宙空間に捨てられた物体の問題に関して推測できることは何か）

Ⓐ 問題は悪化している。
Ⓑ 破滅的な衝突は避けられない。
Ⓒ 2人のドイツ人科学者が、問題の解決策に取り組んでいる。
Ⓓ 地球上の国家は無責任だ。

正解　Ⓐ

　この段落は最初に宇宙のゴミが地雷原のようなものだと述べています。つまり宇宙にゴミが広がっているということですね。次に第2文でゴミが増えている、と述べています。これは第1文より具体的な説明です。第3文の科学者による見積もりは宇宙における衝突の危険性についてのデータを提示しています。それぞれの文をこのように「役割」という観点から眺めるようにしましょう。そうすると、これらの内容を抽象的に言い換えた Ⓐ が正解です。Ⓑ はそもそも科学者の算出した約3.7パーセントという数字と矛盾します。Ⓒ は、科学者たちが試算をしただけで、解決策を示しているわけではないので不正解です。Ⓓ については一言も書かれていません。

攻略のポイント　　設問タイプ4と設問タイプ3は共通点があると考えてよいでしょう。それが「文が果たす役割について考えながら読む」ということです。このタイプの設問では "Why does the author mention ...?" や "The author explains X in order to ..." のように、書き手の説明や使った表現などが論理構成上果たす役割が問われます。そのパラグラフのトピックを正確に把握した上で、そのトピックと問われている箇所との関係を考えるようにしましょう。選択肢には To contrast, To provide an example, To clarify など、論理上の役割を示す表現が並ぶことが多いです。

5 Why does the author mention a cannonball at sixty miles an hour in paragraph 5?
（なぜ筆者は、第5パラグラフで a cannonball at sixty miles an hour と述べたのか）

Ⓐ 小片のほとんどは、ほぼこの速度で動いているので

Ⓑ もし服に穴を開けられたら、宇宙飛行士を簡単に死亡させる可能性があるので

Ⓒ それが多くの運動エネルギーをもっているので

Ⓓ こうした小片でも、大きな破壊力をもちうることを示すため

正解　　Ⓓ

　該当箇所とその前後の役割関係を考えましょう。Because of their velocities, the kinetic energy—which is to say, the destructive power—of even the smallest of them in a head-on collision can do as much damage as a cannonball at sixty miles an hour. には destructive や damage という言葉が入っています。そして ... sixty miles an hour. で終わった後、次の文では It is certainly enough, for instance, to kill an astronaut ... と続き、そのスピードについてさらなる説明がなされています。宇宙に漂っているゴミと衝突の危険性を述べているわけですから、Ⓓ が正解です。キーワードに飛びついて Ⓑ を選ばないようにしましょう。宇宙飛行士の話は出てきますが、これはあくまでもゴミの危険性の一例です。

設問タイプ5　語彙の問題

攻略のポイント　このタイプの設問ではある単語と同じ意味を表す単語を選ぶことが求められます。わからなければあまり時間を使わずに次の設問に進むという勇気が必要です。注意しておきたいことがあります。それは、その単語そのものの辞書的な意味だけを考えて解答を選ぶのは避ける、ということです。問われているのはその単語が文中で持っている意味を理解しているかどうかですから、一見類義語で正解に見える選択肢があってもそれが必ずしも正解にならないことがあります。前後の文脈を見て意味を絞り込んで、それに最も近いと思われるものを選ぶようにしましょう。空欄補充だと考えて、選択肢にある単語を1つずつ入れてみて意味が通るか確認をしてみるという作業も有効です。

1 The word tracked in paragraph 2 is closest in meaning to
（第2パラグラフの単語 tracked に意味が一番近いのは）

Ⓐ ignored（無視された）
Ⓑ discovered（発見された）
Ⓒ followed（後をつけられた）
Ⓓ tested（試された）

正解　Ⓒ
　track は「～を追跡する」という意味です。同じ意味を持ち得るのは Ⓒ しかありません。しかし、選択肢だけを見て決めてしまうのではなくきちんと本文にそれぞれの単語を入れて意味が通るかを確認する必要があります。時として、文字通りの意味は異なるのに文脈上は同じような意味になり得るものが正解となることがあります。本文では tracked の後ろに by surface radar という言葉が出てきます。tracked の代わりにそれぞれの単語を入れてみましょう。Ⓐ「レーダーによって無視された」や Ⓓ「レーダーによって試された」では意味が通りません。track に「発見する」という意味はないので Ⓑ も不正解です。

6

The word absorb in paragraph 6 is closest in meaning to
（第 6 パラグラフの単語 absorb に意味が一番近いのは）

Ⓐ magnify（拡大する）
Ⓑ supply（供給する）
Ⓒ deflect（逸らす）
Ⓓ take in（取り入れる）

正解 Ⓓ

　この問題は他の選択肢が全く紛らわしいものではなく、素直に absorb の意味と同じ take in を選ぶだけです。Ⓑ の supply はそれほど難しい単語ではありませんが、Ⓐ の magnify と Ⓒ の deflect が難しいかもしれません。magnify は magnificent（壮大な）と語源が同じで、レンズなどを使ってものを拡大して見えるようにすることを言います。magnify the object（その物体を拡大する）のように使います。deflect は何かの方向を変えたりすることです。物理的なことだけではなく、deflect one's attention from 〜（〜から注意を逸らす）のようにも使えます。

設問タイプ 6 文の言い換えの問題

攻略のポイント 本文の該当箇所がハイライトされてあり、そこに書かれている内容と同じ意味を伝える文を選ぶ問題です。ただし文字通りの言い換えを探そうとせずに、そのハイライトされた文の一番大事な情報は何かを確認し、それが含まれている選択肢をまず探すようにしましょう。どんなに正しく細かい情報が入っていても、メインの情報が入っていないものは不正解になります。

4 Which of the sentences below best expresses the essential information in the highlighted sentence in paragraph 5? Incorrect choices change the meaning in important ways or leave out essential information.
（次の文のうち、第 5 パラグラフのハイライトされた文の重要な情報を一番よく表現しているのはどれか。不正解の選択肢は、意味に重要な違いがあるか、重要な情報を含んでいない）

Ⓐ 多くの大きな物体は、ゴダード宇宙飛行センターが同じ軌道内にある多数の小さな物体を検知することを妨げている。

Ⓑ ゴダード宇宙飛行センターは、レーダーの照準を大きい物体に合わせ、小さいものは無視している。

Ⓒ 大きな物体の他に、比較的小さくて見つけることが困難な物体が、数がわからないほどある。

Ⓓ 大きな物体は、ゴダード宇宙飛行センターがレーダーで検知できない物のはじまりに過ぎない。

正解 Ⓒ

　あくまでも大事な情報を言い換えることができている選択肢を選ぶことが大切です。ハイライトされた部分を精読し、メインの情報を取り出しましょう。センテンス同士を比較して選ぶのではなく、読み取った情報がきちんとまとめられている選択肢を探します。本文では「同じ軌道に数え切れない小さな物体がある」と述べています。そしてどれほど小さいのかを補足的に説明しているのが too small for the radar … の箇所です。情報を正確に把握できれば、同じ情報が読み取れる選択肢を選ぶだけです。

攻略のポイント 苦手とする人が多いのですが、ここでも「行間を読む」ことが大切です。原則的にある文の次に出てくる文は、手前の文の内容をより具体的に説明したりより詳細な描写を与える役割を持っています。情報は抽象的な内容からそれより具体的な内容へと流れていくわけですね。ということは、それぞれの空所に文を挿入してみて、その文が手前の文を具体的に説明することができているか、また挿入箇所の次の文が、挿入した文に対してより具体的な内容になっているかを確認していけばよいということになります。

⑨ Look at the four squares [■] that indicate where the following sentence can be added to the passage. Where would the sentence best fit?
（パッセージにある4つの四角［■］は、次の文を挿入できる箇所である。この文をどこに入れるのが最も適切か）

ビー玉より大きいサイズの小さな物は約4、5万、そしてそれより小さいものはさらに多くある。

Ⓐ **A**
Ⓑ **B**
Ⓒ **C**
Ⓓ **D**

正解　Ⓐ

　この問題は苦手な人もいると思いますが、とにかく「抽象的→具体的→さらに具体的」という流れができるように探すだけです。まず挿入文を確認します。今回は forty or fifty を見て前後が数の話をしている文脈になるだろうと考えます。さらに、a much larger number ... と出てきますから、その数が具体的にどれほどの数なのかという説明が来る必要があると考えます。Ⓐ は、その後ろの文に a million of these tiny bits of trash とあり、a much larger number の具体的な説明になっています。今度は Ⓐ の前を見てみましょう。too small ... とありますね。ではどれくらいのサイズなのでしょうか。それを説明しているのが挿入文の from the size ... の部分です。よって Ⓐ が正解です。

設問タイプ 8　要約完成の問題

攻略のポイント　文章全体の要約を完成させるために 6 つの選択肢のうちから 3 つを選ぶ問題です。正しい詳細な情報が含まれていても、それが要約と言えるような情報ではない場合は間違いになることがあります。選択肢を 3 つのタイプに分けてみます。

（1）要約として正しいもの
（2）正しいがメインではない情報
（3）情報として間違っているもの

2 つめのタイプが苦戦するところです。3 つめのタイプの選択肢を消去できた段階で残っている選択肢はだいたい 4 つという場合が多いので、残りの選択肢の抽象度を比較して処理するようにしましょう。

10 下の文はパッセージ要約の導入文です。パッセージの中で述べられた最も重要な考えを選択肢から 3 つ選んで、要約を完成させなさい。選択肢の中には、本文中に書かれていないため、あるいは主要な考えでないために要約文にならないものが含まれています。**この問題の配点は 2 点です。**
空欄には答えの記号を書き入れても、文を書き写してもかまいません。

　地球のまわりを回る軌道内にある多数の人工物体は、宇宙機に対して深刻化する危険性を突きつけている

-
-
-

A	これらの物体は、大きさ・種類の点でどちらも信じられないほど多様である。
B	小さい物体は、大きいものと比べて、はるかに検知することが困難だ。
C	2 人のドイツ人科学者が、これらの物体に関する「破滅的な事態をもたらす」衝突の可能性は、1 年あたり 3.7 パーセントだと推定している。
D	大小の物体を取り除くための、あるいはそれらの破壊的な影響から宇宙機を守るための提案が、これまでに多くなされている。
E	このような問題が発生することを許してしまうほど、われわれはひどく無責任である。
F	提案された解決策のすべてに弱点があるので、たとえあるとしても、どのような解決策を見つけうるかは不明だ。

正解 A、D、F

　各選択肢の中で最も情報が局所的なものを探してみます。C ですね。ドイツ人科学者の話は主張を裏付けるためのものでした。残りの選択肢は C よりは抽象的な内容なので保留とします。次に Introduction を見ます。「抽象から具体へ」という流れを忘れないでください。この Introduction を読んだ後に読み手は何を期待するのは「多数な人工物体とはどのようなものなのか」、「どのように危険なのか」に対する答えです。ここで選択肢同士を比べる作業に入ります。B は小さい物体のみ、A と D は大小両方の物体に言及していますね。その点で B は局所的なので消去します。E と F が残っています。本文は宇宙ゴミの危険性→解決策の可能性→上手くいく確証はないという流れです。したがって F を選ぶことになります。

8 つの設問タイプをふりかえって

　さて、これまで 8 つの設問タイプを見てきました。これらは結局のところ以下の 2 つに分かれます。

・本文の一部の文の理解を問うもの
・本文の大きな展開や流れを問うもの

　2 つに共通することは目の前の一文を正確に読み、それぞれの文が段落の中で、あるいは文章全体の中でお互いにどのように関連し合っているのかを理解することが必要ということです。個々の設問ごとにある程度の着眼点のようなものはありますが公式化した方法は究極的には存在しません。TOEFL iBT Reading の場合は特に一文ずつの正確な読解の積み重ねが重要です。一文の理解をないがしろにするとそれが積み重なり、少しずつ理解の軌道がずれていってしまいます。本文の大まかな理解とは決して雑な読解に基づく論旨の想像ではありません。とは言っても本番で設問も含めて 1 題 18 分で処理していくのはかなり厳しいので、多少妥協した読解にならざるを得ません。ですから、本番での得点力を上げるために必要なのは、「妥協した読み」の精度とレベルを上げることが必要です。

　少々あわてていても、大きくははずさない程度の読解力をつけましょう。そのために以下の 3 点を普段の学習に取り入れてみてほしいと思います。

・自分が読めなかった英文を抜き出しておいて毎日復習する
・表現の選択から文のつながり、文章の展開を書き手になったつもりで丁寧に観察する
・読みにくいパッセージに関しては背景知識を調べてみる

　読めない文を読める文に変えていくことを続けて下さい。読めない文は読めないまま、本番で再び現れ、結局は点数が伸びないということになってしまいかねません。コツコツと「できなかったことをできるようにする」ことを繰り返してくださいね。

それでは例題 1 で学んだ 8 つの設問タイプの攻略を頭に入れ、例題 2 に取り組みましょう。

MOUNTAINS

1   Mountains are high lands whose summit area is small, forming a peak. They are not to be confused with plateaus, which may also be high and may also rise sharply from the surrounding area, but which have broader uplands and less of their surface in steep slopes. A few mountains, such as Pikes Peak, are individual summits or peaks, but most of the highest mountains occur in rather narrow, elongated ridges, side by side. A series of ridges forms a mountain range, or chain of mountains.

2   Mountains owe their origin to several different and sometimes interrelated causes. The great ranges of mountains which form the backbones of the continents are the result of great movements of the earth's crust. Those mountains which do not occur in ranges were either formed by volcanic action or were left standing after their original surrounding heights had been eaten away by erosion.

3   Mountains formed by crustal movement are divided into three classes according to the type of earth-crust movement which formed them. These are fault-block mountains, dome mountains, and folded mountains. There are examples of each class, but combinations of the three categories are the most common. Erosion is common to all of them.

4   Fault-block mountains are formed from great breaks in the earth's crust. These breaks, splits, or fractures reach tremendous depths and divide parts of the earth's crust into very large blocks. These blocks move downward or upward in relation to the land around them. Today's frequent earthquakes in regions of faults show that this type of mountain-making is still occuring.

5   Dome mountains are popularly named for their appearance, but they are scientifically classified because of the way they are formed. Magma from the interior of the earth has pushed the overlying layers of rock upward into huge dome shapes. These domed mountains are usually oval or circular, and most of them have had their original layers of softer surface rock eroded away. The more resistant core of igneous rock (formerly magma) then lies exposed. The Black Hills area of South Dakota is an excellent example of a dome with the igneous rock core exposed. The Henry and Uinta Mountains of Utah are other illustrations of dome mountains.

6   Folded mountains result from internal pressures wrinkling the earth's crust

with bulges and dips. These mountains, particularly after years of erosion, consist of a number of parallel ridges which may be thousands of miles long. Most of the important mountain ranges of the world are folded. These include the European Alps, the Asian Himalayas, and the American Rockies.

7　　Most mountains, of course, have been formed by a combination of the preceding processes. The Appalachians of the eastern United States, for example, are primarily folded mountains, but much faulting has also taken place.

8　　Throughout the earth's past, mountains have had a lasting influence on climate, vegetation, animals, and especially on people. **A** Mountains are one of the natural barriers of the world. Due to the fact that mountain ranges are difficult for people to cross and because they usually have a different climate on each side, they have become natural political boundaries between nations. There are some military advantages and a feeling of security for a nation surrounded by a mountain barrier. **B**

9　　Peoples living in heavily mountainous areas usually learn to rely upon their own productive efforts for survival. **C** Even minor mountain chains slow down the development of a region, but where the incentive is sufficient the barriers can be overcome. **D**

10　　Even in tropical regions, the climate and vegetation of mountains differ considerably from what would be considered normal for the area. Kenya's Mount Kenya, only about ten miles from the Equator, has fifteen glaciers. The windward side of a mountain usually has a much lower temperature and a much heavier rainfall than the leeward side. The leeward side is often known as a "rain shadow," and is a desert. Most mountains have what is called a timber line, a line above which no trees grow. Immediately below that line, even in the Torrid Zone where one would expect palm trees and tropical vegetation, the vegetation and trees are more the deciduous types of the Temperate.

1 According to paragraph 1, how does a plateau differ from a mountain?

    (A) It rises sharply from the area surrounding it.
    (B) It has broader uplands.
    (C) It is steeper.
    (D) It is higher than a mountain.

2 In paragraphs 2 and 3, all of the following are stated about the origin of mountains EXCEPT

    (A) great movements of the earth's crust
    (B) volcanic activity
    (C) erosion
    (D) backbone movement

3 Select the TWO answer choices that are true of fault-block mountains according to paragraph 4. *To receive credit, you must select TWO answers.*

    (A) Fault-block mountains are still being formed.
    (B) Breaks in the earth's crust contribute to the formation of fanlt-block mountains.
    (C) Large blocks of fault-block mountains only move downward.
    (D) Fault-block mountains along with the earth's crust continuously rotate.

4 The word huge in paragraph 5 is closest in meaning to

    (A) square
    (B) gigantic
    (C) rectangular
    (D) fluctuating

5 The word lasting in paragraph 8 is closest in meaning to

    (A) permanent
    (B) temporary
    (C) strenuous
    (D) curious

6 Which of the sentences best expresses the essential information in the highlighted sentence in paragraph 8? Incorrect answer choices change the meaning in important ways or leave out essential information.

Ⓐ Mountains make a nation surrounded by enemies.
Ⓑ It has been proven that mountain barriers always protect a state.
Ⓒ Nations surrounded by mountain barriers are not easily invaded.
Ⓓ Barriers serve a variety of purposes.

7 The author mentions Kenya's Mount Kenya, only about ten miles from the Equator, has fifteen glaciers in paragraph 10 in order to

Ⓐ make the reader aware of where Mount Kenya is located
Ⓑ provide an example of considerable difference of mountain temperatures even in tropical regions
Ⓒ describe the extreme temperature of mountains all over the world
Ⓓ emphasize the proximity of Mount Kenya to the Equator

8 According to paragraph 10, the leeward side has

Ⓐ a lower temperature than the windward side
Ⓑ the same temperature as the windward side
Ⓒ a higher temperature than the windward side
Ⓓ an even temperature

9 Look at the four squares [■] that indicate where the following sentence could be added to the passage.

Today, mine and forest products are taken from mountainous areas which people would have considered impassable a few centuries ago.

Where would the sentence best fit?

Ⓐ **A**
Ⓑ **B**
Ⓒ **C**
Ⓓ **D**

10 Directions: An introductory sentence for a brief summary of the passage is provided below. Complete the summary by selecting the THREE answer choices that express the most important ideas in the passage. Some sentences do not belong in the summary because they express ideas that are not presented in the passage or are minor ideas in the passage. *This question is worth 2 points.*

Write your answer choices in the spaces where they belong. You can either write the letter of your choice or you can copy the sentence.

The creation of mountains can be traced to a variety of natural processes depending on the type of mountain.

-
-
-

Answer Choices

A Some solitary mountains were created as a result of volcanic activity.

B Over time some mountains were left standing alone when the neighboring mountains were eroded.

C Domed mountains are typically circular or oval shaped and formed when their original soft surface was eroded exposing the harder layer of igneous rock.

D Fault-block mountains, dome mountains and folded mountains are all formed by movement of earth's crust.

E Fault block mountains are responsible for frequent earthquakes in some regions of the world.

F A combination of processes have contributed to the formation of many mountain ranges.

例　題　2	解答と解説

山

本文訳

① 山とは峰を形成している高地で山頂地帯が狭い土地のことである。山と台地を混同しないようにしよう。台地もまた高い所にあり周辺地域から急に隆起しているかもしれないが、山よりは広い高台をもっていて、表層が急斜面になっている割合が少ないのである。パイクス・ピークなどのように独立した頂上や峰をもっている山もあるが、高峰のほとんどは狭く、長く伸びた尾根が並んで存在している。[そして]一続きの尾根は山脈（長く連なる山々）を形成している。

② 山はいくつかの異なった、もしくは時には相互に関連した事柄が原因となって形成される。大陸の背骨とも言うべき部分を形成する大きな山脈は地球の大規模な地殻変動の結果なのである。山脈になっていない山は火山活動か、もともとあった周辺の高所が侵食によって削られた後にそのまま残ったものである。

③ 地殻変動によって形成された山(脈)はそれらを形成した地殻変動のタイプによって3つに分類される。これらのタイプは、断層山脈（断層地塊山地、フォールト・ブロック・マウンテン）、ドーム型の山（ドーム・マウンテン）、および褶曲山脈（フォールディド・マウンテン）である。それぞれに代表例があるが、3つの分類の組み合わせが原因でできているのが最も一般的である。侵食はこれらのすべてに共通している。

④ 断層山脈は地球の地殻の大規模な破断によって形成されたものである。これらの破断、割れ目、断裂はすさまじい深さにまで達し、地球の地殻の一部を非常に大きな塊に分けている。これらの塊はそのまわりの大地に合わせて上下に動く。これらの断層地帯で起こる今日の頻繁な地震は、この種の造山活動が今でも続いていることを示している。

⑤ ドーム型の山は一般にその外観からこの名が付けられているが、科学的にはその形成の過程によって分類されている。地球内部からのマグマがその上にあった岩の層を巨大なドーム状に上方に押し上げたのである。これらのドーム状の山地は通常楕円形か円形であり、これらの山のほとんどでは、もともと表面にあった柔らかい岩石が侵食されてしまっている。侵食に対して抵抗力のある火成岩（以前はマグマだった）部分はその時露出されたままになっている。サウスダコタ州にあるブラックヒルズ地帯は、火成岩の中心部が露出されたドームの素晴らしい一例である。ユタ州のヘンリー・ユインタ山脈はドーム型の山の他の例である。

⑥ 褶曲山脈は地球の内圧が地殻に出っ張りや凹みのあるしわを造った時にできる。これらの山々は、特に長年にわたる侵食の後、数千マイルの長さになることもある、数多くの平行に並んだ尾根で構成されている。世界の重要な山脈のほとんどは褶曲によってできている。ヨーロッパ・アルプス、アジア・ヒマラヤ山脈、およびアメリカ・ロッ

キー山脈はこの分類に含まれる。

7　ほとんどの山は、当然のことながら、これまでに述べられたプロセスの組み合わせによって形成されている。例えば、米国東部にあるアパラチア山脈は基本的に褶曲でできた山脈であるが、多くの断層運動も起きている。

8　地球の過去の歴史において、山脈は気候、植物、動物、特に人間に永続的な影響を及ぼしてきた。山脈は世界中の天然の障壁の1つである。山脈は、人々の横断を困難にし、そして通常山脈をはさんだ地域で気候が異なるので、自然がつくる国と国の政治的境界線になった。山脈という障壁によって囲まれた国家には何らかの軍事的な利点と安心感がある。

9　山の多いところに生活する人々は生き延びるために生産性を高める努力を学ばなくてはならない。小さな山脈でさえ地域の開発速度を遅くしている。しかし、刺激策さえあれば、障壁を打破することができる。

10　熱帯地方においてさえ、山の気候と植物は、その地域で普通だと考えられるものとはかなり異なっている。ケニアにあるケニア山は、赤道からわずか約10マイルのところにあるが、15の氷河がある。山の風上側は通常風下側よりずっと低温で、降水量もずっと多い。風下側はしばしば「雨蔭」として知られていて、砂漠になっている。ほとんどの山には、いわゆる高木限界、すなわち、それより高い高度では木が成長しない限界線がある。やしの木や熱帯植物を思い浮かべるような熱帯においてさえ、高木限界のすぐ下では温暖地帯の落葉性の樹木が茂っているのだ。

正解一覧

※ 11 点満点。配点：Q1 ～ Q9 は、各問 1 点。Q10 は、3 つ正解＝ 2 点、2 つ正解＝ 1 点、1 つ～ 0 正解＝ 0 点。（解答は順不同です。）
1. Ⓑ　　2. Ⓓ　　3. Ⓐ、Ⓑ　　4. Ⓑ　　5. Ⓐ　　6. Ⓒ
7. Ⓑ　　8. Ⓒ　　9. Ⓓ
10. The creation of mountains can be traced to a variety of natural processes depending on the type of mountain.
- Ⓐ / Some solitary mountains were created as a result of volcanic activity.
- Ⓓ / Fault-block mountains, dome mountains and folded mountains are all formed by movement of earth's crust.
- Ⓕ / A combination of processes have contributed to the formation of many mountain ranges.

設問文の訳と解答・解説

1 正解　Ⓑ

第 1 パラグラフによれば、台地と山はどの点が違っているのか。

Ⓐ 台地は周りの土地から急に高くなっている。
Ⓑ 台地は［山より］広い高台がある。
Ⓒ 台地は［山より］険しい。
Ⓓ 台地は山より高い。

解説 パッセージの詳細に関する問題。選択肢を見るときは文法的な要素に注目するとうまくいくこともあります。今回は比較級が用いられているため、本文の中から比較の形を取っている語を探してみましょう。第 2 文に "which [= plateaus] have broader uplands"（広い高台をもっている）が見つかりますね。これを根拠として Ⓑ が正解です。

2 正解　Ⓓ

第 2 パラグラフと第 3 パラグラフで、山の起源について書かれていないのは

Ⓐ 地殻の大きな動き
Ⓑ 火山の活動
Ⓒ 侵食
Ⓓ ［大陸の］背骨の動き

パッセージに記述のない事柄を選ぶ問題なので、正しいものを3つ探していきます。Ⓐ "great movements of the earth's crust" は第2パラグラフの第2文に、Ⓑ "volcanic activity" は同じパラグラフの第3文に、Ⓒ "erosion" は第2パラグラフの第3文と第3パラグラフの第4文に、それぞれ述べられています。Ⓓ "backbone movement" については、第2パラグラフ第2文に "the great ranges of mountains which form the backbones of the continents"（大陸の背骨を形成する大きな山脈）とありますが、これは地殻運動の結果 backbones of the continents が生まれたという話なので山そのものの起源ではありません。したがって Ⓓ が正解です。

3 正解　Ⓐ、Ⓑ

第4パラグラフによると、断層山脈について正しい選択肢を2つ選びなさい。得点するには選択肢を2つ選ばなければいけません。

Ⓐ 断層山脈は現在でも造られている。
Ⓑ 地殻の破断が断層山脈の形成の一因となる。
Ⓒ 断層山脈の大きな地塊は下方にのみ動く。
Ⓓ 断層山脈は地殻と一緒に継続的に回転する。

パッセージの詳細に関する問題です。第4文に "this type of mountain-making is still occuring"（この種の造山活動が今でも続いている）とあるので、Ⓐ は正解です。occuring が being formed に言い換えられていますね。Ⓑ は、第1文の「断層山脈は地球の地殻の大規模な破断によって形成された」と一致しますので、これも正解です。Ⓒ については、第3文にあるように "upward"（上方）と "downward"（下方）の両方向の動きなので不適です。Ⓓ は記述がありません。

4 正解　Ⓑ

第5パラグラフの単語 huge の意味に最も近いのは

Ⓐ square（正方形の）
Ⓑ **gigantic**（巨大な）
Ⓒ rectangular（長方形の）
Ⓓ fluctuating（不規則に動く）

解説　語彙の問題です。"huge"（巨大な）に最も近い意味をもつのは Ⓑ "gigantic" です。なお、gigantic は比較級にはできません。ライティングのときに注意しましょう。fluctuate は数や量などが変動することを言います。fluctuate sharply（激しく変動する）などの言い方をよくします。

5 正解　Ⓐ

第8パラグラフの単語 lasting の意味に最も近いのは

Ⓐ permanent（永遠の）
Ⓑ temporary（一時的な）
Ⓒ strenuous（精力的な）
Ⓓ curious（好奇心の強い）

解説　語彙の問題です。"lasting"（永続的な）に最も近い意味をもつのはⒶ "permanent" です。lasting には last（最後）という言葉が入っていますね。「最後まで続く」と覚えるとよいでしょう。なお、temporary は contemporary（同時代の）と混同しないようにしましょう。

6 正解　Ⓒ

第8パラグラフのハイライトされた文の重要な情報を一番よく表しているのは、次のうちどれか。間違った答えは意味に大きな違いがあるか、重要な情報を含んでいない。

Ⓐ 山脈は国家が敵に囲まれるようにする。
Ⓑ 山脈という障壁は常に国家を守ることが証明されている。
Ⓒ 山脈という障壁で囲まれている国家は簡単には侵略されない。
Ⓓ 障壁はさまざまな目的を果たす。

解説　文の言い換えの問題です。大事なのは本文のメインの情報を取り出して、それが過不足なく含まれているものを選ぶことです。本文の "There are some military advantages and a feeling of security for a nation surrounded by a mountain barrier" は「軍事的利点」と「安心感」が鍵となる情報です。Ⓐ は全く異なっています。Ⓑ について「証明されている」とまでは本文では書かれていません。また「常に国家を守る」というのも誤りです。精読レベルの話ですが、本文には some military advantages（いくつかの利点）、a feeling of security（ある種の安心感）とあり、これらの some と a があくまでも限定的なレベルであることを示しています。その点からも「常に」というのは間違いです。Ⓓ は文意が異なります。

7

正解 Ⓑ

筆者は第 10 パラグラフで、ケニアにあるケニア山は赤道からわずか約 10 マイルのところにあるが、15 の氷河があると述べているが、この文の目的は

Ⓐ ケニア山がどこにあるかを読者に気づかせるため
Ⓑ 熱帯においてでさえ山の気温にはかなりの差がある、という例を提供するため
Ⓒ 世界中の山の極端な気温について述べるため
Ⓓ ケニア山と赤道との距離の近さを強調するため

解説 パッセージの記述の意図に関する問題です。前後の文との関係を確認しましょう。第 1 文では熱帯地方での気候や植物が山の場合は普通と異なることがあると述べており、その次に書かれているこの文ではケニア山における氷河に言及しています。この文は第 1 文をより具体的に説明したものであることがわかります。

8 **正解** Ⓒ

第 10 パラグラフによれば、風下側は

Ⓐ 風上側よりも温度が低い
Ⓑ 風上側と同じ温度である
Ⓒ 風上側よりも温度が高い
Ⓓ 温度は一定である

解説 パッセージの詳細に関する問題です。これも運良く文法が手掛かりになります。比較級が使われているところを探してみると第 3 文に "The windward side of a mountain usually has a much lower temperature and a much heavier rainfall than the leeward side"（山の風上側は通常風下側よりずっと低温で、降水量もずっと多い）が見つかります。よって Ⓒ が正解です。

9 **正解** Ⓓ

パッセージにある 4 つの四角 [■] は、次の文を挿入できる箇所である。この文をどこに入れるのが最も適切か。

今日、鉱業資源と森林資源は山岳地帯から採られているが、これらの場所は数世紀前には人が通り抜けることができないと考えられた山岳地域である。

Ⓐ **A**
Ⓑ **B**
Ⓒ **C**
Ⓓ **D**

解説　文挿入の問題です。この文の手前にはおそらく「昔は通ることができなかった」など通行の不便に関する文がくるはずだと考えます。また「今日」とも書いているので昔と対比する文脈が予想できます。では各空所との関係を確認しましょう。Ⓐ の後ろは山の一般的な障壁としての性質に言及しています。この内容を具体的に説明していく段落ですから、今回の挿入文は少なくともこれ以降に出てこなければなりません。Ⓑ は手前が山のもつ利点に言及しているので後ろに何か文を挿入とすればその文は利点の具体的な説明か、逆接を使った不利な点の説明になる必要があります。Ⓒ に入れるとすればその後ろは現在の「これらの場所」についての具体的な説明でないといけません。Ⓓ は手前の文が「障壁を克服する」と言っており、その具体的な例として挿入文が機能します。

🔟 **正解**　Ⓐ、Ⓓ、Ⓕ

下の文はパッセージ要約の導入文です。パッセージの中で述べられた最も重要な考えを選択肢から3つ選んで、要約を完成させなさい。選択肢の中には、本文中に書かれていないため、あるいは主要な考えでないために要約文にならないものが含まれています。この問題の配点は2点です。

空欄には答えの記号を書き入れても、文を書き写してもかまいません。

山の形成は、山の種類によってさまざまな自然のプロセスにさかのぼることができる。

Ⓐ　火山活動の結果、いくつかの孤立した山ができた。

Ⓑ　時間の経過とともに隣接する山々が侵食されて、いくつかの山はそびえ立ったまま残された。

Ⓒ　ドーム型の山は通常、円形または楕円形で、元々の柔らかい表面が浸食されて火成岩のより硬い層が露出したときに形成される。

Ⓓ　断層山脈、ドーム型の山、褶曲山脈はすべて地球の地殻変動によって形成された。

Ⓔ　断層山脈は世界のいくつかの地域で頻繁な地震の原因となっている。

Ⓕ　複数のプロセスが組み合わさることで多くの山脈の形成の原因になっている。

解説 要約完成の問題です。Ⓐ は第2パラグラフ第3文、Ⓓ は第3パラグラフ第1文から第2文、Ⓕ は第7パラグラフ第1文の内容とそれぞれ一致します。第2パラグラフ第3文によると、侵食されたのは周辺の heights（高所）なので Ⓑ は誤りです。第4パラグラフから第6パラグラフにかけて地殻変動によって形成された3種類の山脈について説明されていますが、特定の種類の山脈についての説明なので Ⓒ は内容的に正しいが主要な考えとは言えません。第4パラグラフから断層地帯で地震が頻発することがわかりますが、断層山脈自体がその原因になっているという記述はないので Ⓔ は不適です。

 ## 各パラグラフの語彙・表現

第 **1** パラグラフ

☐ **summit**	〔名〕	頂上
☐ **form**	〔動〕	形成する
☐ **confuse A with B**	〔熟〕	AとBを混同する
☐ **plateau**	〔名〕	台地
☐ **sharply**	〔副〕	急に、著しく
☐ **surround**	〔動〕	囲む
☐ **broad**	〔形〕	幅の広い
☐ **upland**	〔名〕	高台、高地
☐ **steep**	〔形〕	険しい、急勾配の
☐ **elongate**	〔動〕	引き伸ばす
☐ **ridge**	〔名〕	尾根
☐ **side by side**	〔熟〕	並んで
☐ **mountain range**	〔名〕	山脈
☐ **chain**	〔名〕	連鎖

第 **2** パラグラフ

☐ **owe A to B**	〔熟〕	AがあるのはBのお陰だ
☐ **interrelated**	〔形〕	相互に関連した
☐ **backbone**	〔名〕	背骨
☐ **continent**	〔名〕	大陸
☐ **crust**	〔名〕	地殻
☐ **volcanic**	〔形〕	火山の
☐ **height**	〔名〕	高地

□ eat away	〔動〕侵食する
□ erosion	〔名〕侵食

第 **3** パラグラフ

□ crustal	〔形〕地殻の
□ divide A into B	〔熟〕A を B に分ける
□ class	〔名〕種類
□ according to	〔熟〕~によると
□ fault	〔名〕断層
□ folded	〔形〕折りたたまれた、褶曲した

第 **4** パラグラフ

□ break	〔名〕破断
□ split	〔名〕割れ目
□ fracture	〔名〕断裂
□ tremendous	〔形〕すさまじい
□ downward	〔副〕下に
□ upward	〔副〕上に
□ in relation to	〔熟〕~に関連して
□ region	〔名〕地域

第 **5** パラグラフ

□ classify	〔動〕分類する
□ interior	〔名〕内部
□ overlie	〔動〕横たわる
□ layer	〔名〕層
□ oval	〔形〕楕円形の
□ circular	〔形〕円形の
□ erode away	〔動〕侵食する
□ resistant	〔形〕抵抗力のある
□ core	〔名〕核、中心部
□ igneous rock	〔名〕火成岩
□ expose	〔動〕さらす、露出する
□ illustration	〔名〕実例

第 **6** パラグラフ

□ result from	〔熟〕~から起こる
□ internal	〔形〕内部の

☐ pressure	〔名〕圧力	
☐ wrinkle	〔動〕しわを作る	
☐ bulge	〔名〕ふくらみ	
☐ dip	〔名〕くぼみ	
☐ consist of	〔熟〕～から構成される	
☐ parallel	〔形〕平行な	

第 7 パラグラフ

☐ preceding	〔形〕前述の
☐ primarily	〔副〕主に
☐ take place	〔動〕起こる

第 8 パラグラフ

☐ lasting	〔形〕継続的な
☐ vegetation	〔名〕植物
☐ boundary	〔名〕境界
☐ military	〔形〕軍事的な
☐ advantage	〔名〕利点
☐ security	〔名〕安心、安全

第 9 パラグラフ

☐ heavily	〔副〕非常に
☐ rely upon	〔熟〕～に依存する
☐ incentive	〔名〕刺激策、動機
☐ sufficient	〔形〕十分な
☐ overcome	〔動〕克服する

第 10 パラグラフ

☐ tropical	〔形〕熱帯の
☐ considerably	〔副〕相当に
☐ glacier	〔名〕氷河
☐ windward	〔形〕風上の
☐ temperature	〔名〕気温
☐ leeward	〔形〕風下の
☐ desert	〔名〕砂漠
☐ timber line	〔名〕高木限界
☐ immediately	〔副〕すぐに、直接に
☐ the Torrid Zone	〔形〕熱帯
☐ deciduous	〔形〕落葉性の

第**2**章

Chapter 2

分野別問題演習
自然科学

SPIDERS

1　　In addition to possessing an extra pair of legs, spiders differ from insects in that the former have singular eyes with lenses while the latter have compound eyes. Additionally, spiders, unlike insects, have no antennae. However, like insects, but unlike mammals, spiders possess an external skeleton, or exoskeleton. The body of a spider consists of two parts: the cephalothorax and the abdomen. The cephalothorax, or prosoma, represents a fusion of two body parts that in an insect would form the head and the thorax. The cephalothorax is covered by a hard material called chitin and is joined to the much softer abdomen, or opisthosoma, by a small cylindrical segment called the pedicel.

2　　Most spiders possess four pairs of eyes, one main pair and three pairs of secondary eyes. While the secondary eyes are somewhat rudimentary, capable of usually only detecting the direction of a light source, the main eyes are very powerful and are structurally very similar to our own. For spider species that hunt without a web, their visual acuity can be up to ten times that of the dragonfly, which is the most visually gifted member of the insect world. While human eyesight is usually five times better than that of any spider, the spider has a tremendous advantage over any of its prey.

3　　The seven-segmented legs of the spider are also an interesting anatomical feature. While all arthropods (the phylum to which spiders belong) use muscles to flex their limbs, spiders extend their limbs through the use of hydraulic (i.e. blood) pressure, which can be raised to eight times the resting rate. Some spiders are capable of employing this system to be able to jump in excess of 25 times their own height. The loss of blood pressure is the reason why dead spiders are invariably found with their legs curled up. The seventh and final segments, or tarsi, of a spider's legs vary from species to species. For species that hunt without the use of webs, the tarsi are blanketed with thick tufts of fine hairs called scopulae. These scopulae adhere to very thin layers of water that exist on most surfaces, enabling the spider to walk up vertical surfaces and across upside down surfaces. For web-weaving species, the scopulae are replaced by claws which are much more appropriate adaptations for hanging from threads. The reason that web-weaving spiders do not get inextricably stuck to their own webs is because they walk only on the non-sticky threads; and in cases where they accidentally step on a sticky thread, the surface area of the claw is too small to create a lasting attachment.

4   Silk glands and spinnerets are located in the abdomen of the spider. While there are at least six distinct types of glands, each capable of producing silk for a different purpose, most spiders possess between one and four types. The glands are all connected to spinnerets which jut out of the abdomen, with the average spider having three pairs of spinnerets. Silk is primarily made up of a protein that exists as a liquid in the body of the spider. **A** As it is drawn out of the body, it solidifies not by exposure to air but due to changes in the internal structure of the protein caused by this drawing-out process. **B** Although the silk is protein in structure, it does not decompose due to bacterial and fungal activity because of certain additional substances found in the silk which prevent desiccation, denaturation, and bacterial and fungal growth. **C** Many web-weaving spiders recycle their thread by eating portions of their webs in an effort to recover some of the lost protein. **D** The spider usually weaves a new web each morning after consuming the previous one, minus the main threads which are left untouched.

5   Like that of other arachnids, the digestive system of the spider is incapable of handling anything but liquid food. Spiders have evolved an intriguing way of handling this "limitation." Some spiders inject digestive enzymes into their prey that liquefy the tissues, which are then sucked out, leaving behind an empty husk. Other species use a type of preoral cavity whereby the prey is crushed and ground up while being exposed to digestive enzymes. In order to prevent any solid food from entering the gut, spiders have highly developed filtering systems made up of thousands of extremely fine hairs. These filters prevent anything larger than one micrometer from entering the gut, which effectively prohibits even the passage of viruses and bacteria. The soft abdomen of the spider is capable of swelling to accommodate the sometimes significant volume of food generated from a single prey, which allows the spider to live for up to several weeks on a single feeding.

1 According to paragraph 1, what is one way in which spiders do NOT differ from insects?

Ⓐ Eye structure
Ⓑ The number and type of body segments
Ⓒ The absence of antennae
Ⓓ Skeletal structure

2 According to paragraphs 1 and 2, all of the following are true regarding a spider's eyes EXCEPT:

Ⓐ The eyes serve different functions.
Ⓑ They are different in structure from those of an insect.
Ⓒ Regardless of species, eight eyes are found on every spider.
Ⓓ They can see better than any of their prey.

3 The phrase blanketed with in paragraph 3 is closest in meaning to

Ⓐ lacking in
Ⓑ filled with
Ⓒ ringed with
Ⓓ coated with

4 According to paragraph 3, what is one significant difference between web-weaving spiders and those that hunt without the use of webs?

Ⓐ Jumping height
Ⓑ Silk composition
Ⓒ Tarsi structure
Ⓓ Overall eye count

5 According to paragraph 3, which of the following statements is true?

Ⓐ All strands of a web are sticky, but spiders can avoid getting stuck.
Ⓑ Spiders employ a combination of muscular power and blood pressure in order to move.
Ⓒ Spiders emit water droplets that help them walk on vertical surfaces.
Ⓓ Some spiders can jump high due to strong leg muscles.

6 Why does the author discuss spiders' silk glands?

  (A) To demonstrate the function of each one
  (B) To clarify the connection between glands and spinnerets
  (C) To introduce the process of creating silk
  (D) To summarize the chemical structure of silk

7 The word intriguing in paragraph 5 is closest in meaning to

  (A) puzzling
  (B) attractive
  (C) liberating
  (D) fascinating

8 According to paragraph 5, which of the following is true in terms of how spiders consume food?

  (A) They use enzymes to do a large portion of food preparation prior to consumption.
  (B) They have very limited diets.
  (C) They rely on the mechanical action of chewing to liquefy their food.
  (D) They store solid food supplies in their abdomen.

9 Look at the four squares [■] that indicate where the following sentence could be added to the passage.

However, specifically because of its makeup, production of silk can be quite taxing for the spider.

Where would the sentence best fit?

  (A) **A**
  (B) **B**
  (C) **C**
  (D) **D**

10 **Directions:** An introductory sentence for a brief summary of the passage is provided below. Complete the summary by selecting the THREE answer choices that express the most important ideas in the passage. Some sentences do not belong in the summary because they express ideas that are not presented in the passage or are minor ideas in the passage. *This question is worth 2 points.*

Write your answer choices in the spaces where they belong. You can either write the letter of your choice or you can copy the sentence.

Spiders are somewhat unique life forms that optimize their physical characteristics to become effective and adaptive hunters.

-
-
-

Answer Choices

A Their powerful visual acuity gives them an advantage over their insect targets.

B The soft abdomen of the spider is helpful for food storage.

C Spiders contain two main body parts which are connected by a small segment called the pedicel.

D Due to the structure of their digestive systems, spiders are unable to consume solid food.

E Spiders eat their own silk to recycle a type of protein needed to produce new webs.

F Their legs are well adapted to match the predatory behavior of each spider and provide significant locomotion and leaping ability.

クモ類

本文訳

1　余分に2つの脚をもっているのに加えて、レンズ付きの単眼をもっている点でクモは複眼をもつ昆虫と異なる。さらに、昆虫と違い、クモは触角をもたない。しかしながら、哺乳類と異なり、昆虫のようにクモは体外の骨格、つまり外骨格を有する。クモの体は頭胸部と腹部という2つの部分から構成される。前体部とも呼ばれる頭胸部は、昆虫では頭部と胸部を形成する体の2つの部位を融合したものだ。頭胸部はキチンと呼ばれる硬い物質におおわれ、腹柄と呼ばれる小さな筒状の部位によってずっと柔らかな腹部、つまり後胴体部と結合している。

2　ほとんどのクモは4対の眼をもっていて、1対は主眼で3対は副眼だ。副眼がやや原始的でたいていは光源の方向を探知することしかできないのに対して、主眼は非常に高性能で構造的にわれわれの目と非常に類似している。巣を作らずに獲物を捕らえる種のクモの場合、視力が昆虫界で最も優れた視覚に恵まれたトンボの10倍にまでなることもある。人間の視力は普通どんなクモよりも5倍優れているが、クモはそのどんな獲物よりもはるかに優位に立っている。

3　クモの7つの節に分れた脚にも興味深い解剖学的な特徴がある。すべての節足動物（クモが属する門）が脚を曲げるのに筋肉を使うのに対して、クモは安静時の割合の8倍まで高められる液体（すなわち血液）の圧力を利用して脚を伸ばす。この体の構造を利用して自分の体高の25倍以上も飛び上がることができるクモもいる。クモの死骸が一様に脚を丸めて見つかるのは、血圧の喪失が理由だ。跗節とも呼ばれるクモの脚の7番目の最後の節は、種によって異なる。巣を使わずに獲物を捕らえる種の場合、跗節は歩脚毛束と呼ばれる細かい毛の厚い房におおわれている。これらの歩脚毛束はほとんどの物の表面に存在する水分の非常に薄い層に吸着し、クモは垂直の壁面を登ったり逆さになって壁面を這ったりすることが可能になる。巣を張る種の場合、歩脚毛束は糸からぶら下がるのにずっと都合よく適応した爪に取って代わられる。巣を張るクモが自分自身の巣に脱出不可能なほど張りつかないのは粘着性のない糸の上だけを歩くからで、粘着性のある糸に偶然脚を付けた場合でも、爪の表面積が非常に小さいので張り付いたままにはならない。

4　絹糸腺と出糸突起はクモの腹部に位置している。少なくとも6つの異なる種類の腺があり、それぞれが異なる目的の糸を作り出すことができるが、ほとんどのクモは1つから4つの種類の腺を有する。腺はすべて腹部から突き出た出糸突起とつながっていて、標準的なクモは3対の出糸突起をもつ。糸は主にクモの体内で液体として

存在するタンパク質からできている。体から引き出されると、空気との接触ではなく、この引き出される過程によって引き起こされるたんぱく質の内部構造の変化によってそれは凝固する。糸は構造上タンパク質なのだが、乾燥や変性やバクテリアと菌類の成長を妨げる特定の追加物質が糸の中に存在するため、それはバクテリアや菌類の活動によって分解することがない。巣を張る多くのクモは、失われたタンパク質の一部を取り戻そうと、自分の巣のタンパク質を食べることによって糸を再利用する。たいていの場合クモは、手つかずの主要部分の糸を除いて、古い巣を食べつくした後に毎朝新しいものを作る。

⑤　他のクモ綱の動物と同様に、クモの消化器官は液状の食べ物以外を摂取することができない。クモは、この「制約」に対処する非常に興味深い方法を発達させた。クモの中には組織を液状化させる消化酵素を獲物に注入するものもいて、後で組織が吸い出されると、中身のない抜け殻が残される。他の種はある種の口の前にある空洞を使うが、そこで獲物は消化酵素にさらされながら押し潰されて粉々にされる。固形の食べ物が腸に入り込むのを防ぐため、クモは何千もの極度に微細な毛から構成される高度に発達した濾過器官をもっている。こうした濾過構造は1マイクロメートル以上のものが腸に入り込むことを防ぎ、ウィルスやバクテリアの進入までも効果的に妨げる。クモの柔らかい腹部は膨張し、時にはたった1つの獲物から得られた著しく大きな容積の食料をしまい込むことも可能で、これによりたった1回の摂食でクモは最大で数週間も生きることができる。

正解一覧

※ 11 点満点。配点：Q1 ～ Q9 は、各問 1 点。Q10 は、3 つ正解＝ 2 点、2 つ正解＝ 1 点、1 つ～ 0 正解＝ 0 点。（解答は順不同です。）
1. Ⓓ　　2. Ⓒ　　3. Ⓓ　　4. Ⓒ　　5. Ⓑ　　6. Ⓒ　　7. Ⓓ
8. Ⓐ　　9. Ⓒ

10. Spiders are somewhat unique life forms that optimize their physical characteristics to become effective and adaptive hunters.
- Ⓐ / Their powerful visual acuity gives them an advantage over their insect targets.
- Ⓑ / The soft abdomen of the spider is helpful for food storage.
- Ⓕ / Their legs are well adapted to match the predatory behavior of each spider and provide significant locomotion and leaping ability.

設問文の訳と解答・解説

1 正解　Ⓓ

第 1 パラグラフによると、クモが昆虫と異なっていない点は何か。

Ⓐ 眼の構造
Ⓑ 体節の数や種類
Ⓒ 触覚の欠如
Ⓓ 骨格の構造

解説　パッセージの詳細に関する問題。"unlike" や "differ from"、対比を表す接続詞 "while"、接続副詞 "However" などに注目すると、選択肢を絞り込める。第 3 文で "like insects"（昆虫と同じように）という語句を使いながら、クモが体の外に骨格をもつことが説明されているので、Ⓓ が正解。ⒶⒷⒸ については、第 1 ～ 2 文を参照のこと。

2 正解　Ⓒ

第 1 パラグラフと第 2 パラグラフによると、次のうちクモの眼に関して正しくないのは

Ⓐ 複数の眼は異なる機能を果たす。
Ⓑ 昆虫の眼とは構造的に異なる。
Ⓒ 種に関係なく、すべてのクモに 8 つの眼がある。
Ⓓ 自分のどの獲物よりもよく物が見える。

パッセージに記述のない事柄を選ぶ問題。第2パラグラフ第1文から、「4対の眼をもっているのは "most spiders"（ほとんどのクモ）」で、ⓒ のように「すべてのクモ」ではないことがわかる。Ⓐ については第2パラグラフ第2文、Ⓑ については第1パラグラフ第1文、Ⓓ については第2パラグラフ第4文に、それぞれ記述がある。

3 正解　Ⓓ

第3パラグラフの語句 blanketed with に最も意味が近いのは

Ⓐ lacking in（～が欠如して）
Ⓑ filled with（～で満たされて）
Ⓒ ringed with（～に取り囲まれて）
Ⓓ coated with（～におおわれて）

語彙の問題。文意から判断して、脚の7番目の最後の節である "tarsi"（跗節）が細かい毛の房（毛束）によってどのようになっているのかを考える。

4 正解　Ⓒ

第3パラグラフによれば、巣を張るクモと巣を使わずに獲物を捕らえるクモの大きな違いの1つは何か。

Ⓐ 飛び跳ねる高さ
Ⓑ 糸の成分
Ⓒ 跗節の構造
Ⓓ 全体的な目の数

パッセージの詳細に関する問題。第6文と第8文によると、「巣を作らない種は、跗節が毛の房でおおわれている」のに対して、「巣を作る種は、毛の房の代わりに爪がついている」とある。

5 正解　Ⓑ

第3パラグラフによると、正しい内容は次のうちどれか。

Ⓐ 巣のすべての糸に粘着性があるが、クモは身動きが取れなくなることを回避できる。
Ⓑ 動くためにクモは筋力と血圧を組み合わせて使っている。
Ⓒ クモは水滴を出して垂直の壁面を歩くことができる。
Ⓓ 強力な脚の筋肉によって高く跳び上がることが可能なクモもいる。

解説 パッセージの詳細に関する問題。第2文から、クモは脚を伸ばす際に血圧を使って、それ以外の動作では他の節足動物と同様に筋肉を使うことが確認できるので、Ⓑ が正解。Ⓐ Ⓒ Ⓓ は、それぞれ第9文、第7文、第2文と第3文の記述から誤りだとわかる。

6 **正解** Ⓒ

筆者がクモの絹糸腺について論じているのはなぜか。

Ⓐ それぞれの腺の機能を説明するため
Ⓑ 絹糸腺と出糸突起との関連を明らかにするため
Ⓒ 糸が作り出される過程を紹介するため
Ⓓ 糸の化学的な構成を概説するため

解説 パッセージの記述の意図についての問題。第3パラグラフまではクモの体の構成や機能について説明されていたが、第4パラグラフのトピックはクモが作り出す糸である。第2文で絹糸腺は糸を作り出す器官として言及されているので、Ⓒ が正解。

7 **正解** Ⓓ

第5パラグラフの単語 intriguing に最も意味が近いのは

Ⓐ puzzling（不可解な）
Ⓑ attractive（魅力的な）
Ⓒ liberating（解放する）
Ⓓ fascinating（興味をそそる）

解説 語彙の問題。文意から判断して、"interesting" とほぼ同義の Ⓓ がよい。Ⓑ の "attractive" はまったくの誤りとも言えないが、知的な興味や関心をかき立てる意味合いが薄いので、最も適切な選択肢ではない。

8 **正解** Ⓐ

第5パラグラフによれば、クモの食べ物の摂取の仕方に関して以下のうちどれが正しいか。

Ⓐ 摂取前の食べる準備の大半を酵素を使って行う。
Ⓑ 食性が非常に制限されている。
Ⓒ 食べ物を液状化させるのに噛むという機械的な動作に頼る。
Ⓓ 腹部に固形の食料を蓄える。

パッセージの詳細に関する問題。第３文と第４文で、クモの食べ物の摂取の仕方が２つ説明されているが、共通しているのは消化酵素が使われる点である。

9 正解 Ⓒ

パッセージにある４つの四角 [■] は、次の文を挿入できる箇所である。この文をどこに入れるのが最も適切か。

しかしながら、特にその構造のために、糸を作り出すことがクモにとって非常に負担が大きくなることもある。

解説 文挿入の問題。挿入する文の "because of *its makeup*"（その [＝糸の] 構造のために）という語句に注目すると、直前でこの事柄について説明がなくてはならない。糸の "structure"（makeup とほぼ同義）とその中の "additional substances" について言及している第６文の後が最も適切。

10 正解 Ａ、Ｂ、Ｆ

下の文はパッセージ要約の導入文です。パッセージの中で述べられた最も重要な考えを選択肢から３つ選んで、要約を完成させなさい。選択肢の中には、本文中に書かれていないため、あるいは主要な考えでないために要約文にならないものが含まれています。この問題の配点は２点です。

空欄には答えの記号を書き入れても、文を書き写してもかまいません。

クモは、効果的かつ柔軟に獲物を捕らえるために自分の体の特徴を最適化するいくぶん変わった生物だ。

Ⓐ その優れた視力によって、クモは獲物の昆虫に対して有利な立場を与えられている。

Ⓑ クモの柔らかい腹部は食料を蓄えるのに役立つ。

Ⓒ クモの体には腹柄と呼ばれる小さな節によってつながっている２つの部位がある。

Ⓓ 消化器官の構造によって、クモは固形の食べ物を摂取することができない。

Ⓔ クモは、新しい巣を作るのに必要とされるタンパク質を再利用するため、自の巣の糸を食べる。

Ⓕ 脚はそれぞれのクモの捕食行動に合うように上手く適応し、著しい運動能力と跳躍力を与えている。

解説 要約完成の問題。選択肢の前に提示された文が食料調達と体の特徴に焦点を当てているので、この2点と関連が深い内容を選ぶ。Ａ は第2パラグラフ第4文と、Ｂ は第5パラグラフ第7文と同じ内容で、体の機能を最適化した例である。Ｆ は、獲物を捕らえるために巣を作る種と作らない種によって脚の形態や機能が異なることを示している第3パラグラフ第6文から第9文までと対応している。

各パラグラフの語彙・表現

第 1 パラグラフ

☐ insect	〔名〕	昆虫
☐ in that	〔熟〕	～の点で
☐ the former	〔名〕	（2つの事柄の）前者
☐ singular	〔形〕	単数の
☐ the latter	〔名〕	（2つの事柄の）後者
☐ compound	〔形〕	複合的な
☐ external	〔形〕	外側の
☐ skeleton	〔名〕	骨格
☐ cephalothorax	〔名〕	頭胸部
☐ abdomen	〔名〕	腹部
☐ prosoma	〔名〕	前体部
☐ fusion	〔名〕	融合
☐ thorax	〔名〕	胸部
☐ opisthosoma	〔名〕	（クモ形類動物の）腹部
☐ cylindrical	〔形〕	円筒形の
☐ segment	〔名〕	区分、部位
☐ pedicel	〔名〕	腹柄

第 2 パラグラフ

☐ secondary	〔形〕	副次的な
☐ somewhat	〔副〕	若干
☐ rudimentary	〔形〕	原始的な
☐ detect	〔動〕	探知する
☐ species	〔名〕	（動植物の）種
☐ acuity	〔名〕	鋭敏さ
☐ up to	〔熟〕	（最大で）～まで

☐ dragonfly	〔名〕トンボ	
☐ gifted	〔形〕才能のある	
☐ tremendous	〔形〕多大な	
☐ prey	〔名〕獲物	

第 **3** パラグラフ

☐ anatomical	〔形〕解剖学的な	
☐ arthropod	〔名〕節足動物	
☐ phylum	〔名〕(動物分類上の) 門	
☐ flex	〔動〕曲げる	
☐ limb	〔名〕脚、手足	
☐ hydraulic	〔形〕水力の	
☐ employ	〔動〕使う	
☐ in excess of	〔熟〕~以上	
☐ invariably	〔副〕一定不変に	
☐ tarsus	〔名〕跗節	
☐ vary	〔動〕異なる、変動する	
☐ blanket	〔動〕一面を覆う	
☐ tuft	〔名〕房	
☐ fine	〔形〕微細な	
☐ scopula	〔名〕歩脚毛束	
☐ adhere to	〔動〕~に付着する	
☐ layer	〔名〕層	
☐ enable O to V	〔熟〕O が V するのを可能にする	
☐ vertical	〔形〕垂直な	
☐ weave	〔動〕(クモが巣を) 張る	
☐ claw	〔名〕かぎつめ	
☐ thread	〔名〕糸	
☐ inextricably	〔副〕密接に	
☐ get stuck to ~	〔熟〕~にくっつく	
☐ sticky	〔形〕ベタベタした	
☐ accidentally	〔副〕偶然に	
☐ step on	〔動〕~を踏む	
☐ lasting	〔形〕持続的な	
☐ attachment	〔名〕付着	

第 **4** パラグラフ

☐ gland	〔名〕	腺
☐ spinneret	〔名〕	出糸突起
☐ distinct	〔形〕	異なる
☐ jut out of	〔熟〕	～から突き出る
☐ primarily	〔副〕	主に
☐ liquid	〔名〕	液体
☐ solidify	〔動〕	固まる
☐ exposure	〔名〕	さらされること
☐ due to	〔前〕	～が理由で
☐ decompose	〔動〕	分解する
☐ fungal	〔形〕	菌類の
☐ certain	〔形〕	特定の
☐ desiccation	〔名〕	乾燥
☐ denaturation	〔名〕	変性

第 **5** パラグラフ

☐ arachnid	〔名〕	クモ形綱の動物
☐ digestive	〔形〕	消化の
☐ handle	〔動〕	処理する
☐ anything but	〔熟〕	（否定語の後で）～以外は何も～ない
☐ evolve	〔動〕	進化させる
☐ intriguing	〔形〕	興味をそそる
☐ inject	〔動〕	注入する
☐ enzyme	〔名〕	酵素
☐ liquefy	〔動〕	液化する
☐ tissue	〔名〕	（体の）組織
☐ suck	〔動〕	吸う
☐ husk	〔名〕	殻
☐ preoral	〔形〕	口の前の
☐ cavity	〔名〕	空洞
☐ gut	〔名〕	腸
☐ swell	〔動〕	膨張する
☐ accommodate	〔動〕	収容する
☐ significant	〔形〕	相当な
☐ generate	〔動〕	作り出す

POLIOMYELITIS

1　　Poliomyelitis is a serious infectious disease which sometimes results in paralysis. It afflicts both children and adults and occurs in epidemic forms in many parts of the world, even among Inuit in the isolated Arctic regions of Canada. Polio, as it is commonly called, varies from a benign illness to one that may cause crippling paralysis or even death. Several different clinical types are recognized among human beings. All forms of polio are caused by three related but distinct viruses which may, on occasion, attack and destroy the nerve cells of the brain and spinal cord that control muscular movement.

2　　The exact manner in which polio is spread is uncertain. Since the viruses have been found in the excrement and saliva of apparently normal persons, it has been suggested that human carriers who do not show symptoms may be a source of infection. Similarly, the polio patient may infect on contact. Houseflies also are known to harbor the viruses and may possibly contaminate food with them.

3　　Once the polioviruses have invaded the body, there is an incubation period of three to thirty-five days before any outward signs of the disease appear. The earliest symptoms are rather indefinite but resemble the symptoms of a common cold. They include fever, headache, nausea, irritability, restlessness, and perhaps sore throat and stiffness of the neck and back. If the illness is mild, the disease may not progress and the symptoms may subside within a few hours or a few days. In many cases, in fact, the infection is so mild that the victims do not even realize that they have polio and simply dismiss the symptoms as those of an oncoming cold. In the more intense forms of polio, however, the symptoms already described become progressively worse. Pain and muscular weakness set in, and paralysis of the legs, arms, or other parts of the body develops. The degree of paralysis or weakening of the muscles and the location depend upon the extent of damage done to the nerve cells and upon the group of nerve cells involved. Destruction of these cells leads to permanent paralysis.

4　　There is no known cure for polio. During the acute stages of the disease, treatment is directed mainly at alleviating the patient's suffering. Bed rest and isolation are essential, even in mild cases, and good nursing is of great importance. If paralysis affects a part of the patient's breathing mechanism, a respirator may be used. If the throat muscles become paralyzed so that the patient cannot swallow, mucus and other accumulations must be removed from the throat to prevent choking. After the acute stages of the disease have passed, treatment is aimed at preventing unnecessary crippling. The Kenny treatment, named for Sister Elizabeth Kenny, an Australian nurse who first used it, has been helpful in many cases. It consists of applying hot, moist blankets during the acute period and later re-educating weakened muscles to function again. Other forms of treatment include the use of such devices as braces and splints to support weakened limbs; gentle exercise, both in and out of water, to strengthen muscles; and various types of orthopedic surgery. In a quarter of a century, through medical advancement, deaths in cases with severe paralysis were reduced from one in five to less than one in twenty.

5　　　In North America, polio strikes most often during the summer months. The season extends from May to October and reaches its peak during August and September. In the United States, the chief organization dedicated to the fight against polio was the National Foundation for Infantile Paralysis. It raised funds for research and also gave financial aid to needy polio patients.

6　　　Several vaccines seem to have reduced the incidence of paralytic polio effectively. **A** The first was developed in 1954 by Jonas E. Salk, an American physician. The virus, which is killed by formaldehyde, is given in a series of injections. **B** The Sabin vaccine, developed by Albert Sabin, is a live-virus vaccine prepared from strains of virus that do not produce disease in man. **C** It is administered orally; is tasteless; and can be taken in milk, orange juice, candy, or flavored syrup. **D** The live-virus vaccine is believed to give long-term immunity that may possibly spread to others by contact with a person who has received the vaccine, thus immunizing the contacts.

1 Which of the following is stated in paragraph 1 about polio?

(A) It occurs only in isolated Arctic regions.

(B) It attacks the cells that control digestion.

(C) It is caused by three kinds of bacteria.

(D) It may occur in epidemic forms.

2 The author includes the phrase it has been suggested in paragraph 2 in order to indicate that

(A) houseflies are a source of infection

(B) healthy people may be carrying the disease

(C) people who are infected always show symptoms

(D) polio is present but does not develop in most people

3 According to paragraph 3, which of the following is true of polio?

(A) A mild form of polio certainly does not progress.

(B) An oncoming cold can develop into polio.

(C) Some parts of the body become paralyzed in the advanced stages of polio.

(D) All patients afflicted with polio become permanently paralyzed.

4 The word subside in paragraph 3 is closest in meaning to

(A) diminish

(B) transport

(C) worsen

(D) alter

5 According to paragraph 4, the Kenny treatment

(A) uses a respirator to help with breathing

(B) cut cases of paralysis by 15 percent

(C) involves the use of warm, dry blankets

(D) trains muscles to work normally again

6 It can be inferred from paragraph 4 that prior to medical advancements

    (A) between one to five patients with severe paralysis died

    (B) 20 percent of patients afflicted with severe paralysis died

    (C) between one and twenty cases led to death

    (D) death rates were reduced to 5 percent

7 According to paragraph 5, it is NOT true that polio

    (A) usually strikes during the summer months

    (B) most likely strikes beginning in May

    (C) peaks during August and September

    (D) certainly ends in September

8 According to paragraph 6, which of the following is NOT true of Sabin vaccine?

    (A) It was named after the person who developed it.

    (B) It is an active virus.

    (C) It is taken through the mouth.

    (D) It has a sweet taste.

9 Look at the four squares [■] that indicate where the following sentence could be added to the passage.

These shots include all three types of poliovirus.

Where would the sentence best fit?

    (A) **A**

    (B) **B**

    (C) **C**

    (D) **D**

10 **Directions:** An introductory sentence for a brief summary of the passage is provided below. Complete the summary by selecting the THREE answer choices that express the most important ideas in the passage. Some sentences do not belong in the summary because they express ideas that are not presented in the passage or are minor ideas in the passage. *This question is worth 2 points.*

Write your answer choices in the spaces where they belong. You can either write the letter of your choice or you can copy the sentence.

The passage discusses the currently known facts about poliomyelitis.

-
-
-

Answer Choices

A Medical advancements have improved the treatment of patients afflicted with polio.

B The primary symptoms of polio are similar to those of a common cold.

C Although it is uncertain how polio is spread, scientists have identified three strains of viruses which cause polio.

D Patients suffer greatly during the mild stages of the disease.

E Polio vaccines serve to prevent the onset of polio that leads to paralysis.

F The National Foundation for Infantile Paralysis located in the United States supports polio research and patients in need of monetary assistance.

自然科学　　Passage 2　解答と解説

ポリオ

本文訳

[1]　急性灰白髄炎は時に麻痺を起こす深刻な伝染病である。子供と大人の両方を苦しめ、カナダの孤立した北極地帯に住むイヌイット族さえ苦しめる、世界の多くの地域で発生する流行性の病気である。一般的にはポリオと呼ばれているが、良性のものから、体の自由を奪う麻痺や死を引き起こす危険性のあるものまで、さまざまなものがある。人間に起こるいくつかの異なる臨床病型が確認されている。すべてのポリオの型は3つの、同属だがそれぞれ別個のウイルスによって起こされ、時によっては筋肉の動きを制御する脳と脊髄の神経細胞を攻撃したり破壊したりすることがある。

[2]　ポリオがどのように伝染するかははっきりしていない。ウイルスが表面上は健康に見える人の便と唾液の中で発見されているため、症状の出ていない保菌者が感染源のひとつであるかも知れないと言われてきた。同様に、ポリオの患者も接触者を感染させている可能性がある。家バエもまたウイルスを宿していると言われ、食物を汚染する可能性がある。

[3]　ポリオのウイルスがいったん体に侵入すると、病気が症状として体に現れる前に3日から35日の潜伏期間がある。最も初期の症状はあまりはっきりとはしないが、一般的な風邪の症状と似ている。熱、頭痛、吐き気があったり、神経過敏になったり、落ち着きがなくなったり、また喉の痛み、首や背中の硬直を伴う。病気が軽いと、症状は進行せず、数時間または数日以内におさまることがある。多くの場合、実際に感染が軽く、感染した者は自分がポリオにかかっていることを自覚せず、単に、風邪の引きはじめだぐらいで片付けてしまうこともある。しかし、より重度のポリオの場合は、すでに述べられた症状が悪化の一途をたどる。激痛と筋力の低下が始まり、足、腕、あるいは体の他の部分で麻痺が始まる。筋肉の麻痺や筋力低下の度合とその起こる部位は、神経細胞の損傷の規模［程度］と、どの神経細胞群が損傷を受けたかによる。そしてこれらの細胞の破壊は永久的な麻痺をもたらす。

[4]　ポリオには既知の治療法がない。急性期の病状の段階では、治療は主に患者の苦しみを緩和することに向けられる。軽い症状の場合でも、ベッドでの療養や隔離は必須で、よい看護が大変に重要である。麻痺が患者の呼吸中枢の一部を冒す場合は、人工呼吸器が使われることがある。患者がものを飲み込むことができないぐらいに咽頭筋が麻痺したような場合は、のどが詰まらないようにするために、痰と他の貯まったもの［液体］をのどから取り除かれなければならない。急性期が過ぎた後で、治療は手足に不必要な運動障害［麻痺］が残らないようにすることに向けられる。ケニー療法という、最初にこの治療法を用いたオーストラリア人看護婦である尼僧エリザベ

ス・ケニーにちなんで名づけられた治療法は、多くの症例に役立った。この治療法は、急性期には温湿布用の毛布を当て、そして後に、弱った筋肉を再教育するものである。他の治療法には、弱った手足を支えるために添え木や当て木を使用する方法、筋肉を強化するために水の中や外で簡単な運動を行う方法、そしてさまざまな整形外科的手術などがある。この四半世紀は、医学の進歩を通して、高度の麻痺をもった患者の死亡率は5人に1人から20人に1人未満の割合に減少した。

5　北アメリカでは、ポリオは夏の数カ月にもっとも頻繁に起こる。流行時期は5月から10月の間で、8月と9月の間がそのピークになる。米国で、ポリオに対する闘いに尽力している主要な団体は「小児マヒのための全国財団」だった。この財団は研究用資金を集め、貧しいポリオ患者に財政的援助を行った。

6　いくつかのワクチンは、効果的に麻痺性ポリオの発生を減らしたように思われる。最初のワクチンは1954年にアメリカ人医師ジョナス・E・ソークによって開発された。ホルムアルデヒドを使って不活化されたウイルスを複数回に分けた注射で患者に与えるものである。アルバート・セービンによって開発されたセービンワクチン［経口生ポリオワクチン］は、人体では病気を引き起こさないウイルスの型から作られた活性ウイルスのワクチンである。このワクチンは経口投与され、味が無く、ミルク、オレンジジュース、キャンディー、または味つけされたシロップに混ぜて飲むことができる。生ワクチンは、ワクチンの接種を受けた人との接触によって免疫力が他の人びとにも伝えられる可能性があり、かくして接触者に免疫性を与えるといった、長期にわたる免疫性を与えことができると信じられている。

正解一覧

※11点満点。配点：Q1～Q9は、各問1点。Q10は、3つ正解＝2点、2つ正解＝1点、1つ～0正解＝0点。解答は順不同で可です。

1. Ⓓ　　2. Ⓑ　　3. Ⓒ　　4. Ⓐ　　5. Ⓓ　　6. Ⓑ　　7. Ⓓ

8. Ⓓ　　9. Ⓑ

10. The passage discusses the currently known facts about poliomyelitis.

- Ⓐ / Medical advancements have improved the treatment of patients afflicted with polio.
- Ⓒ / Although it is uncertain how polio is spread, scientists have identified three strains of viruses which cause polio.
- Ⓔ / Polio vaccines serve to prevent the onset of polio that leads to paralysis.

設問文の訳と解答・解説

1　正解　Ⓓ

第1パラグラフでポリオについて述べられているのは以下のどれか。

Ⓐ ポリオは孤立した北極地帯にだけ存在している。

Ⓑ ポリオは消化をつかさどる細胞を冒す。

Ⓒ ポリオは3種類の細菌によって起こされる。

Ⓓ ポリオは流行性の形で起こる。

解説　パッセージの詳細に関する問題。第2文に、"It afflicts both children and adults and *occurs in epidemic forms in many parts of the world*"（子供と大人の両方を苦しめ、世界の多くの地域で発生する流行性の病気である）とあるので、Ⓓ が正解。同じ文から Ⓐ は不適であることがわかる。第5文にあるように、ポリオを起こすのは "viruses" なので、Ⓒ は不適。

2 正解 Ⓑ

筆者が第2パラグラフで it has been suggested という表現を使っている目的は

Ⓐ イエバエは感染源の1つであることを示すため
Ⓑ 健康な人が病気をもっていることがあることを示すため
Ⓒ 感染者は必ず発症することを示すため
Ⓓ ポリオに感染していてもほとんどの人は発症しないことを示すため

> **解説** パッセージの記述の意図についての問題。"suggest" は「暗示する」、「ほのめかす」などの意味をもつ動詞で、「確定した証拠はないが、こうではないかと考えられる」ときに用いられる。この文の場合も「症状の出ていない健康に見える人が伝染源であるかも知れない」と表現していることになる。

3 正解 Ⓒ

第3パラグラフによれば、ポリオについて次のどれが当てはまるか。

Ⓐ 軽いポリオは間違いなく進行しない。
Ⓑ 風邪の前兆からポリオに進むことがある。
Ⓒ ポリオが進行すると体の一部が麻痺する。
Ⓓ ポリオにかかった患者全員に恒久的な麻痺が出る。

> **解説** パッセージの詳細に関する問題。"paralysis of the legs, arms, or other parts of the body develops"（足、腕、あるいは体の他の部分で麻痺が始まる）と第7文にある。Ⓐ は "certainly"（確かに）が、Ⓓ は "all patients"（患者全員）が不適。

4 正解 Ⓐ

第3パラグラフの単語 subside の意味に最も近いのは

Ⓐ diminish（減少させる）
Ⓑ transport（輸送する）
Ⓒ worsen（悪化させる）
Ⓓ alter（変化させる）

> **解説** 語彙の問題。"subside"（おさまる）に最も近い意味をもつのは Ⓐ "diminish" になる。

5 正解 D

第4パラグラフによれば、ケニー療法は

A 呼吸の補助のために人工呼吸器（レスピレーター）を使用する
B 麻痺の症例を15パーセント減少させた
C 温かい乾いた毛布を使用する
D 筋肉が正常に動くように訓練する

> **解説** パッセージの詳細に関する問題。ケニー療法の内容について書かれているのは第8文で、"... re-educating weakened muscles to function again"（弱った筋肉が機能を回復するように再教育する）とある。A はケニー療法と直接関係していない。B とケニー療法の関係については言及がなく、ケニー療法で使うのは "dry blankets" ではなく "moist blankets" なので、C は不適。

6 正解 B

第4パラグラフで推定されることは、医学が進歩する前には

A 高度の麻痺をもつ患者の1人から5人が死んだ
B 高度の麻痺に苦しむ患者の20パーセントが死んだ
C 1件から20件の症例が死につながった
D 死亡率が5パーセントまで減少した

> **解説** パッセージの内容から推測する問題。第10文に "deaths in cases with the severe paralysis were reduced from one in five to less than one in twenty"（高度の麻痺をもった患者の死亡率は5人に1人から20人に1人未満の割合に減少した）という内容から、D は医学の進歩の結果であることがわかる。

7 正解 D

第5パラグラフによれば、ポリオについて正しくないのは

A 通常、夏の数カ月に発生する
B 5月に発生し始めることが多い
C 8月と9月の間にピークが来る
D 確実に9月に発生が終わる

> **解説** パッセージに記述のない事柄を選ぶ問題。第2文に "The season extends from May to October and *reaches its peak during August and September.*"（流行時期は5月から10月の間で、8月と9月の間がそのピークになる）とあるので、D が記述と一致していない。

8 正解　Ⓓ

第6パラグラフによれば、次のうちでセービンワクチンに当てはまらないのはどれか。

Ⓐ このワクチンは開発者の名前にちなんで名付けられた。
Ⓑ このワクチンは活性ウイルスである。
Ⓒ このワクチンは経口投与される。
Ⓓ このワクチンは甘い味がする。

> 解説　パッセージに記述のない事柄を選ぶ問題。Ⓐ と Ⓑ は、第4文の "The Sabin vaccine, *developed by Albert Sabin, is a live-virus* vaccine ..." から正しいことがわかり、第5文の "It [= the Sabin vaccine] is *administered orally*" から、Ⓒ も正しいことがわかる。第5文に "tasteless" とあり、Ⓓ の "sweet taste" が一致していないのがわかる。

9 正解　Ⓑ

パッセージにある4つの四角 [■] は、次の文を挿入できる箇所である。この文をどこに入れるのが最も適切か。

これらの注射にはポリオウイルスの3つの型がすべて含まれている。

> 解説　文挿入の問題。ポイントは第3文の "a series of injections"（複数回に分けた注射）。この "a series of injections" を受けて、挿入文 "*These* shots ..."（これらの注射…）へとつながることになる。その後は注射ではなく、経口投与されるワクチンの話になるので、Ⓒ と Ⓓ は不適。

10 正解　Ⓐ、Ⓒ、Ⓔ

下の文はパッセージ要約の導入文です。パッセージの中で述べられた最も重要な考えを選択肢から3つ選んで要約を完成させなさい。選択肢の中には本文中に書かれていないため、あるいは主要な考えでないために要約文にならないものが含まれています。この問題の配点は2点です。

空欄には答えの記号を書き入れても、文を書き写してもかまいません。

この文章はポリオについて現在知られている事実について述べている。

90

Ⓐ　医学の進歩はポリオに感染した患者の手当の方法を改善させてきた。

Ⓑ　ポリオの初期症状は風邪に類似している。

Ⓒ　ポリオがどのように伝染するかについてははっきりしていないが、科学者はポリオの原因になる3つの型のウイルスを確認している。

Ⓓ　患者は病気の症状が軽い段階で大変苦しむ。

Ⓔ　ポリオワクチンは、麻痺をもたらすポリオの発病を防ぐのに役立つ。

Ⓕ　米国の「小児麻痺のための全国財団」はポリオ研究と資金支援を必要とする患者をサポートする。

解説　要約完成の問題。最初の3つのパラグラフでポリオの原因・症状を紹介し（Ⓒ）、次に介護・手当の方法を示し（Ⓐ）、最後に予防のためのワクチンを解説している（Ⓔ）、が全体の流れと考えられる。

Ⓐ 患者の介護・手当の方法。

Ⓑ ポリオの初期症状。["minor ideas" と考えられる]

Ⓒ ポリオの原因：ウイルス

Ⓓ ポリオの苦しさ ["mild" ではなく "acute" に変更する必要があるので、事実に反する]

Ⓔ ポリオワクチンの効用。

Ⓕ ポリオのための財団 ["minor ideas" と考えられる]

各パラグラフの語彙・表現

第 1 パラグラフ

☐ poliomyelitis	〔名〕急性灰白髄炎
☐ infectious	〔形〕伝染性の
☐ disease	〔名〕病気
☐ paralysis	〔名〕麻痺
☐ afflict	〔動〕苦しめる
☐ epidemic	〔形〕流行性の
☐ isolated	〔形〕隔離された
☐ arctic	〔形〕北極の
☐ benign	〔形〕良性の
☐ crippling	〔形〕手足の自由を奪う
☐ clinical	〔形〕臨床の
☐ recognize	〔動〕認識する

☐ distinct	〔形〕	別の
☐ on occasion	〔熟〕	時として
☐ spinal cord	〔名〕	脊髄
☐ muscular	〔形〕	筋肉の

第 2 パラグラフ

☐ excrement	〔名〕	便
☐ saliva	〔名〕	唾液
☐ symptom	〔名〕	症状
☐ patient	〔名〕	患者
☐ infect	〔動〕	感染させる
☐ harbor	〔動〕	宿す、〜の宿主になる
☐ contaminate	〔動〕	汚染する

第 3 パラグラフ

☐ invade	〔動〕	侵入する
☐ incubation period	〔名〕	潜伏期
☐ indefinite	〔形〕	明確でない
☐ resemble	〔動〕	〜に似ている
☐ nausea	〔名〕	吐き気
☐ irritability	〔名〕	神経過敏
☐ restlessness	〔名〕	落ち着きのなさ
☐ sore	〔形〕	（炎症などで）ひりひりする
☐ stiffness	〔名〕	硬直
☐ subside	〔動〕	収まる
☐ victim	〔名〕	犠牲者
☐ dismiss	〔動〕	片付ける
☐ oncoming	〔形〕	これから起こる
☐ intense	〔形〕	激しい
☐ describe	〔動〕	描写する
☐ progressively	〔副〕	次第に
☐ set in	〔動〕	始まる
☐ degree	〔名〕	程度
☐ extent	〔名〕	程度
☐ involved	〔形〕	関連する
☐ lead to	〔動〕	〜を引き起こす
☐ permanent	〔形〕	永続的な

第 **4** パラグラフ

□ cure	〔名〕	治療法
□ acute	〔形〕	急性の
□ alleviate	〔動〕	緩和する
□ isolation	〔名〕	隔離
□ affect	〔動〕	影響を与える
□ respirator	〔名〕	人工呼吸器
□ swallow	〔動〕	飲み込む
□ mucus	〔名〕	粘液
□ accumulation	〔名〕	蓄積物
□ prevent	〔動〕	防ぐ
□ apply	〔動〕	適用する
□ device	〔名〕	装置
□ brace	〔名〕	添え木
□ splint	〔名〕	当て木
□ orthopedic	〔形〕	整形外科の
□ surgery	〔名〕	手術
□ quarter	〔形〕	4 分の 1
□ advancement	〔名〕	進歩

第 **5** パラグラフ

□ strike	〔動〕	発生する
□ extend	〔動〕	延長する
□ infantile	〔形〕	幼児の
□ raise	〔動〕	（金を）集める

第 **6** パラグラフ

□ incidence	〔名〕	発生
□ paralytic	〔形〕	麻痺性の
□ physician	〔名〕	内科医
□ formaldehyde	〔名〕	ホルムアルデヒド
□ injection	〔名〕	注射
□ strain	〔名〕	種類
□ administer	〔動〕	投与する
□ long-term	〔形〕	長期的な
□ immunity	〔名〕	免疫性

CLEARCUTTING

1　　　Few topics are as controversial as clearcutting, which involves removing all the trees on a parcel of land. **A** The primary goal of clearcutting is to create the conditions needed to re-establish even-aged stands of valuable shade-intolerant hardwood and softwood species. **B** Fresh clearcuts are not aesthetically pleasing and often conjure up images of desolation and destruction. However, most clearcuts are rapidly colonized by pioneer plants including a wide variety of shrubs and herbs. **C** Trees are planted or come back through natural regeneration. Foresters view clearcuts as the beginning of reforestation. **D** There is no way around this fact of life.

2　　　In the past, some large clearcuts have been necessary to salvage dead and dying timber from infestations such as the spruce budworm. However, there have also been some large and irresponsible liquidation clearcuts for short-term gain. Now numerous regulations are in place, regulations that limit the size of clearcuts and ensure that all forest practices are sustainable. Trees are left in streamside buffers to protect water quality and fish habitat. Clearcuts are designed to blend in with the landscape and uncut buffer zones are left along highways. Aesthetics is now recognized as a basic human value. Clearcutting is a sound silvicultural practice when done responsibly.

3　　　Nature has been modifying forest landscapes for millennia with wind throw, insect and disease infestations, and fire. This has been important in creating a mosaic of stands which create structural, and consequently, biological diversity across a landscape. The silvicultural practice of clearcutting allows us to duplicate natural events without losing precious wood fiber. Removing a forester's ability to use small clearcuts would ensure that shade-tolerant species would eventually replace valuable shade-intolerant species like Douglas Fir.

4　　　The public is often presented with black and white options such as choosing between selective cutting and clearcutting. Clearcutting is usually presented as all bad and selective cutting as all good. One of the worst forest practices was high grading, or taking only the best trees. This was actually a form of selective cutting. Life in the forest is not black and white. Foresters manage dynamic forests to reproduce "desired outcomes" again and again, over decades and centuries. They must take into consideration the fact that everything is connected and everything is constantly changing. They need all available tools at their disposal to work with the discordant harmonies of nature.

5　　There is no excuse for practices of the past where thousands of contiguous acres were clearcut across streams and down steep mountainsides, causing erosion, stream sedimentation, and soil degradation. The public is still angry and needs to know that these practices that are truly destructive are a thing of the past, and that most companies in the forest products industry now subscribe to the "Sustainable Forestry Initiative," which goes beyond forest practices mandated by state and federal laws.

6　　If forest owners are forced to stop using silvicultural tools, like clearcutting in certain stands, forestry may become uneconomical. Forest owners may then exercise the right to sell their land to developers for conversion to other uses, all of which have a much greater environmental impact. This makes the most intensive forestry look environmentally benign. There are no simple solutions, only intelligent choices such as responsible clearcutting, and it is a tool that must stay in the forester's kit.

7　　Finally, it is always important to have a historical perspective. We have a great example in Maine, which is now 90 percent forested and the most heavily forested state in the nation. However, 30 percent of Maine was once cleared for agriculture. They did not build stone walls in the woods, but there are plenty of stone walls in the woods today. There was massive deforestation in Maine and other states, converting forestland to agricultural use to feed the growing population. As better agricultural lands were found to the west, much of New England reverted to forest.

8　　In the United States we have converted over 310 million acres of forestland to agricultural use to produce food. Ironically, there is no outrage when viewing farms, but often extreme outrage when viewing a fresh clearcut in the forest. Perhaps we should consider a forest clearcut as a temporary meadow, which will support deer and other forage browsers on its way back to a lush forest stand. Aesthetics is important, but we all see and feel different things based on our knowledge and experience.

1 According to paragraph 1, foresters

    Ⓐ are mostly against clearcutting

    Ⓑ do not understand the dangers of clearcutting

    Ⓒ view clearcutting as a positive activity

    Ⓓ believe that a clearcut stand will never regenerate itself

2 In paragraph 2, why does the author mention that there have also been some large and irresponsible liquidation clearcuts for short-term gain?

    Ⓐ To bolster his argument that clearcutting is an evil practice

    Ⓑ To lend support to his view that most foresters are not managing our forests wisely

    Ⓒ To show impartiality by admitting the mistakes of foresters in the past

    Ⓓ To point out that forestry practices desperately need to be changed

3 The word mosaic in paragraph 3 is closest in meaning to

    Ⓐ variety

    Ⓑ differentiation

    Ⓒ disturbance

    Ⓓ large number

4 The word duplicate in paragraph 3 is closest in meaning to

    Ⓐ prevent

    Ⓑ allow

    Ⓒ imitate

    Ⓓ diminish

5 In paragraph 4, it is NOT stated that selective cutting

    Ⓐ may focus on outstanding specimens

    Ⓑ tends to separate dark-colored and light-colored trees

    Ⓒ is often viewed as an excellent practice

    Ⓓ is only one of many forest management techniques

6 Which of the sentences below expresses the essential information in the highlighted sentence in paragraph 5? Inappropriate choices either change or omit essential information.

Ⓐ The angry public needs to recognize that most companies have ceased destructive practices and now use practices that go beyond what is mandated by law.

Ⓑ Those who are still angry need to let their voices be heard so that regulations can be made in order to change the destructive practices of companies in the forestry industry.

Ⓒ The public was truly destructive and angry in the past, but things have changed now and many useful practices have been mandated by law.

Ⓓ The public is still angry, even though there are many mandated state and federal laws these days.

7 What is indicated about the forestry industry in paragraph 6?

Ⓐ It could become unprofitable without the practice of clearcutting.

Ⓑ It has greater environmental impact than other land use practices.

Ⓒ It is an entirely benign industry.

Ⓓ It could easily do away with its practice of clearcutting.

8 In paragraph 7, it is indicated that Maine

Ⓐ has always been the most heavily forested state in America

Ⓑ has had many stone walls built in its woods

Ⓒ has much previously cleared land that is now forest again

Ⓓ has 30 percent of its land area being used for agriculture

9 Look at the four squares [■] that indicate where the following sentence could be added to the passage.

On the other hand, forestland converted for agricultural use or for development is deforestation.

Where would the following sentence best fit?

Ⓐ **A**
Ⓑ **B**
Ⓒ **C**
Ⓓ **D**

10 **Directions:** An introductory sentence for a brief summary of the passage is provided below. Complete the summary by selecting the THREE answer choices that express the most important ideas in the passage. Some sentences do not belong in the summary because they express ideas that are not presented in the passage or are minor ideas in the passage. *This question is worth 2 points.*

Write your answer choices in the spaces where they belong. You can either write the letter of your choice or you can copy the sentence.

Despite the general public's view of clearcutting, it is a valuable tool employed by foresters in maintaining a healthy forest.

-
-
-

Answer Choices

Ⓐ Clearcutting has been used in the past to stop or prevent infestation of undesirable organisms.

Ⓑ Ninety percent of Maine's forests have been harvested for timber.

Ⓒ Clearcutting allows for the duplication of natural events while maintaining valuable wood fiber.

Ⓓ Clearcutting has caused erosion, stream sedimentation and soil degradation.

Ⓔ When practiced responsibly, clearcutting can lead to regeneration of forests.

Ⓕ Nature has been shaping the look and feel of forests for millennia without the need for clearcutting.

自然科学　Passage 3　解答と解説

皆伐

本文訳

① 特定の区画にあるすべての木の伐採を必要する皆伐ほど、議論の的となるトピックはほとんどない。皆伐の主な目的は、耐陰性に乏しい貴重な広葉樹・針葉樹の同齢林の再生に必要な条件を作り出すことだ。伐採したばかりの皆伐地は、美観の点から言っても好ましくなく、しばしば荒廃や破壊のイメージを思い起こさせる。しかし、ほとんどの皆伐地には、非常に多様な低木や草を初めとする先駆植物があっという間に生育するようになる。木々は、植林される場合もあれば、自然再生で戻ってくる場合もある。森林管理者は、皆伐地を森林再生の始まりとして見ている。この現状を変えることはできない。

② これまでに、死んだ森林や死にかかっている森林をハマキガの幼虫などの蔓延から救うために、大規模な皆伐が必要とされてきた。しかし、短期的利益のための大規模で無責任な換金のための伐採もある。そこで今日では、数々の規制が設けられている。皆伐の規模を制限するものや、すべての森林作業が環境を壊さないことを確保するものなどだ。河岸の緩衝地帯では、水質や魚の生息地を保護するために木々は残される。皆伐は景観と調和するように計画され、幹線道路沿いでは、伐採されない緩衝地帯が残される。美意識は、今では基本的な人間的価値として認識されている。皆伐は、責任をもって行われるならば、健全な林業作業なのだ。

③ 自然界は何千年もの間、風力、虫や病気の蔓延、火事によって、森林の景観を変えてきた。これは、さまざまな木々を作り出す上で重要だ。多様な木々があれば、風景に広がる構造的、ひいては生物の多様性を作り出すことにつながる。皆伐という林業作業は、貴重な木の繊維［製紙材料］を失うことなく、われわれが自然事象を模倣することを可能にしている。もし小規模な皆伐を利用する能力を森林管理者から取り上げてしまえば、最終的には、耐陰性のある種がベイマツのような耐陰性のない貴重な種に取って代わるような事態が、確実に起こるだろう。

④ 世間には、択伐か皆伐かを選ぶといったような白か黒かの選択が、しばしば紹介されている。たいてい皆伐は全面的に悪いものとして、択伐は全面的に良いものとして示される。最悪の林業作業の一つは、高等級付け、すなわち最良の木々だけを採ることだ。これは実際には、択伐の一形式である。森林中の活動は、白黒はっきりしたものではない。森林管理者は、何十年、何世紀にもわたって何度も、「望ましい結果」を繰り返して生み出すために絶えず変化する森林を管理しているのだ。彼らは、すべてがつながっていて、そして絶えず変化しているという事実を考慮に入れなければならない。自然の不調和の調和に対処するためには、自由に使うことができるあらゆる

手法が必要だ。

5 過去に行ったことには何の言い訳もできないが、以前は、隣接する何千エーカーもの小川をはさんだ場所や山の急斜面を皆伐して、その結果、土壌の侵食、小河川内の土砂堆積、土壌の質の低下を引き起こした。世間はいまだに怒っているが、以下の事実を知る必要がある。こういったきわめて破壊的手法は過去のものであること、そして林産業のほとんどの企業は、現在では「持続可能な林業イニシアティブ」に同意している。これは、州法や連邦法で義務づけられた林業作業の範囲を超えるものだ。

6 もしも森林所有者が、ある木立の皆伐のような森林育成上の手法を強制的に取り上げられたら、林業は経済的に成り立たなくなるかもしれない。そうなると、森林所有者は権利を行使して、他の用途に転換するため、自分の土地を開発業者に売ってしまうかもしれないが、どの用途であっても、皆伐よりははるかに大きな環境への影響がある。こう考えると、最も集中的な森林管理が、環境にやさしいものに見える。簡単な解決法など存在しない。あるのはただ、責任ある皆伐のような賢明な選択肢のみで、そしてそれこそが、森林管理者の装備の中に常に持っておくべき道具なのだ。

7 最後に、歴史的な視点をもつことも常に重要だ。メイン州に良い例がある。今は90パーセントが森林で、合衆国の中でも一番樹木でおおわれた州だ。しかし、かつてメイン州の30パーセントは切り開かれて農地にされた。メイン州の人々は森林の中に石垣を作らなかったが、今の森林の中に多くの石垣が残っている。メイン州やその他の州では、かつて大規模な森林破壊が行われ、増加する人口に食料を確保する目的で森林を農地に変えたのだ。[しかし]もっと農業に適した土地が西で見つかったので、ニューイングランドの多くは森林に戻った。

8 アメリカでは、これまでに3億1,000万エーカーを超える森林が、食料生産のため農地に転換されてきている。皮肉なことに、農地を見ても憤りをおぼえることはないが、伐採されたばかりの皆伐地を森林内で見ると、激しい怒りにしばしばつながる。おそらくわれわれは森林皆伐地を、鹿やその他の草を食べる動物を支える一時的な牧草地、青々と生い茂る森林木立に戻る途中段階にあるものと見なすのがよいのかもしれない。見た目の美しさも大切だが、われわれは皆、自分の知識や経験にもとづいて、見方、感じ方が異なるのだ。

正解一覧

※ 11 点満点。配点：Q1 ～ Q9 は、各問 1 点。Q10 は、3 つ正解＝ 2 点、2 つ正解＝ 1 点、1 つ～ 0 正解＝ 0 点。解答は順不同で可です。
1. Ⓒ　　2. Ⓒ　　3. Ⓐ　　4. Ⓒ　　5. Ⓑ　　6. Ⓐ
7. Ⓐ　　8. Ⓒ　　9. Ⓓ

10. Despite the general public's view of clearcutting, it is a valuable tool employed by foresters in maintaining a healthy forest.
- Ⓐ / Clearcutting has been used in the past to stop or prevent infestation of undesirable organisms.
- Ⓒ / Clearcutting allows for the duplication of natural events while maintaining valuable wood fiber.
- Ⓔ / When practiced responsibly, clearcutting can lead to regeneration of forests.

設問文の訳と解答・解説

1 正解　Ⓒ
第 1 パラグラフによれば、森林管理者は

Ⓐ たいていは皆伐に反対している
Ⓑ 皆伐の危険性を理解していない
Ⓒ 皆伐を有益な活動として見なしている
Ⓓ 皆伐された木立は決して再生しないと確信している

解説　パッセージの詳細に関する問題。第 6 文に、「森林管理者は皆伐は森林再生の始まりと見ている」とある。

2 正解　Ⓒ
なぜ筆者は第 2 パラグラフで、短期的な利益のための大規模で無責任な換金のための伐採もあると述べたのか。

Ⓐ 皆伐が悪い作業だという自説を支持するため
Ⓑ ほとんどの森林管理者が森林を賢く管理していないという考えを裏づけるため
Ⓒ 森林管理者の過去の過ちを認めて、公平さを示すため
Ⓓ 林業の手法を変えることがどうしても必要であることを指摘するため

パッセージの記述の意図についての問題。筆者は再植林（reforestation）を前提とする伐採を支持する立場から、まず第１文で必要手段として行われてきた皆伐の例を示すと同時に、同じ皆伐でも利益優先で行われる誤った "liquidation clearcuts" という事例のあることを示している。第２文初めの "However" が鍵。第７文に「皆伐は、責任をもって行われるならば、健全な林業作業だ」とあることから、Ⓐ Ⓑ Ⓓ が適さないと判断できる。

3 正解 Ⓐ
第３パラグラフの単語 mosaic に一番意味が近いのは

Ⓐ variety（寄せ集め）
Ⓑ differentiation（分化）
Ⓒ disturbance（妨害）
Ⓓ large number（多数）

解説 語彙の問題。"variety" は、"a variety of" の形では、「さまざまな〜」、「寄せ集めの〜」の意味になる。"mosaic" にも同じく「寄せ集め」の意味がある。種類の多さについての表現なので、数の多さを表す Ⓓ は不適。

4 正解 Ⓒ
第３パラグラフの単語 duplicate に一番意味が近いのは

Ⓐ prevent（妨げる）
Ⓑ allow（許す）
Ⓒ imitate（模倣する）
Ⓓ diminish（減らす）

解説 語彙の問題。"duplicate" の意味は、「模倣する」、「再現する」。

5 正解 Ⓑ
第４パラグラフで、択伐について述べられていないのは

Ⓐ 市場性の高い優等な木ばかりを選んで伐採する
Ⓑ 黒い木と白い色の木を分ける傾向がある
Ⓒ しばしば非常に良い作業と見なされている
Ⓓ 多くの森林管理術の１つにすぎない

> **解説**　パッセージに記述のない事柄を選ぶ問題。木を色で選別する話は本文には出てこない。第1文にある "black and white option"（白か黒かの選択）という表現は木の色のことではないので、⒝ が正解。⒜ については第3、4文、⒞ については第2文、⒟ については第8文で、それぞれ述べられている。

6　正解　Ⓐ

第5パラグラフのハイライトされた文の最も重要な情報を表現しているのは、以下のどの文か。間違った選択肢は、大きく意味が変わっているか、必須情報が除かれている。

Ⓐ ほとんどの企業が破壊的行為を既にやめていること、そして今では法律で義務づけられた以上の作業をしていることを、怒っている世間は認識する必要がある。

Ⓑ いまだに怒っている人たちは、自分たちの意見を訴えることで、森林業界企業による破壊的な作業を変えるための規制が作られるようにする必要がある。

Ⓒ 以前は世間が本当に破壊的で、そして怒っていたが、今では事態も変化し、多くの有効な作業が法律によって義務づけられている。

Ⓓ 今日では多くの義務づけられた州法や連邦法があるにもかかわらず、いまだに世間は怒っている。

> **解説**　文の言い換えの問題。ハイライトされた文のポイントは、1)「今現在も怒っている人たちがいる」、2)「しかし破壊的な手法は過去のものであり、多くの企業は法律以上に厳しい規制に従っている」、3)「怒っている世間は現状を知るべきである」の3点なので、これをすべて網羅しているのは Ⓐ。

7　正解　Ⓐ

第6パラグラフで、林業に関して示していることは何か。

Ⓐ 皆伐という作業なしでは、利益が出なくなる可能性がある。

Ⓑ 他の土地利用法と比べて、環境に与える影響が大きい。

Ⓒ 全面的にやさしい産業である。

Ⓓ 皆伐の作業を簡単に廃止することができる。

> **解説**　パッセージの詳細に関する問題。第1文に、Ⓐ とほぼ同じ内容の記述がある。

8 正解 Ⓒ

第7パラグラフで、メイン州について述べられているのは

Ⓐ 以前から常に、アメリカで一番森林の多い州であった
Ⓑ 以前から森の中には多くの石垣があった
Ⓒ 以前開墾されて、現在では再び森林になった土地が多くある
Ⓓ 土地の30パーセントは農業用に使われている

解説 パッセージの詳細に関する問題。正解については、第2～3文を参照のこと。Ⓐ とⒷ については選択肢が現在完了形で書かれている点に注意。どちらも現在にしか当てはまらないので不可。第3文にあるように、「30パーセントの農地」は過去の話なので、現在形で書かれた選択肢 Ⓓ は不可。

9 正解 Ⓓ

パッセージにある4つの四角[■]は、次の文を挿入できる箇所である。この文をどこに入れるのが最も適切か。

一方、森林地の農地への転換や開発のための転換は森林破壊である。

解説 文挿入の問題。挿入文の初めの "On the other hand"（一方）という対比の表現に注目する。Ⓓ の直前に、"Foresters view clearcuts as the beginning of reforestation."（森林管理者は皆伐を森林再生の始まりと見ている）とあるので、"reforestation" と "deforestation"（森林破壊）のコントラストが活かせる場所に挿入する。

10 正解 Ⓐ、Ⓒ、Ⓔ

下の文はパッセージ要約の導入文です。パッセージの中で述べられた最も重要な考えを選択肢から3つ選んで、要約を完成させなさい。選択肢の中には、本文中に書かれていないため、あるいは主要な考えでないために要約文にならないものが含まれています。この問題の配点は2点です。

空欄には答えの記号を書き入れても、文を書き写してもかまいません。

皆伐に対する一般人の見解にもかかわらず、皆伐は健全な森林を維持するために森林管理者によって採用される有益な手段だ。

A　皆伐は不快な生物の蔓延を阻止または防止するために過去に使用されてきた。
B　メイン州の森林の 90 パーセントは木材用に収穫されている。
C　皆伐は貴重な木の繊維を維持しながら自然事象の模倣を可能にする。
D　皆伐は侵食、小河川内の土砂堆積、土壌の劣化を引き起こしている。
E　責任を持って実施されれば、皆伐は森林の再生につながることがある。
F　自然は数千年もの間皆伐を必要とせずに森林の外観と雰囲気を形成してきた。

解説　要約完成の問題。A は第2パラグラフ第1文、C は第3パラグラフ第3文、E は第1パラグラフの最後から2文目と第2パラグラフ最終文の内容とそれぞれ一致する。第7パラグラフ第2文にメイン州の 90 パーセントが森林だという記述があるが、B とは一致しない。D は第5パラグラフ第1文に同様の記述があるが、続く第2文で過去のことだとあるので、不適。F は同様の記述が見つからない。

各パラグラフの語彙・表現

第 1 パラグラフ

□ **controversial**	〔形〕論議の的になる
□ **clearcut**	〔動〕皆伐する
□ **remove**	〔動〕除去する
□ **parcel**	〔名〕区画
□ **primary**	〔形〕主要な
□ **even-aged**	〔形〕同年齢の
□ **stand**	〔名〕立ち木
□ **valuable**	〔形〕貴重な
□ **intolerant**	〔形〕耐えられない
□ **aesthetically**	〔副〕美学的に
□ **pleasing**	〔形〕心地よい、満足な
□ **conjure up**	〔動〕呼び起こす
□ **desolation**	〔名〕荒廃
□ **colonize**	〔動〕入植する
□ **shrub**	〔名〕低木
□ **regeneration**	〔名〕再生
□ **reforestation**	〔名〕森林再生
□ **there is no way around**	〔熟〕〜はどうすることもできない

第 2 パラグラフ

□ salvage	〔動〕	救う
□ timber	〔名〕	材木
□ infestation	〔名〕	蔓延
□ spruce	〔名〕	トウヒ（マツ科の常緑針葉樹）
□ budworm	〔名〕	青虫、ハマキガ
□ irresponsible	〔形〕	無責任な
□ liquidation	〔名〕	換金
□ short-term	〔形〕	短期的な
□ numerous	〔形〕	数々の
□ regulation	〔名〕	規制
□ in place	〔熟〕	実施されて
□ ensure	〔動〕	確実にする
□ sustainable	〔形〕	持続可能な
□ buffer zone	〔名〕	緩衝地帯
□ habitat	〔名〕	生息地
□ sound	〔形〕	健全な
□ silvicultural	〔形〕	造林の
□ practice	〔名〕	慣行

第 3 パラグラフ

□ modify	〔動〕	修正する
□ millennia	〔名〕	millennium（千年間）の複数形
□ wind throw	〔名〕	風邪による倒木
□ consequently	〔副〕	その結果として
□ biological	〔形〕	生物学的な
□ diversity	〔名〕	多様性
□ duplicate	〔動〕	複製する
□ precious	〔形〕	貴重な
□ fiber	〔名〕	繊維
□ replace	〔動〕	～にとって代わる

第 4 パラグラフ

□ selective	〔形〕	選択的な
□ high grade	〔動〕	高等級付けする
□ forester	〔名〕	森林管理者
□ reproduce	〔動〕	再現する
□ outcome	〔名〕	結果

☐ take ~ into consideration	〔熟〕	～を考慮に入れる
☐ at one's disposal	〔熟〕	～の自由 に使える
☐ discordant	〔形〕	調和しない

第 5 パラグラフ

☐ contiguous	〔形〕	隣接する
☐ stream	〔名〕	小川
☐ steep	〔形〕	険しい
☐ erosion	〔名〕	侵食
☐ sedimentation	〔名〕	堆積、沈殿
☐ degradation	〔名〕	質の低下
☐ the public	〔名〕	一般大衆
☐ subscribe	〔動〕	同意する
☐ initiative	〔名〕	イニシアティブ、構想
☐ mandate	〔動〕	権限を与える
☐ federal	〔形〕	連邦の

第 6 パラグラフ

☐ uneconomical	〔形〕	非経済的な
☐ exercise	〔動〕	行使する
☐ conversion	〔名〕	転換
☐ intensive	〔形〕	集中的な
☐ benign	〔形〕	優しい、有益な

第 7 パラグラフ

☐ perspective	〔名〕	視点
☐ massive	〔形〕	大規模な
☐ deforestation	〔名〕	(用途の変更、特に農地にするための) 森林破壊
☐ convert	〔動〕	変換する
☐ revert	〔動〕	逆戻りする

第 8 パラグラフ

☐ ironically	〔副〕	皮肉なことに
☐ outrage	〔名〕	激怒
☐ extreme	〔形〕	極端な
☐ temporary	〔形〕	一時的な
☐ meadow	〔名〕	牧草地
☐ forage browser	〔名〕	まぐさを食べる動物
☐ lush	〔名〕	青々とした

PHYTOPLANKTON

1　　　Approximately 252 million years ago, the greatest extinction event in the history of the Earth took place. Known as the Permian extinction, roughly 90% of all marine species and 70% of all terrestrial species died off. This event also signaled the end of the Permian era and the advent of the Mesozoic era. It is currently believed that this incident occurred as a result of at least two key factors: gradual climate change along with a catastrophic event, such as a meteor impact or intense volcanism. In terms of biodiversity, it took approximately 10 million years for the Earth to recover from this "mass dying."

2　　　As the Earth's marine fauna recovered, there were considerable changes brought on by rapid diversification, as bony and cartilaginous fish gained prominence and the biomass of individual life forms began to quickly increase. This rapid diversification has been attributed to climate and sea level changes and evolutionary opportunities brought on by gaps created by the mass extinction. There may be an additional factor, however, that has only recently been considered: food availability.

3　　　Both before and after the Permian extinction, the bottom of the marine food pyramid was largely made up of microscopic plants known as phytoplankton (as it still is today). Like other plants, phytoplankton convert the sun's energy to food through the process of photosynthesis. Phytoplankton are consumed by zooplankton, small herbivorous organisms that drift in the seawater, and these zooplankton are then consumed by organisms farther up the marine food pyramid. The phytoplankton that were dominant prior to the Permian extinction were known as green phytoplankton (or green algae). After this mass extinction, however, a new type of phytoplankton known as red phytoplankton (or red algae) began to appear in considerable numbers. (The color distinction between these two types of phytoplankton has to do with the type of chlorophyll[1] they use during photosynthesis.)

4　　　As for why this shift in phytoplankton populations occurred, we must first consider the types of micronutrients favored by both types. On the one hand, green algae prefer copper, zinc, and iron, while red algae thrive when manganese, cadmium, and cobalt are readily available. Although all of these micronutrients are present in most seawater, their concentrations vary considerably based on the oxygen levels in the environment. **A** In the case of the former group, a low-oxygen environment contributes greatly to the dissolution of these particular micronutrients, making them more readily accessible to green phytoplankton. **B** For the latter group of micronutrients, a high-oxygen environment does the same, providing much needed nutrients to red phytoplankton. **C** Additionally, from the Mesozoic onward, larger terrestrial plant life, coupled with more humid conditions, created considerably higher rates of erosion and weathering of soil and rock. **D** The runoff from this erosion, along with decomposing plant matter such as leaves, would end up in the shallow waters of the ocean, where it would contribute to the nutrient needs of red phytoplankton. These processes were further accelerated by the collision of the continents brought on by the formation of the supercontinent Pangaea during this same time period.

5　　Compared to their green analogs, red phytoplankton are much more nutrient dense, and therefore more nutritious, to the zooplankton that consume them. With more nutrient-rich food to consume, the zooplankton provide much more energy to their own consumers. This effect ripples all the way up the food pyramid, resulting in much larger organisms all the way up. Because of their limited nutritive value, the green phytoplankton had effectively capped the size of the organisms in the marine food pyramid. The red phytoplankton, not only removed that cap, but also energized the entire system.

6　　While clearly not the only factor responsible for the rapid diversification of marine life after the Permian extinction, the impact of the emergence of red phytoplankton is certainly worthy of consideration.

1. Chlorophyll: A chemical compound essential to the creation of carbohydrates during photosynthesis

1 According to paragraph 2, all of the following contributed to the rapid diversification of marine fauna EXCEPT

- Ⓐ food scarcity
- Ⓑ shifts in sea levels
- Ⓒ climate change
- Ⓓ favorable evolutionary circumstances

2 According to paragraph 3, which of the following is NOT true of zooplankton?

- Ⓐ They only eat plants.
- Ⓑ They float in water.
- Ⓒ They are relatively high up in the marine food pyramid.
- Ⓓ They prey on phytoplankton.

3 Which of the following sentences below best expresses the essential information in the highlighted sentence in paragraph 4? Incorrect choices change the meaning in important ways or leave out essential information.

- Ⓐ Regardless of the concentration of oxygen in the water, the levels of micronutrients will vary.
- Ⓑ The levels of commonly present micronutrients found in the ocean can fluctuate based on the amount of oxygen in the environment.
- Ⓒ Micronutrient amounts will bring about varying levels of oxygen concentrations in the environment.
- Ⓓ The concentration of oxygen can cause levels of micronutrients in the environment to vary.

4 Select the TWO answer choices that are true of micronutrients according to paragraph 4. *To receive credit, you must select TWO answers.*

Ⓐ Their dissolution is dependent on the type of phytoplankton present.
Ⓑ Their relative concentrations are dependent on oxygen levels.
Ⓒ They are more readily accessible to green phytoplankton than red phytoplankton.
Ⓓ They help to determine which type of phytoplankton will prosper.

5 Why does the author mention larger terrestrial plant life in paragraph 4?

Ⓐ To introduce a factor that contributed to the increase of the red phytoplankton population
Ⓑ To identify the source of leaves that decomposed in the shallow waters of the ocean
Ⓒ To show how it added to the humid conditions of the time
Ⓓ To provide an example of a life form that increased in size due to the presence of red phytoplankton

6 In paragraph 4, what can be inferred about the formation of Pangaea?

Ⓐ Not all of the continents would become part of this supercontinent.
Ⓑ The collision of continents during its formation increased the overall rate of erosion.
Ⓒ It occurred rapidly.
Ⓓ It was directly responsible for the rise of red phytoplankton.

7 The word ripples in paragraph 5 is closest in meaning to

Ⓐ jumps
Ⓑ slips
Ⓒ descends
Ⓓ flows

8 According to paragraph 5, how were red phytoplankton related to the appearance of larger organisms?

Ⓐ They created a ripple effect throughout the zooplankton portion of the food pyramid.

Ⓑ Their limited nutritive value was still higher than that of the green phytoplankton.

Ⓒ They increased the amount of energy available at the base of the food pyramid, and this affected the entire system.

Ⓓ They were much more nutritious analogs than the green zooplankton.

9 Look at the four squares [■] that indicate where the following sentence can be added to the passage.

Not surprisingly, oxygen levels prior to and after the Permian extinction were low and high, respectively.

Where would the sentence best fit?

Ⓐ **A**

Ⓑ **B**

Ⓒ **C**

Ⓓ **D**

10 **Directions:** An introductory sentence for a brief summary of the passage is provided below. Complete the summary by selecting the THREE answer choices that express the most important ideas in the passage. Some sentences do not belong in the summary because they express ideas that are not presented in the passage or are minor ideas in the passage. *This question is worth 2 points.*

Write your answer choices in the spaces where they belong. You can either write the letter of your choice or you can copy the sentence.

Red Phytoplankton began to appear in vast quantities after the Permian Extinction and has influenced life on Earth.

-
-
-

Answer Choices

A Red algae thrive on manganese, cadmium and cobalt whereas green algae prefer copper, zinc and iron.

B Red phytoplankton dominated the world's oceans prior to the Permian extinction.

C Organisms that feed on zooplankton which in turn feed on red algae receive more nutrients.

D Red algae is one of several reasons for the immense biodiversity found in marine life.

E Humid conditions created higher rates of erosion during the Mesozoic era.

F Larger organisms can exist on earth because of the increased availability of nutrients provided by red phytoplankton.

植物プランクトン

本文訳

①　約 2 億 5,200 万年前、地球の歴史上で最も大規模な絶滅が起きた。それはペルム紀絶滅として知られ、すべての海洋種の約 90 パーセント、そしてすべての陸生種の約 70 パーセントが死滅した。またこの出来事はペルム紀の終わりと中生代の始まりの前兆となった。現在ではこの出来事は少なくとも 2 つの重要な要因によって起きたと考えられている。その要因とは隕石の衝突や激しい火山活動などの大惨事に加え、段階的な気候変動であった。生物多様性においては、地球がこの「大量死」から回復するのに約 1,000 万年かかった。

②　地球の海洋動物が回復するにつれ、硬骨魚類と軟骨魚類が顕著になり、個々の生命体の生物量が急速に増加し始めるなどの著しい変化が急速な多様化によってもたらされた。この急速な多様化の原因は、気候と海面の変動および大量絶滅によって生じた隔たりによってもたらされた進化上の好機であると考えられている。しかし、つい最近になってもう一つの要因があるかもしれないと考えられている。それは摂取可能な食料である。

③　ペルム紀絶滅の前後ともに海の生態ピラミッドの底辺は、今日も同様に、植物プランクトンとして知られる微小植物で主に構成されていた。他の植物と同様に、植物プランクトンは光合成の過程を経て太陽エネルギーを食料に変換する。植物プランクトンは、海水を漂う小さな草食性生物である動物プランクトンにより食され、そしてこれらの動物プランクトンは、海の生態ピラミッドのさらに上に位置する生物によって食される。ペルム紀絶滅以前に多数を占めていた植物プランクトンは、緑色植物プランクトン（または緑藻）として知られていた。しかしこの大絶滅後に紅色植物プランクトン（または紅藻）として知られる新しい種類の植物プランクトンが相当な数で出現し始めた。（これら 2 種類の植物プランクトンの色の区別は光合成の際に使用するクロロフィルの種類に関係する。）

④　なぜ植物プランクトンの個体群において変化が起きたのかに関して、私たちはまず両種が好む微量栄養素の種類について考えないといけない。緑藻は銅、亜鉛、鉄分を好み、一方、紅藻はマンガン、カドミウム、コバルトが容易に摂取できる時に成長する。ほとんどの海水にはこれらの微量栄養素のすべてが存在するが、それらの濃度はその環境中の酸素濃度によって大いに異なる。前者の場合、低酸素環境がこれら特定の微量栄養素の溶解を大いに助け、緑色植物プランクトンがそれらをより容易に摂取できるようになる。後者の微量栄養素群に関しては、高酸素環境が同様の働きをし、紅色植物プランクトンが多いに必要とする栄養素を供給する。さらに中生代以降、よ

り大きな陸上植物がより多湿な環境と相まって、土壌と岩石の侵食と風化の割合を非常に高いものとした。この侵食によって流れ出た水は葉などの腐敗している植物体と共に浅海域に辿り着き、紅色植物プランクトンの栄養素要求の一因となる。同時期の超大陸パンゲアの形成によって起きた大陸同士の衝突により、これらの過程はより加速された。

⑤　緑色の類似物と比較して、紅色植物プランクトンには、はるかに多くの栄養があり、したがってそれらを食する動物プランクトンにとって栄養価がより高い。より栄養価が高い食物を摂取できるため、動物プランクトンははるかに多くのエネルギーを捕食者に与える。この効果は生態ピラミッドの上まで広がり、ずっと上の非常に大きな生物にまで達する。限られた栄養価が原因で、緑色植物プランクトンは海の生態ピラミッドに属する生物の大きさを事実上制限した。紅色植物プランクトンはその制限を外しただけでなく、そのシステム全体を活性化させた。

⑥　紅色植物プランクトンの出現がペルム紀絶滅後の海洋生物の急速な多様化に関与する唯一の要因でないのは明らかだが、その影響を検討する価値は十分にある。

※ 11 点満点。配点：Q1 ～ Q9 は、各問 1 点。Q10 は、3 つ正解＝2 点、2 つ正解＝1 点、1 つ～ 0 正解＝0 点。解答は順不同で可です。

1. Ⓐ   2. Ⓒ   3. Ⓑ   4. Ⓑ、Ⓓ   5. Ⓐ   6. Ⓑ   7. Ⓓ

8. Ⓒ   9. Ⓒ

10. Red Phytoplankton began to appear in vast quantities after the Permian Extinction and has influenced life on Earth.

- Ⓒ / Organisms that feed on zooplankton which in turn feed on red algae receive more nutrients.
- Ⓓ / Red algae is one of several reasons for the immense biodiversity found in marine life.
- Ⓕ / Larger organisms can exist on earth because of the increased availability of nutrients provided by red phytoplankton.

設問文の訳と解答・解説

1 正解　Ⓐ

第 2 パラグラフによると、海洋動物の急速な多様化の一因ではないものを選びなさい。

Ⓐ 食料不足
Ⓑ 海面の変化
Ⓒ 気候変動
Ⓓ 進化上有利な状況

解説　パッセージに記述のない事柄を選ぶ問題。Ⓑ Ⓒ Ⓓ は、第 2 文の "This rapid diversification has been attributed to climate and sea level changes and evolutionary opportunities brought on by gaps ..." から正しいことがわかる。第 3 文に "food availability"（摂取可能な食料）とあるが、Ⓐ は "food scarcity"（食料不足）であるため、一致しない。

2 正解　Ⓒ

第3パラグラフによると、動物プランクトンに関して正しくないものはどれか。

Ⓐ 植物しか食べない。
Ⓑ 水中を浮かんでいる。
Ⓒ 海の生態ピラミッドでは比較的高い位置にいる。
Ⓓ 植物プランクトンを捕食する。

解説　パッセージに記述のない事柄を選ぶ問題。Ⓐ Ⓑ Ⓓ は第3文の "Phytoplankton are consumed by zooplankton, small herbivorous organisms that drift in the seawater, ..." から正しいことがわかる。

3 正解　Ⓑ

第4パラグラフにあるハイライトされた文の重要な情報を最も適切に表現しているものを次のうちから選びなさい。間違った選択肢は、重要な意味に変更があるか、必要な情報を抜かしている。

Ⓐ 水中の酸素濃度にかかわらず、微量栄養素の濃度は変化する。
Ⓑ 海中で発見される一般的に存在する微量栄養素の濃度は環境中の酸素の量によって変動することがある。
Ⓒ 微量栄養素の量は環境中の異なった酸素濃度をもたらす。
Ⓓ 酸素濃度は環境中の微量栄養素の濃度を変化させることがある。

解説　文の言い換えの問題。Ⓐ は「水中の酸素濃度にかかわらず」とあるため不適。Ⓒ は文意が異なる。Ⓓ は本文の "Although all of these micronutrients are present in most seawater, ..." の部分が反映されていないため不適。

4 正解　Ⓑ、Ⓓ

第4パラグラフによると、微量栄養素に関して正しい選択肢を2つ選びなさい。得点するには選択肢を2つ選ばなければいけません。

Ⓐ それらの溶解は存在する植物プランクトンの種類次第である。
Ⓑ それらの相対的な濃度は酸素濃度に依存する。
Ⓒ それらは紅色植物プランクトンより緑色植物プランクトンにとってより簡単に摂取可能である。
Ⓓ それらはどの種類の植物プランクトンが繁栄するか決定するのを助ける。

解説 パッセージの詳細に関する問題。第2文に "green algae prefer copper, zinc, and iron, while red algae thrive when manganese, cadmium, and cobalt are readily available"（緑藻は銅、亜鉛、鉄分を好み、一方、紅藻はマンガン、カドミウム、コバルトが容易に摂取できる時に成長する）とあり、⒟ と一致する。また、第3文に Although all of these micronutrients are present in most seawater, their concentrations vary considerably based on the oxygen levels in the environment（ほとんどの海水にはこれらの微量栄養素のすべてが存在するが、それらの濃度はその環境中の酸素濃度によって大いに異なる）とあり、⒝ と一致する。

5 正解 Ⓐ

第4パラグラフでなぜ筆者はより大きな陸上植物について述べたのか。

Ⓐ 紅色植物プランクトンの個体数の増加に貢献した要因を紹介するため
Ⓑ 浅海域で腐敗した葉の出所を明らかにするため
Ⓒ どのようにその陸上植物がその当時の湿度の高い状態に影響を与えたかを示すため
Ⓓ 紅色植物プランクトンの存在によって大きくなった生命体の例を提示するため

解説 パッセージの記述の意図についての問題。第6文で "larger terrestrial plant life, coupled with more humid conditions, created considerably higher rates of erosion and weathering of soil and rock" とあり、次の文で「この侵食によって流れ出た水は葉などの腐敗している植物体と共に浅海域に辿り着き、紅色植物プランクトンの栄養素要求の一因となる」とあることから、より大きな陸上生物の出現により red phytoplankton が必要とする栄養素の供給が増え、結果的に個体数が増加した一因として述べられている。

6 正解 Ⓑ

第4パラグラフでパンゲアの形成に関して推測できることは何か。

Ⓐ 大陸のすべてがこの超大陸の一部になったわけではない。
Ⓑ パンゲアの形成の際に起きた大陸の衝突が侵食の全体的な割合を増加させた。
Ⓒ それは急速に起きた。
Ⓓ それは紅色植物プランクトンの増加に直接影響を与えた。

解説　パッセージの内容から推測する問題。第8文の"these processes"は、第7文にある侵食とそれに伴う過程であるから、「超大陸パンゲアの形成によって起きた大陸同士の衝突によって」侵食の割合が増加したと言える。Ⓓの「直接影響を与えた」は、直接ではなく、結果的に影響を与えたので不適。

7 正解　Ⓓ

第5パラグラフにある ripples という単語に意味が最も近いのは

Ⓐ jumps（跳ぶ）
Ⓑ slips（滑る）
Ⓒ descends（下る）
Ⓓ flows（流れる）

解説　語彙の問題。"ripples"（広がる）に意味が最も近いのはⒹ"flows"（流れる）になる。

8 正解　Ⓒ

第5パラグラフによると、紅色植物プランクトンはより大きな生物の出現とどのような関係があったのか。

Ⓐ それらは生態ピラミッドの動物プランクトンが占める至る所で波及効果を生み出した。
Ⓑ それらの限られた栄養価は緑色植物プランクトンの栄養価よりもまだ高かった。
Ⓒ それらは生態ピラミッドの底辺で利用可能なエネルギー量を増やし、これがシステム全体に影響を与えた。
Ⓓ それらは緑色動物プランクトンよりもはるかに栄養価の高いものであった。

解説　パッセージの詳細に関する問題。紅色植物プランクトンと大きな生物の出現の関係は第1〜3文にある。第3文に"This effect ripples all the way up the food pyramid, resulting in much larger organisms all the way up."（この効果は生態ピラミッドの上まで広がり、ずっと上の非常に大きな生物にまで達する）とあり、Ⓐは"zooplankton portion"とあるため不適。Ⓑの"limited nutritive value"（限られた栄養価）は緑色植物プランクトンに関することで、Ⓓは大きな生物の出現との関係について言及がない。

9 正解　Ⓒ

パッセージにある4つの四角［■］は、次の文を挿入できる箇所である。この文をどこに入れるのが最も適切か。

当然のことながら、ペルム紀絶滅の前と後の酸素濃度はそれぞれ低く、高かった。

> **解説**　文挿入の問題。第4、5文で酸素の濃度とプランクトンの種類の関係について説明があり、第3パラグラフでどの種類のプランクトンがペルム紀絶滅前後で多数を占めていたのかわかっているため、挿入文の "Not surprisingly"（当然のことながら）とつながる。

10 正解　Ⓒ、Ⓓ、Ⓕ

下の文はパッセージ要約の導入文です。パッセージの中で述べられた最も重要な考えを選択肢から3つ選んで、要約を完成させなさい。選択肢の中には、本文中に書かれていないため、あるいは主要な考えでないために要約文にならないものが含まれています。この問題の配点は2点です。

空欄には答えの記号を書き入れても、文を書き写してもかまいません。

紅色植物プランクトンは、ペルム紀絶滅の後に大量に出現し始め、地球上の生物に影響を与えてきた。

Ⓐ　紅藻はマンガン、カドミウム、コバルトで繁殖するが、緑藻は銅、亜鉛、鉄を好む。

Ⓑ　ペルム紀絶滅の前は、紅色植物プランクトンが世界の海を支配していた。

Ⓒ　動物プランクトンは紅藻を食べるが、その動物プランクトンを食べる生物はより多くの栄養素を受け取る。

Ⓓ　紅藻は海洋生物に見られる莫大な生物多様性のいくつかの理由の1つだ。

Ⓔ　多湿状態は中生代により高い侵食率をもたらした。

Ⓕ　紅色植物プランクトンによって提供される摂取可能な栄養素が増加したことで、より大きな生物が地球上に存在することができる。

> **解説**　要約完成の問題。Ⓒは第5パラグラフ第1文から第2文と、Ⓓは第6パラグラフと、Ⓕは第5パラグラフの特に最終文の内容とそれぞれ一致する。Ⓐは第4パラグラフ第2文の内容と一致するが、パッセージの主要な考えではない。第3パラグラフ第4文でペルム紀絶滅以前は green phytoplankton（緑色プランクトン）が多数を占めていたとあるので Ⓑ は誤り。Ⓔ は第4パラグラフの記述と一致するが、パッセージの主要な考えではない。

各パラグラフの語彙・表現

第 1 パラグラフ

□ phytoplankton	〔名〕	植物プランクトン
□ approximately	〔副〕	約
□ extinction	〔名〕	絶滅
□ take place	〔動〕	起こる
□ roughly	〔副〕	約、およそ
□ marine	〔形〕	海洋の
□ species	〔名〕	（動植物の）種
□ terrestrial	〔形〕	陸上の
□ die off	〔動〕	死滅する
□ signal	〔動〕	前兆となる
□ advent	〔名〕	始まり
□ currently	〔副〕	現在
□ incident	〔名〕	出来事
□ factor	〔名〕	要因
□ catastrophic	〔形〕	大惨事の
□ meteor	〔名〕	隕石
□ intense	〔形〕	激しい
□ volcanism	〔名〕	火山活動
□ in terms of ~	〔熟〕	～の点で
□ biodiversity	〔名〕	生物多様性
□ recover	〔動〕	回復する

第 2 パラグラフ

□ fauna	〔名〕	動物
□ considerable	〔形〕	相当な
□ bring on	〔動〕	もたらす
□ diversification	〔名〕	多様化
□ bony	〔形〕	硬骨の
□ cartilaginous	〔形〕	軟骨の
□ prominence	〔名〕	顕著
□ biomass	〔名〕	生物量
□ life form	〔名〕	生命体

□ attribute A to B	〔熟〕A の原因を B と考える
□ evolutionary	〔形〕進化上の

第 3 パラグラフ

□ largely	〔副〕主に
□ be made up of ~	〔熟〕~から成り立つ
□ microscopic	〔形〕微小な
□ convert	〔動〕変換する
□ photosynthesis	〔名〕光合成
□ consume	〔動〕消費する
□ zooplankton	〔名〕動物プランクトン
□ herbivorous	〔形〕草食性の
□ drift	〔動〕漂う
□ organism	〔名〕微生物
□ dominant	〔形〕支配的な
□ prior to	〔前〕~以前
□ algae	〔名〕藻類
□ mass	〔形〕大量の
□ distinction	〔名〕区別、差異
□ have to do with	〔熟〕~と関係がある
□ chlorophyll	〔名〕葉緑素

第 4 パラグラフ

□ as for	〔熟〕~に関して
□ micronutrient	〔名〕微量栄養素
□ favor	〔動〕好む
□ on the one hand	〔熟〕一方で
□ copper	〔名〕銅
□ zinc	〔名〕亜鉛
□ while	〔接〕~な一方で
□ thrive	〔動〕成長する
□ manganese	〔名〕マンガン
□ cobalt	〔名〕コバルト
□ readily	〔副〕容易に
□ present	〔形〕存在する
□ concentration	〔名〕濃度
□ vary	〔動〕異なる

☐ considerably	〔副〕相当に
☐ base on	〔熟〕～にもとづいて
☐ oxygen	〔名〕酸素
☐ former	〔形〕前者の
☐ contribute to	〔動〕～の要因になる
☐ dissolution	〔名〕溶解
☐ accessible	〔形〕利用可能な
☐ latter	〔形〕後者の
☐ additionally	〔副〕さらに
☐ onward	〔副〕以降に
☐ coupled with	〔熟〕～を伴って
☐ humid	〔形〕湿度の高い
☐ erosion	〔名〕侵食
☐ weathering	〔名〕風化
☐ runoff	〔名〕排水
☐ decompose	〔動〕腐敗する
☐ end up in	〔熟〕～に行き着く
☐ shallow	〔形〕浅い
☐ nutrient	〔形〕栄養の
☐ accelerate	〔動〕加速する
☐ collision	〔名〕衝突

第 5 パラグラフ

☐ compared to	〔熟〕～と比較して
☐ analog	〔名〕類似物
☐ dense	〔形〕密度が濃い
☐ ripple	〔動〕さざ波のように広がる
☐ result in	〔動〕～をもたらす
☐ nutritive	〔形〕栄養の
☐ effectively	〔副〕実質的に
☐ cap	〔動〕制限する
☐ energize	〔動〕活性化させる
☐ entire	〔形〕全体の

第 6 パラグラフ

| ☐ diversification | 〔名〕多様化 |
| ☐ emergence | 〔名〕出現 |

PLATE TECTONICS

1   Early in the 20th century, German scientist Alfred Lothar Wegener made an interesting discovery while looking at a world map—the coastlines of the European and African continents are an inverse to those of the Americas, like pieces of a jigsaw puzzle. Although it is probable that other people had made such an observation before, Wegener was the first person to provide evidence for the idea. He did so using paleontological records, showing that identical fossils could be found on every continent. These records, as part of his continental drift hypothesis, were released to a skeptical public in 1912, and stated that all the continents were originally part of one super continent.

2   In connection to this, geologists of the time were puzzling over the earth's other mysteries: why do mountains continue to stand tall despite centuries of erosion? Why don't the oceans fill up with sediments? New theories to these perplexing questions were frequently published. In 1928, British scientist Arthur Holmes published the theory that hot magma circulates inside the earth, like water convection in a kettle. Based on this theory, some people started to wonder whether there are places at the bottom of the ocean where this magma might gush out, be cooled by seawater, and become rock. American scientists Harry Hammond Hess and Robert Sinclair Dietz proposed a theory in which the ocean has ridgelines where newly formed ocean floors are created and trenches where the ocean floor sinks into the mantle again. A merger of this theory, together with Wegener's idea, was proposed in 1968 by Canadian geologist John Tuzo Wilson.

3   Wilson's theory, called plate tectonics, suggested that the earth's surface is a hard rock layer about 100 kilometers thick, called the lithosphere. The lithosphere is divided into dozens of plates, like jigsaw puzzle pieces. These plates are generated at ocean ridges, move horizontally, and sink into the mantle at trenches, resulting in earthquakes, volcanic activity, and mountain formation. According to this theory, identical fossils can be discovered in vastly different climates, or ocean fossils can be found on top of mountains, because the rocks containing them shifted to their current positions over many centuries.

4   The greatest evidence for plate tectonics, however, lies in the residual magnetism revealed through the investigation of rocks on the ocean floor. The earth itself is like a huge magnet, with both a magnetic north and south pole.

Unlike the geographic poles that remained fixed, the magnetic poles fluctuate their orientation every several hundred thousand years. At present, the earth's magnetic south pole is near the geographic north pole, and vice versa. These magnetic poles are what attract the needle of a compass, and are also a key piece of evidence for plate tectonics. Magnetism is known for its ability to attract or repel iron—a key component of the earth's chemistry. Each atom of iron is like a small magnetic needle, but won't act as such unless it is aligned together with other iron atoms. Inside the magma, iron is liquid, and the thermal and fluid motion of the mantle prevents iron atoms from aligning with the magnetic poles of the earth. As iron magma is ejected at ocean ridges and cools, however, the iron atoms react with the sea to form a mineral called magnetite. This mineral aligns perfectly with the earth's magnetic poles, thus creating a snapshot of the earth's magnetism at the time of the rock's formation. Therefore, if the theory of plate tectonics is correct, the ocean floor should consist of stripes of alternating magnetic orientations, with each stripe being several hundred thousand years apart. In fact, this is the case, and it has now been confirmed that plate tectonics is the driving force behind continental drift.

5　　　The theory of plate tectonics has created a revolution in the earth sciences, with many important questions being clarified. **A** That said, there are still many things left to discover. **B** For example, why does the earth's geomagnetism reverse every several hundred thousand years? When will earthquakes occur? **C** The results of which may radically alter how future generations view the earth. **D**

1 The phrase an inverse to in paragraph 1 is closest in meaning to

(A) similar to
(B) shaped like
(C) included in
(D) contrary to

2 What can be inferred from paragraph 1?

(A) Proof of Wegener's observation had been provided before.
(B) Jigsaw puzzles consisting of maps were a popular pastime.
(C) People did not immediately accept Wegener's theory.
(D) Similar animals lived on every continent in the past.

3 Why does the author mention erosion in paragraph 2?

(A) To give an alternative explanation for shape of continents
(B) To demonstrate gaps in the scientific knowledge of the time
(C) To question scientific consensus on mountain formation
(D) To show what scientists were most concerned with

4 According to the passage, who proposed the theory of plate tectonics?

(A) Arthur Holmes
(B) Alfred Lothar Wegener
(C) Harry Hammond Hess
(D) John Tuzo Wilson

5 Which of the following best expresses the essential information in the highlighted sentence in paragraph 4? Incorrect choices change the meaning in important ways or leave out essential information.

(A) While the magnetic orientation of the earth changes over time, its north-south axis remains relatively fixed.
(B) It takes several hundred thousand years for the magnetic poles to fluctuate around the geographic ones.
(C) New magnetic poles are created over large periods of time, whereas geographic ones are not.
(D) The magnetic north pole is different from the geographic one, a difference

that developed in the last several hundred thousand years.

6 The word aligned in paragraph 4 is closest in meaning to

(A) compared
(B) strengthened
(C) oriented
(D) assigned

7 According to paragraph 4, when is magnetite created?

(A) When hot lava interacts with the atmosphere
(B) After iron interacts with the earth's magnetic poles
(C) Before liquid iron reaches the earth's crust
(D) When magma comes in contact with salt water

8 According to the passage, all of the following statements are true of the fossil records EXCEPT:

(A) Similar fossils can be found on every continent.
(B) Fossils can be formed when there is heavy sedimentation.
(C) Oceanic fossils may be seen on the highest mountains.
(D) The same fossils can be found in vastly different climates.

9 Look at the four squares [■] that indicate where the following sentence can be added to the passage.

Though seemingly unanswerable, these unknowns are prodding scientists to formulate new and even more interesting theories.

Where would the sentence best fit?

(A) **A**
(B) **B**
(C) **C**
(D) **D**

10 **Directions:** An introductory sentence for a brief summary of the passage is provided below. Complete the summary by selecting the THREE answer choices that express the most important ideas in the passage. Some sentences do not belong in the summary because they express ideas that are not presented in the passage or are minor ideas in the passage. *This question is worth 2 points.*

Write your answer choices in the spaces where they belong. You can either write the letter of your choice or you can copy the sentence.

There is strong evidence supporting the theory of plate tectonics.

-
-
-

Answer Choices

A The upper layer of the Earth is divided into many plates and fit like puzzle pieces, suggesting that they were once one super continent.

B Magnetism attracts or repels iron, which is a key component of the earth's chemistry.

C Magnetite is formed when iron atoms, ejected from iron magma, react with seawater.

D The same types of fossils can be found in different regions of the world because the rocks containing them shifted over time.

E Stripes of alternating magnetic orientation are evident on the ocean floor, suggesting that earth's magnetic poles fluctuate their orientation every several hundred thousand years.

F The earth's geographic poles are fixed in place and never move.

自然科学　　**Passage 5　解答と解説**

プレートテクトニクス

本文訳

1　20世紀のはじめ、ドイツの科学者アルフレッド・ロータル・ウェゲナーは世界地図を見ながら興味深い発見をした。それはヨーロッパ大陸とアフリカ大陸がジグソーパズルのようにアメリカ大陸の逆の形をしているということである。以前に同じような観察をした人たちがいた可能性はあるが、この考え方に証拠を示したのはウェゲナーが最初であった。彼は古生物学の記録を用いて、同じ化石がすべての大陸で見つかる可能性があるということを示したのだった。これらの記録は、彼の大陸移動説の一部だが、1912年に当時まだその説に懐疑的であった人々に向けて発表された。そして彼はすべての大陸はもともと一つの超大陸の一部であったと述べたのである。

2　このことに関連して、当時の地質学者たちは地球の他の謎について頭を悩ませていた。なぜ山は幾世紀にもわたる浸食に関わらず高くそびえ立ち続けるのだろうか。なぜ海は堆積物でいっぱいにならないのだろうか。これらのやっかいな疑問については新しい理論が頻繁に公表されていた。1928年に、イギリスの科学者アーサー・ホームズは、熱いマグマが、やかんの中の水の対流のように、地球の中を循環しているという説を公表した。この理論にもとづいて、海底にマグマが吹き出て海水によって冷やされ、岩になっているかもしれない箇所があるのではないかと考える人たちが出てきた。アメリカの科学者ハリー・ハモンド・ヘスとロバート・シンクレア・ディーツは、海には海底が新しく形成される尾根と、海底が再びマントルに沈んでいく深い溝があるという説を提案した。この理論にウェゲナーの考えが合わさったものが、1968年にカナダの地質学者ジョン・ツゾー・ウィルソンによって提案された。

3　ウィルソンの説はプレートテクトニクスと呼ばれ、地球の表面は100キロ程度の厚さを持つ、岩石圏と呼ばれる硬い岩の層であると提案している。岩石圏はジグソーパズルのように何十ものプレートに分かれる。これらのプレートは海嶺で生成され、水平方向に移動し、海溝でマントルに沈み込み、その結果地震や火山活動、山の形成が起こるのである。この説によると、似たような化石が気候のかなり異なるところで見つかる可能性があり、また海でできた化石が山の頂上に見つかる可能性がある。それは、それらを含む岩が何世紀にもわたって現在の位置まで移動したからである。

4　しかし、プレートテクトニクスを支持する最も優れた証拠は、海底の岩を調べた結果わかった、残留磁気である。地球自体は巨大な磁石であり、北と南の極を持っている。固定されたままである地理的な極とは異なり、磁極は数十万年ごとに方向を変える。現在のところ、地球の南の磁極は地理上の北の極と近くなっており、逆についてもそうである。これらの磁極はコンパスの針を引き寄せるものであり、またプレー

トテクトニクスの重要な証拠の一つである。磁気は鉄を引き寄せたり反発したりする性質で知られている。それは地球の化学的性質の重要な要素である。鉄のそれぞれの原子は小さい磁針のようなものだが、他の鉄の原子と連携しない限りはそれ自体だけでは作用しない。マグマの内部では鉄は液体であり、マントルの熱運動と流体運動のせいで鉄の原子は地球の磁極と連携することができない。しかし鉄のマグマが海嶺で排出されて冷えると、鉄の原子は海と反応を起こし、マグネタイトと呼ばれる鉱物を形成する。この鉱物が地球の磁極と完全に合わさり、その結果岩が形成されたときの地磁気の状態のスナップショットを作り出すのである。それゆえ、もしプレートテクトニクスの説が正しければ、海底は磁気の向きが交互に変わっている筋で構成されているはずで、それぞれの筋が数十万年ずつ離れていることになる。実際にこのことは正しく、今ではプレートテクトニクスは大陸移動の原動力であったことが確認されている。

⑤ プレートテクトニクスの理論は地球科学において革命を生み出し、多くの重要な疑問が明確になった。とはいえ、まだ解明されていないことがたくさんある。たとえば、なぜ地球の地磁気は数十万年ごとに逆転するのだろうか。いつ地震は起こるのだろうか。その結果は将来の世代の地球の見方を根本的に変える可能性がある。

正解一覧

※ 11 点満点。配点：Q1 ～ Q9 は、各問 1 点。Q10 は、3 つ正解＝ 2 点、2 つ正解＝ 1 点、1 つ～ 0 正解＝ 0 点。解答は順不同で可です。

1. Ⓓ　　 2. Ⓒ　　 3. Ⓑ　　 4. Ⓓ　　 5. Ⓐ　　 6. Ⓒ　　 7. Ⓓ

8. Ⓑ　　 9. Ⓒ

10. There is strong evidence supporting the theory of plate tectonics.

- Ⓐ / The upper layer of the Earth is divided into many plates and fit like puzzle pieces, suggesting that they were once one super continent.
- Ⓓ / The same types of fossils can be found in different regions of the world because the rocks containing them shifted over time.
- Ⓔ / Stripes of alternating magnetic orientation are evident on the ocean floor, suggesting that earth's magnetic poles fluctuate their orientation every several hundred thousand years.

設問文の訳と解答・解説

1 正解　Ⓓ

第 1 パラグラフの an inverse to という語句に意味が一番近いのは

Ⓐ similar to（似ている）

Ⓑ shaped like（似た形をしている）

Ⓒ included in（含まれている）

Ⓓ contrary to（正反対である）

> 解説　語彙の問題。アメリカ大陸と、ヨーロッパ大陸、アフリカ大陸の対応について述べている箇所である。世界地図を思い浮かべれば "an inverse to" が何を意味しているか自体は容易にわかる。"inverse" は "in inverse order"（逆の順番で）というフレーズも覚えておきたい。

2 正解　Ⓒ

第1パラグラフから何が推測できるか。

Ⓐ ウェゲナーの観察の証拠は以前に与えられていた。
Ⓑ 地図からなるジグソーパズルは当時人気の娯楽だった。
Ⓒ 人々はすぐにはウェゲナーの説を受け入れなかった。
Ⓓ 過去に似たような動物がすべての大陸に住んでいた。

解説　パッセージの内容から推測する問題。第4文の "These records ... were released to a skeptical public ..." が根拠となり Ⓒ が正解。Ⓐ は、"it is probable ..." からわかるように可能性があるというだけであり、断定できることではない。Ⓓ についても似たような化石が見つかる可能性があるというだけである。

3 正解　Ⓑ

筆者が第2パラグラフで浸食に言及しているのはなぜか。

Ⓐ 大陸の形について別の説明を与えるため
Ⓑ 当時の科学知識のギャップを具体的に説明するため
Ⓒ 山の形成に関する科学的な統一的見解に疑問を投げかけるため
Ⓓ 科学者たちが何に最も関心があったかを示すため

解説　パッセージの記述の意図についての問題。"erosion"（浸食）は第2パラグラフの最初の方に出てくるが、ここでは当時の科学者たちがわかっていなかったことが挙げられている。そのことから Ⓐ と Ⓒ は不適当であるとわかる。Ⓓ は "most" が誤りである。

4 正解　Ⓓ

パッセージによると、プレートテクトニクスの理論を提唱したのは誰か。

Ⓐ アーサー・ホームズ
Ⓑ アルフレッド・ロータル・ウェゲナー
Ⓒ ハリー・ハモンド・ヘス
Ⓓ ジョン・ツゾー・ウィルソン

解説　パッセージの詳細に関する問題。第3パラグラフの冒頭に "place tectonics" が見つかる。そしてそれが "Wilson's theory" だと書いてある。よって、Ⓓ が正解。

5 正解　Ⓐ

以下のうち、第4パラグラフのハイライトされた文の重要な情報を最もよく表現しているものはどれか。間違いの選択肢では意味に重大な変更があるか、重要な情報が省かれている。

Ⓐ 地球の磁気の方向が時間とともに変わる一方で、北極、南極を結ぶ軸は比較的固定されている。

Ⓑ 磁極が地理上の極の周りで動くのには数十万年かかる。

Ⓒ 新しい磁極はかなり長い時間をかけて作られるが一方で地理上の極はそうではない。

Ⓓ 北の磁極は地理上のものとは異なっており、その違いは最近数十万年で生まれてきた。

> **解説**　文の言い換えの問題。ハイライトされた部分の"unlike"に注目したい。ここでは"geographic poles"と"magnetic poles"の違いが説明されている。この段階で、Ⓑ と Ⓓ は消える。次に、"fluctuate"（変動する）という語に注目したい。この箇所は磁極の変化について述べ、それが地理上の極には当てはまらないということを説明していることがわかる。したがって Ⓐ が正解。

6 正解　Ⓒ

第4パラグラフの aligned という単語に意味が一番近いのは

Ⓐ compared（比較された）

Ⓑ strengthened（強化された）

Ⓒ oriented（方向を決められた）

Ⓓ assigned（割り当てられた）

> **解説**　語彙の問題。"align"は難しい単語であるがこの箇所を中心にどのような話題が展開されているかをつかむようにすればよい。このパラグラフの後半に"magnetic orientations"という表現が出てくるので、磁気の方向の話をしているとわかる。よって Ⓒ が正解。

7 正解　Ⓓ

第4パラグラフによると、マグネタイトはいつ作られるか。

Ⓐ 熱い溶岩が大気と触れるとき

Ⓑ 鉄が地球の磁極と反応するとき

Ⓒ 液体の鉄が地殻に到達するとき

Ⓓ マグマが塩水と接触するとき

パッセージの詳細に関する問題。キーワードである"magnetite"を探すと、第 9 文の "As iron magma is ejected at ocean ridges and cools however, the iron atoms react with the sea to form a mineral called magnetite." という文が見つかる。Ⓓ ではこの文の "react with the sea が "comes in contact with salt water" に言い換えられている。

8 正解 Ⓑ

パッセージによると、化石の記録について以下のうち正しくないものは

Ⓐ 同じような化石がすべての大陸で見つかる可能性がある。
Ⓑ 化石は重い堆積物があるときに形成される可能性がある。
Ⓒ 海洋の化石が最も高い山で見つかるかもしれない。
Ⓓ 同じ化石がかなり異なる気候の地域で見つかる可能性がある。

解説 パッセージに記述のない事柄を選ぶ問題。Ⓐ は第 1 パラグラフ第 3 文の "identical fossils … continent." が、Ⓒ と Ⓓ は第 3 パラグラフ第 4 文の "According to this theory, …" と合致している。Ⓑ は本文に記述がない。

9 正解 Ⓒ

パッセージにある 4 つの四角 [■] は、次の文を挿入できる箇所である。この文をどこに入れるのが最も適切か。

答えることが不可能のように思われるが、これらの未知の事柄によって科学者たちは、新しく、そしてはるかに興味深い説を組み立てようとしている。

解説 文挿入の問題。挿入文の "these unknown" に注目したい。"these" は手前の内容を受けているので、この英文の前に未知の事柄が複数挙げられている必要がある。したがって、Ⓒ が正解である。

10 正解 Ⓐ、Ⓓ、Ⓔ

下の文はパッセージ要約の導入文です。パッセージの中で述べられた最も重要な考えを選択肢から 3 つ選んで、要約を完成させなさい。選択肢の中には、本文中に書かれていないため、あるいは主要な考えでないために要約文にならないものが含まれています。この問題の配点は 2 点です。

空欄には答えの記号を書き入れても、文を書き写してもかまいません。

プレートテクトニクスの理論を裏付ける強力な証拠がある。

A 地球の上層は多くのプレートに分かれていて、パズルのピースのようにぴったり組み合わさるが、このことはそれらがかつて 1 つの超大陸であったことを示唆する。

B 磁気は鉄を引き寄せたり反発したりするが、これは地球の化学の重要な要素である

C マグネタイトは鉄のマグマから放出された鉄の原子が海水と反応して形成される。

D 同じ種類の化石が世界のさまざまな地域で見つかるが、それらを含む岩石が時間とともに移動したためだ。

E 磁気の向きが交互に変わっている筋が海底に見られるが、このことは地球の磁極が数十万年ごとにその向きを変えていることを示唆する。

F 地球の地理的極は固定されていて決して移動しない。

> **解説** 要約完成の問題。A と D は第 1 パラグラフと、E は第 4 パラグラフの最後の 2 文の内容とそれぞれ一致する。B は第 4 パラグラフ第 6 文と、C は同パラグラフ第 9 文と、F は同パラグラフ第 3 文の内容とそれぞれ一致するが、いずれもパッセージの主要な考えではない。

各パラグラフの語彙・表現

第 1 パラグラフ

☐ **coastline**	〔名〕	海岸線
☐ **inverse**	〔名〕	逆
☐ **probable**	〔形〕	確実な
☐ **observation**	〔名〕	観察
☐ **paleontological**	〔形〕	古生物学の
☐ **identical**	〔形〕	同一の
☐ **fossil**	〔名〕	化石
☐ **continent**	〔名〕	大陸
☐ **drift**	〔名〕	移動、漂流
☐ **hypothesis**	〔名〕	仮説
☐ **release**	〔動〕	発表する
☐ **skeptical**	〔形〕	懐疑的な
☐ **public**	〔名〕	民衆

□ state	〔動〕述べる
□ originally	〔副〕もともと

第 2 パラグラフ

□ geologist	〔名〕地質学者
□ puzzle	〔動〕頭を悩ます
□ despite	〔前〕〜にも関わらず
□ erosion	〔名〕浸食
□ fill up with	〔熟〕〜でいっぱいになる
□ sediment	〔名〕堆積物
□ perplexing	〔形〕困惑させる
□ frequently	〔副〕頻繁に
□ publish	〔動〕発表する
□ theory	〔名〕説
□ circulate	〔動〕循環する
□ convection	〔名〕対流
□ kettle	〔名〕やかん
□ wonder	〔動〕疑問に思う
□ gush out	〔動〕吹き出る
□ propose	〔動〕提案する
□ ridgeline	〔名〕尾根線
□ trench	〔名〕海溝
□ sink	〔動〕沈む
□ mantle	〔名〕マントル
□ merger	〔名〕融合

第 3 パラグラフ

□ surface	〔名〕表面
□ layer	〔名〕層
□ lithosphere	〔名〕岩石圏
□ divide A into B	〔熟〕A を B に分ける
□ dozens of	〔熟〕何十もの〜
□ generate	〔動〕生成させる
□ ridge	〔名〕尾根、海嶺
□ horizontally	〔副〕水平に
□ volcanic	〔形〕火山の
□ vastly	〔副〕非常に

第 4 パラグラフ

☐ lie in	〔動〕～に存在する
☐ residual	〔形〕残留の
☐ magnetism	〔名〕磁気
☐ reveal	〔動〕明らかにする
☐ investigation	〔名〕調査
☐ pole	〔名〕極
☐ geographic	〔形〕地理的な
☐ remain	〔動〕～のままでいる
☐ fixed	〔形〕固定された
☐ fluctuate	〔動〕変動する
☐ at present	〔熟〕現在のところ
☐ orientation	〔名〕方向
☐ vice versa	〔副〕逆もまた同様
☐ be known for	〔熟〕～のことで知られる
☐ attract	〔動〕引きつける
☐ repel	〔動〕反発する
☐ component	〔名〕要素
☐ unless	〔接〕～ない限り
☐ align with	〔熟〕～と連携する
☐ eject	〔動〕排出する
☐ atom	〔名〕原子
☐ thermal	〔形〕熱の
☐ fluid	〔形〕液体の
☐ prevent	〔動〕妨げる
☐ magnetite	〔名〕磁鉄鉱
☐ alternate	〔動〕交互に替わる
☐ confirm	〔動〕確証する

第 5 パラグラフ

☐ revolution	〔名〕革命
☐ clarify	〔動〕確認する
☐ that said	〔熟〕とは言え
☐ geomagnetism	〔名〕地磁気
☐ reverse	〔動〕逆転する
☐ radically	〔副〕根本的に
☐ alter	〔動〕変える

STEAM ENGINES

1   Imagine a modern family today—they might sit down to a breakfast of toast made from American flour, jam from France, and coffee from Brazil, all while wearing clothes produced in Vietnam. Until the dawn of the modern age, however, such a scene would have been unimaginable, with the cost of transporting all those goods ruling out such forms of global trade. In previous eras, our ancestors relied on relatively crude forms of motive energy for production and transport—manual labor, draft animals, and water or wind mills. These forms of energy were costly, and their relative inefficiency meant that the goods people consumed were largely produced locally. While more efficient, thermal energy, or the energy produced from excess heat, was limited to cooking and heating homes. The invention of the steam engine, however, changed this, and it unleashed new, powerful forms of locomotion and manufacturing.

2   The steam engine was a truly epoch-making invention, in large part due to its significantly greater capabilities over previous forms of motive energy. This stems from the chemical properties of water, specifically its expansion in volume when converted to a gas. As water changes into steam, it has the remarkable ability to expand in volume by 1,700 percent. By capturing this expansion, a steam engine can convert thermal energy into motive power. Because the amount of thermal energy required to raise the temperature of one liter of water by 1°C is relatively small (4.2 kJ), even the crudest of engines could create significant amounts of motive power, far exceeding what had preceded them.

3   Although the ideas behind the steam engine have been in existence for millennia, with the engine by Heron of Alexandria being described in the first century AD, they were not put into practical use until much later. In the 17th and 18th centuries, the steam engine entered a phase of rapid development, with the French physicist Denis Papin, the English engineer Thomas Savery, and others making key contributions. In 1712, the English inventor Thomas Newcomen commercialized a steam engine for use in mining, although his engine had an exceptionally poor thermal energy to work conversion ratio of less than 1%. Later in the century though, around 1775, the Scottish mechanical engineer James Watt could radically improve the efficiency of the steam engine by utilizing rotary motion. With the advent of his engine, the dawn of the industrial age began,

and the use of coal-powered steam engines in factories, locomotives, and ships took off in earnest. In short, the Industrial Revolution is no less than a shift from manual labor or draft animals to fossil fuels.

4　　　With steam-powered engines and the launching of the Industrial Revolution, new inventions and discoveries occurred at an increasingly rapid pace. **A** Electricity was soon discovered, and electrical generation brought society even greater advances, from lighting to refrigeration and air conditioning. **B** Furthermore, while the steam engine developed by Watts was an external combustion engine, the development of the internal combustion engine created even greater levels of energy efficiency. **C** Converting the fuel into mechanical energy within the engine, however, was vastly more efficient, and led to the development of airplanes and cars. **D** These and other inventions brought rapid and unprecedented changes in human society, and over the last few hundred years, the daily lives of humans have improved significantly. All this, however, could only have been brought about by the development of the steam engine.

5　　　Today, humanity is at a crossroads. Accustomed to a modern lifestyle, we nonetheless are now aware of how harnessing thermal energy through the burning of fossil fuels has damaged our planet. Rapid growth during the Industrial Revolution has had consequences, from air and water pollution, to global warming and the impact of coal and oil exploration. These will be felt for generations, and it is therefore the challenge for the scientists and inventors of today, to try and find ways to reverse the damage while still allowing us to keep the benefits gained.

1 Why does the author discuss a modern family's breakfast in paragraph 1?

    Ⓐ To show how finicky the average person is

    Ⓑ To argue for more localized production of goods

    Ⓒ To explain different ways steam engines are used

    Ⓓ To demonstrate how efficient transportation has become

2 According to paragraph 1, before the invention of the steam engine, most people would have

    Ⓐ used thermal energy to cook their food

    Ⓑ traded with countries such as the France or the United States

    Ⓒ relied on crude oil for the transportation of goods

    Ⓓ been unfamiliar with production involving manual labor

3 The word unleashed in paragraph 1 is closest in meaning to

    Ⓐ created

    Ⓑ tied up

    Ⓒ prevented

    Ⓓ spurned

4 What can be inferred from paragraph 2?

    Ⓐ Steam engines are 1,700 percent more efficient than other forms of energy.

    Ⓑ Horses and other forms of manual power create less power than steam engines.

    Ⓒ Steam engines do not need a lot of water to operate.

    Ⓓ A steam engine is the only type of thermal power available.

5 Which of the following best expresses the essential information in the highlighted sentence in paragraph 3? Incorrect choices change the meaning in important ways or leave out essential information.

    Ⓐ Steam engines were used during the Industrial Revolution, including in factories and for transportation.

    Ⓑ The invention of James Watt's steam engine is thought to be the start of the modern era, with coal-fired engines being used extensively in transportation and manufacturing.

Ⓒ Although coal-powered steam engines were more popular, James Watt's engine was nonetheless important during the Industrial Revolution.

Ⓓ Before the Industrial Revolution and Watt's steam engine, coal-powered engines were predominant in ships and locomotives.

6 According to the passage, Watt's steam engine was

Ⓐ an internal combustion engine

Ⓑ developed in the early 18th century

Ⓒ commercialized for mining purposes

Ⓓ preceded by Thomas Newcomen's engines

7 The word unprecedented in paragraph 4 is closest in meaning to

Ⓐ damaging

Ⓑ accelerated

Ⓒ difficult

Ⓓ unique

8 All the following energy sources are mentioned in the passage EXCEPT

Ⓐ draft animals

Ⓑ water mills

Ⓒ nuclear plants

Ⓓ coal

9 Look at the four squares [■] that indicate where the following sentence could be added to the passage in paragraph 4.

In an external combustion engine, the heat source, created by the burning of a fuel, is located outside of the engine.

Where would the sentence best fit?

Ⓐ **A**

Ⓑ **B**

Ⓒ **C**

Ⓓ **D**

Directions: An introductory sentence for a brief summary of the passage is provided below. Complete the summary by selecting the THREE answer choices that express the most important ideas in the passage. Some answer choices do not belong in the summary because they express ideas that are not presented in the passage or are minor ideas in the passage. *This question is worth 2 points.*

Write your answer choices in the spaces where they belong. You can either write the letter of your choice or you can copy the sentence.

The steam engine has led to significant changes in modern human society.

-
-
-

Answer Choices

A One significant use of thermal energy in the past was for cooking and heating.

B The harnessing of thermal energy in the form of fossil fuels created systemic efficiencies that were impossible beforehand.

C The history of steam engines is contested, with some people saying it was invented in France, while others saying it was invented in England.

D Although steam engines first found use in manufacturing and transportation, later uses of the technology were important for the development of electricity and automobiles.

E The internal combustion engine is the most important application of the steam engine because from it cars and airplanes could be developed.

F However, the realization of the environmental costs of burning fossil fuels has led many to search for newer and cleaner forms of energy.

自 然 科 学　　Passage 6　解答と解説

蒸気機関

本文訳

第2章 分野別問題演習 自然科学

1　今日の一般的な家庭を想像してみよう。テーブルに座り、アメリカ産の小麦粉で作られたトースト、フランス産のジャム、そしてブラジル産のコーヒーで朝食をとり、みんなベトナムで生産された服を着ているかもしれない。しかし、近代が夜明けを迎えるまで、こうしたすべての製品の輸送費が現在のような形態の世界規模貿易の妨げとなり、このような光景は想像不可能だった。これまでの時代、私たちの先祖は製造や輸送に関して、肉体労働や役畜、水車や風車などの比較的原始的な形態の運動エネルギーに頼っていた。こうした形態のエネルギーは費用がかかり、比較的効率が悪かったため、人々が消費する製品は主にその土地で生産されていた。余分な熱から作られるエネルギーである熱エネルギーはより効率的だったが、その利用は調理や家屋の暖房に限定されていた。しかし、蒸気機関の発明はこうした状況を一変させ、新しく強力な形態の運動と製造をもたらしたのである。

2　蒸気機関は、主にそれまでの形態の運動エネルギーよりも著しく大きな能力を持っているため、本当に画期的な発明だった。このことは、水の化学的な性質、具体的には気体に変換されたときの体積の膨張に由来する。蒸気に変化するとき、水は体積が1700パーセント膨張する並外れた能力を持っている。この膨張をとらえることで、蒸気機関は熱エネルギーを運動エネルギーに変えることができる。1リットルの水を1℃上昇させるのに必要とされる熱エネルギーの量は比較的少ないので（4.2キロジュール）、最も粗雑な機関でもそれ以前の動力をはるかに上回る相当量の運動エネルギーを作ることが可能だ。

3　蒸気機関のもとになる考えは数千年間も存在していて、紀元1世紀にアレキサンドリアのヘロンの蒸気機関についての記述があるが、ずっと後になるまで実用化されなかった。17世紀から18世紀、フランス人物理学者ドニ・パパンやイギリス人技師トーマス・セイヴァリーなどが重要な役割を果たすことで、蒸気機関は急速な発展の段階に入った。1712年、熱エネルギーから仕事量への変換率が1パーセント未満という例外的な低さだったにもかかわらず、イギリス人発明家トーマス・ニューコメンが鉱山採掘での使用を目的として蒸気機関を商品化した。後に1775年頃、スコットランド人機械工学士のジェームズ・ワットは、回転運動を利用することで蒸気機関の効率を著しく向上させた。彼の蒸気機関の到来によって、産業時代の夜明けが始まり、工場や機関車や船での石炭を動力とした蒸気機関の使用が本格的に始まった。簡単に言えば、産業革命とは肉体労働や役畜から化石燃料への移行も同然である。

4　蒸気を動力としたエンジンと産業革命の始まりによって、新しい発明と発見がますます急速なペースで起こった。電気がすぐに発見され、発電は照明から冷蔵や空調まで、社会にさらに大きな進歩をもたらした。さらに、ワットが開発した蒸気機関は外燃機関だったが、内燃機関の開発はさらにより高度なエネルギー効率を生み出した。しかし、燃料を機関の中で機械エネルギーに変換する方がはるかに効率的で、それが飛行機や車の開発につながった。こうした発明などが人間社会に急速で先例のない変化をもたらし、過去数百年間にわたって人間の日常生活は著しく向上した。しかし、こうしたすべてのことは蒸気機関の発展があったからこそもたらされたのだろう。

5　今日、人類は岐路に立っている。現代的な生活様式に慣れてしまったが、今私たちは化石燃料を燃やして熱エネルギーを利用することがどれほど地球に損害を与えているのか自覚している。産業革命期の急速な成長は、大気汚染や水質汚染から地球温暖化や石炭と石油の探査の影響まで、重大な結果を出している。こうしたことは今後数世代の期間にも感じられるため、損害を無効にしながら利益を獲得できる方法を見つけようとすることが、今日の科学者や発明家にとっての課題だ。

正解一覧

※ 11点満点。配点：Q1 ～ Q9 は、各問 1 点。Q10 は、3 つ正解＝ 2 点、2 つ正解＝ 1 点、1 つ～ 0 正解＝ 0 点。解答は順不同で可です。

1. Ⓓ　　2. Ⓐ　　3. Ⓐ　　4. Ⓑ　　5. Ⓑ　　6. Ⓓ　　7. Ⓓ
8. Ⓒ　　9. Ⓒ

10. The steam engine has led to significant changes in modern human society.

- Ⓑ / The harnessing of thermal energy in the form of fossil fuels created systemic efficiencies that were impossible beforehand.
- Ⓓ / Although steam engines first found use in manufacturing and transportation, later uses of the technology were important for the development of electricity and automobiles.
- Ⓕ / However, the realization of the environmental costs of burning fossil fuels has led many to search for newer and cleaner forms of energy.

設問文の訳と解答・解説

1 正解　Ⓓ

なぜ筆者は第 1 パラグラフで現代の家族の朝食について議論したのか。

Ⓐ 平均的な人がどれほど好みにうるさいのか示すため
Ⓑ より地域限定型の食品生産を議論するため
Ⓒ 蒸気機関の異なる複数の使い方を説明するため
Ⓓ 輸送がどれほど効率的になったのか例示するため

解説　パッセージの記述の意図についての問題。さまざまな国で製造された製品を 1 つの家族が消費している様子が提示されているが、第 1 パラグラフ第 2 文で輸送費が高くつくため近代以前はあり得ない光景だったとある。裏を返せば、現在では輸送手段の発達によって外国製品を手にすることができるということなので、Ⓓ が内容的に近い。

2 正解 Ⓐ

第1パラグラフによると、蒸気機関の発明以前にほとんどの人は

Ⓐ 自分の食べ物を調理するために熱エネルギーを使っていた
Ⓑ フランスやアメリカなどの国々と貿易をしていた
Ⓒ 品物の輸送を原油に頼っていた
Ⓓ 肉体労働を伴う製造に馴染みがなかった

> **解説** パッセージの詳細に関する問題。第1パラグラフ第5文に熱エネルギーの使用が調理と暖房に限られていたとあり、その次の文で蒸気機関の発明でこの状況が大きく変わったとある。この2文の内容のまとめとして、Ⓐ が正しいとわかる。

3 正解 Ⓐ

第1パラグラフの単語 unleashed に意味が最も近いのは

Ⓐ created（作り出した）
Ⓑ tied up（結びつけた）
Ⓒ prevented（妨げた）
Ⓓ spurned（刺激した）

> **解説** 語彙の問題。主語の it は前節の主語と同じ "The invention of the steam engine"（蒸気機関の発明）で、目的語は "new, powerful forms of locomotion and manufacturing"（新しく強力な形態の運動と製造）であることを確認する。「発明」や「新しい」などの語句との相性を考えて Ⓐ が選べる。

4 正解 Ⓑ

第2パラグラフから何が示唆されるか。

Ⓐ 蒸気機関は他の形態のエネルギーよりも 1700 パーセント効率的だ。
Ⓑ 馬とその他の形態の肉体労働は蒸気機関ほどたくさんの動力を生み出さない。
Ⓒ 蒸気機関は動かすのにたくさんの水を必要としない。
Ⓓ 蒸気機関は利用可能な唯一の種類の熱力だ。

解説　パッセージの内容から推測する問題。第1文に蒸気機関が画期的な発明だったとあるが、その理由は "due to its significantly greater capabilities over previous forms of motive energy"（それまでの形態の運動エネルギーよりも著しく大きな能力を持っているため）と説明されている。この箇所と内容的に一致する Ⓑ が正解。本文中で 1700 パーセントなのは水の体積の膨張率なので、Ⓐ は誤り。残りの選択肢に近い内容は言及されていない。

5 正解　Ⓑ

第3パラグラフのハイライトされた文の重要情報を最も適切に表しているのは次のうちどれか。不適切な選択肢は、重要な点で意味が変わっているか重要な情報が抜けている。

Ⓐ 蒸気機関は産業革命の間に工場内や輸送用などで使用された。

Ⓑ ジェームズ・ワットの蒸気機関の発明は、石炭を燃料とするエンジンが輸送と製造で幅広く使われ、近代の始まりと考えらえている。

Ⓒ 石炭を動力とする蒸気機関の方が人気があったが、それでもジェームズ・ワットのエンジンは産業革命期に重要だった。

Ⓓ 産業革命とワットの蒸気機関が発明される前に、石炭を動力とするエンジンが船と機関車で主流だった。

解説　文の言い換えの問題。文頭で "With the advent of his engine"（彼の蒸気機関の到来によって）とあるが、「彼の蒸気機関」は前文で言及されているワットの蒸気機関のことである。それが開発されてからの状況が説明されているので Ⓑ か Ⓒ に絞られるが、石炭を動力とする蒸気機関とワットの蒸気機関を比較しているわけではなく、蒸気機関の利用が拡大したことに焦点があてられているので、Ⓑ が選べる。

6 正解　Ⓓ

パッセージによると、ワットの蒸気機関は

Ⓐ 内燃機関だった

Ⓑ 18世紀の初期に開発された

Ⓒ 鉱山採掘を目的として商品化された

Ⓓ トーマス・ニューコメンのエンジンに先行された

パッセージの詳細に関する問題。第3パラグラフで、ニューコメンのエンジンが商品化されたのが1712年、ワットの蒸気機関が開発されたのが1775年頃とあるので、Ⓑ が誤りで Ⓓ が正解だとわかる。Ⓐ は第4パラグラフの第3文と矛盾し、第3パラグラフの第3文より Ⓒ に当てはまるのはニューコメンの蒸気機関だとわかる。

7 正解　Ⓓ

第4パラグラフの単語 unprecedented に意味が最も近いのは

Ⓐ damaging（有害な）
Ⓑ accelerated（加速された）
Ⓒ difficult（困難な）
Ⓓ unique（ユニークな）

語彙の問題。動詞 "precede" は「～に先行する」の意味で、そこから派生した形容詞 "unprecedented" は「先例のない、これまでになかった」の意味である。ライティングで使えなくとも、最低限リーディングでは認識できるようになっておきたい語だ。

8 正解　Ⓒ

次のエネルギー源のうち、パッセージで言及されていないのは

Ⓐ 役畜
Ⓑ 水車
Ⓒ 原子力発電所
Ⓓ 石炭

パッセージに記述のない事柄を選ぶ問題。Ⓐ と Ⓑ は第1パラグラフ第3文で、Ⓓ は第3パラグラフ第5文でそれぞれ言及されている。

9 正解　Ⓒ

第4パラグラフのパッセージにある4つの四角 [■] は、次の文を挿入できる箇所である。この文をどこに入れるのが最も適切か。

外燃機関では、燃料を燃やすことで作られる熱源が機関の外にある。

解説　文挿入の問題。外燃機関を説明している文なので、前後の文で外燃機関について言及していなければいけない。Ⓑ か Ⓒ に絞られるが、Ⓑ では文頭の"Furthermore"（さらに）と内容的につながらない。Ⓒ だと、次の文と合わせて内燃機関との対比が成立するので、こちらが正解。

10　正解　Ⓑ、Ⓓ、Ⓕ

　下の文はパッセージ要約の導入文です。パッセージの中で述べられた最も重要な考えを選択肢から3つ選んで、要約を完成させなさい。選択肢の中には、本文中に書かれていないため、あるいは主要な考えでないために要約文にならないものが含まれています。この問題の配点は2点です。

　空欄には答えの記号を書き入れても、文を書き写してもかまいません。

　蒸気機関は近代の人間社会に重大な変化をもたらした。

Ⓐ　過去の熱エネルギーの重要な使用法は調理と暖房だった。

Ⓑ　化石燃料の形態をとる熱エネルギーの利用は、それ以前に不可能だった構造上の効率性を生み出した。

Ⓒ　フランスで発明されたという人たちがいる一方でイギリスで発明されたという人たちもいて、蒸気機関の歴史に異議が唱えられている。

Ⓓ　蒸気機関は最初製造と輸送で使用されたが、その後その技術の使用は電気と自動車の発展にとって重要だった。

Ⓔ　内燃機関は蒸気機関の最も重要な応用法で、それはそこから車や飛行機が開発できたからだ。

Ⓕ　しかし、化石燃料を燃やすことの環境上の損失に気づくことによって、たくさんの人がより新しく環境を汚さない形態のエネルギーを探し求めるようになった。

解説　要約完成の問題。蒸気機関の特徴は、第2パラグラフで説明されているように、効率的に熱エネルギーを運動エネルギーに変換できる点で、Ⓑ がこれに対応する。続く第3パラグラフでは、蒸気機関が産業革命期に製造と輸送で大きな役割を果たしたことが説明され、第4パラグラフでは蒸気機関がその他の技術革新にも影響を与えたとあるので、まとめとして Ⓓ が選べる。最終パラグラフでは、産業革命以降に化石燃料の使用によって引き起こされた環境問題の取り組みが今後の課題として取り上げられていて、Ⓕ が内容的に一致する。Ⓐ は第1パラグラフで言及されているが、蒸気機関をめぐる議論との直接的な関連が薄い。Ⓒ については同様の記述がなく、内燃機関が蒸気機関の一種であるとは示唆されていないので Ⓔ は選べない。

各パラグラフの語彙・表現

第 **1** パラグラフ

□ dawn	〔名〕夜明け、始まり
□ rule out	〔動〕除外する、不可能にする
□ previous	〔形〕以前の
□ ancestor	〔名〕先祖
□ rely on	〔動〕依存する、頼る
□ relatively	〔副〕比較的に
□ crude	〔形〕無加工の、粗雑な
□ motive energy	〔名〕運動エネルギー
□ manual labor	〔名〕肉体労働
□ draft animal	〔名〕役畜（荷物を引くために使われる家畜）
□ wind mill	〔名〕風車
□ inefficiency	〔名〕非効率性
□ thermal	〔形〕熱の
□ unleash	〔動〕もたらす、（感情などを）解き放つ
□ locomotion	〔名〕運動、移動
□ manufacturing	〔名〕製造

第 **2** パラグラフ

□ epoch-making	〔形〕画期的な
□ due to	〔前〕～が理由で
□ significantly	〔副〕著しく
□ stem from	〔動〕～に由来する
□ chemical	〔形〕化学的な
□ property	〔名〕特性、性質
□ specifically	〔副〕具体的に
□ convert	〔動〕変換する
□ remarkable	〔形〕注目すべき
□ capture	〔動〕とらえる
□ require	〔動〕必要とする
□ crude	〔形〕粗雑な
□ exceed	〔動〕～を上回る
□ precede	〔動〕～に先行する

第 3 パラグラフ

□ put ~ into practical use	〔熟〕	～を実用化する
□ phase	〔名〕	段階
□ physicist	〔名〕	物理学者
□ contribution	〔名〕	貢献
□ commercialize	〔動〕	商業化する、商品化する
□ mining	〔名〕	鉱山採掘
□ exceptionally	〔副〕	例外的に
□ ratio	〔名〕	比率
□ mechanical engineer	〔名〕	機械工学士
□ radically	〔副〕	急激に
□ improve	〔動〕	向上させる
□ utilize	〔動〕	使用する
□ rotary	〔形〕	回転の
□ advent	〔名〕	到来
□ coal-powered	〔形〕	石炭を動力とする
□ take off	〔動〕	始まる
□ in earnest	〔副〕	本格的に、真剣に
□ no less than	〔熟〕	～と同等である
□ fossil fuel	〔名〕	化石燃料

第 4 パラグラフ

□ launching	〔名〕	開始、着手
□ generation	〔名〕	生成
□ advance	〔名〕	進歩
□ refrigeration	〔名〕	冷蔵
□ combustion	〔名〕	燃焼
□ vastly	〔副〕	非常に
□ lead to	〔動〕	～を引き起こす
□ unprecedented	〔形〕	先例のない

第 5 パラグラフ

□ crossroad	〔名〕	十字路、岐路
□ accustomed to	〔熟〕	～に慣れている
□ nonetheless	〔副〕	それにもかかわらず
□ harness	〔動〕	利用する
□ consequence	〔名〕	結果、影響
□ exploration	〔名〕	探査

DINOSAUR EXTINCTION

1　　On June 24, 2012, Lonesome George left this world, and news of his passing raced around the world. He was the last of his kind on this earth, a member of a subspecies of tortoise (Geochelone nigra abingdoni) found on Pinta Island in the Galapagos. Lonesome George's death, you see, stands for something greater: with his demise, one entire population of living creatures has vanished utterly from this world. If we feel such sorrow and regret at the wake of Lonesome George, how should we feel about the approximately 20,000 species that are presently teetering on the brink of extinction?

2　　The notion that so many communities of living creatures will perish is chilling. But when we pause and consider the evidence, we see that in the course of evolution there must have been countless species that flourished only to one day die out. Throughout the entire history of living things on the earth, extinction has been almost a normal, everyday occurrence. The disappearance of one species does not considerably affect the overall diversity of living organisms on the planet. Experts on earth's biodiversity call this phenomenon, "background extinction."

3　　Taking another look back over the history of life on earth, however, there is another, much greater event happening than the normal occurrence we term "background extinction." We are speaking of "mass extinction," which has had an extraordinary impact on biodiversity. Up to the present, earth has experienced 5 major mass extinctions. Among them, the last has captured the interest not only of experts, but also the general public: the extinction of the dinosaurs, the biggest creatures and deadliest predators that ever walked the earth.

4　　Many scholars have struggled to explain just why the dinosaurs, undisputed masters of the planet, went extinct. **A** The so-called Cretaceous-Paleogene (K/Pg) extinction event occurred 65 million years ago. **B** Analysis of the soil layers yields conclusive evidence. Layers of earth sliced from the K/Pg boundary are different from the surrounding layers in that they contain large amounts of iridium, a metal virtually non-existent in soil on earth but found abundantly in asteroids and deep in the earth's crust. **C** From this sprang the theory that an enormous asteroid had collided with earth or that volcanic eruptions occurred on a monumental scale. **D** Since the 1980s, scholars have, with no clear winner, waged a fierce debate: Asteroid vs. Volcano.

5　　　First, let us consider things from the Huge Asteroid Collision standpoint. In 1991, the Chicxulub crater, 15 kilometers in diameter was discovered. It was made by the impact on earth of a small asteroid hitting near the Yucatan Peninsula in Mexico at the end of the Cretaceous period. This collision sent up massive amounts of dust, enough to blanket the entire globe and plunge earth into a deep freeze. Without sunlight to conduct photosynthesis, many plants died out, and the result was mass extinction on a global scale.

6　　　Next, let us look at the Massive Volcanic Eruptions theory: An enormous volcano in India erupts, sending dust and poison gas across the globe and triggering mass extinction. Researchers argue from their particular perspectives, and this heated debate has formed the basis of many sensationalistic articles in the mass media. One person who tried to bring down the curtain on this debate is German geophysicist Peter Schulte who enlisted a team of 41 scientists from 12 countries to determine just what did kill off the dinosaurs. In 2010 in an issue of the scientific journal, "Science," they laid the issue to rest based on a plethora of evidence from a number of fields: the culprit, they say, was the asteroid.

7　　　In 2015, yet another theory emerged in the same journal, "Science." A team of researchers from the University of California, Berkeley proposed the thesis that what terminated the dinosaurs was a lethal double punch in quick succession of asteroid followed by massive Indian volcanic eruption. It may be a while before the truth of the issue becomes crystal clear.

8　　　Extinction has occurred over and over throughout earth's long history. And now, we must note another threat to life on the planet: mankind. We hunt down rare animals to the point of extinction; we steal their habitats; we disrespect the integrity of nature's balance and destroy whole ecosystems of flora; we pollute the environment and alter the very climate of earth. And at the end, all we can offer is the old cliché: "Well, there's no use crying over spilt milk." Meanwhile, out of sight, living creatures thrive and form interconnected, interdependent networks. In order for us not to trigger the planet's 6th mass extinction, we must become aware that we, too, are just a part of this fragile, yet ever flourishing and ever diversifying, glorious ecosystem.

1 The phrase teetering on the brink of extinction in paragraph 1 is closest in meaning to

Ⓐ going to prosper

Ⓑ coming back from the edge of extinction

Ⓒ facing their imminent demise

Ⓓ being rescued from going extinct

2 What is inferred from paragraph 1 about Lonesome George?

Ⓐ He lived alone on Pinta Island.

Ⓑ He was the last tortoise in the Galapagos.

Ⓒ He lived longer than expected.

Ⓓ His death meant more than the mere death of an individual.

3 According to paragraph 2, which of the following is NOT true of extinction?

Ⓐ Extinction may seem extreme or unusual, but it is, actually, quite routine.

Ⓑ The loss of even a single organism significantly diminishes biodiversity.

Ⓒ Most people find the prospect of extinction unsettling.

Ⓓ Earth's biodiversity does not noticeably suffer from the loss of a particular species.

4 Which of the sentences below best expresses the essential information in the highlighted sentence in paragraph 3? Incorrect answer choices change the meaning in important ways or leave out essential information.

Ⓐ The last dinosaurs capture the interest of all because they were the most lethal creatures who ever existed on this planet.

Ⓑ Unlike simple extinction, mass extinction has had a great impact on biodiversity.

Ⓒ The great size and lethal power of the dinosaurs intrigues both expert and the general public alike, which distinguishes their passing from other mass extinctions.

Ⓓ The dinosaurs were large and deadly, and this fact alone has captured the interest of both scientific experts and the average citizen.

5 When the author begins the paragraph 5 by saying, "First, let us consider things from …" he is implying that

  Ⓐ the Huge Asteroid Collision theory is more important than any other theory

  Ⓑ the asteroid collision with the earth was the first event in the process that caused the extinction of the dinosaurs

  Ⓒ this theory was first proposed in the year 1991

  Ⓓ There is another theory to consider, but first he will deal with this one about an asteroid collision

6 Which of the following was NOT stated as part of the Massive Volcanic Eruptions theory?

  Ⓐ Something triggered a volcanic eruption that had an unprecedented, global impact.

  Ⓑ The eruption of a volcano in India was powerful enough to send poison gas over the entire planet.

  Ⓒ Poison gas was not the only substance emitted into the atmosphere.

  Ⓓ Proponents of this theory suspect the volcanic eruption was triggered by the impact of a massive asteroid striking the earth.

7 Which of the following is true according to paragraph 7?

  Ⓐ Volcanic eruption and asteroid collision happened simultaneously.

  Ⓑ There could have been several factors contributing to the extinction of the dinosaurs.

  Ⓒ The truth was revealed after long years of survey.

  Ⓓ Dinosaurs in India did not die out.

8 The word lethal in paragraph 7 is closest in meaning to

  Ⓐ fatal

  Ⓑ legal

  Ⓒ painful

  Ⓓ overwhelming

第2章　分野別問題演習　自然科学

9 Look at the four squares [■] that indicate where the following sentence could be added to the passage.

Up until this time, layers of earth contained many dinosaur fossils, but none have been discovered after this event, which leads scholars to conclude that the K/Pg boundary marks the extinction of the dinosaurs.

Where would the sentence best fit?

(A) **A**
(B) **B**
(C) **C**
(D) **D**

10 **Directions:** An introductory sentence for a brief summary of the passage is provided below. Complete the summary by selecting the THREE answer choices that express the most important ideas of the passage. Some sentences do not belong because they express ideas that are not presented in the passage or are minor ideas in the passage. *This question is worth 2 points.*

Write your answer choices in the spaces where they belong. You can either write the letter of your choice or you can copy the sentence.

The cause(s) for the extinction of the dinosaurs is problematic, and various competing theories exist to explain it as a result of "mass extinction."

-
-
-

Answer Choices

A On June 24, 2012, Lonesome George, the world's most beloved turtle, passed away, and with him, all of his kind.

B Currently, there are as many as 20,000 species of living things that are about to die off forever.

C There is a significant difference in terms of biodiversity between the extinction of a single species and mass extinction.

D All of the theories which have been proposed are suspect because they all contain a hidden, fatal contradiction.

E To explain the extinction of the dinosaurs, three theories have been proposed, all of which are based on a natural disaster(s) of global scale.

F In addition to the 5 major mass extinctions that have occurred throughout the history, earth may face yet another at the hands of—not nature—but mankind.

恐竜の絶滅

本文訳

1　2012年の6月24日、ロンサム・ジョージがこの世を去った。彼の死の知らせは世界中を駆け巡った。彼はこの地球上で同種の最後の個体だったのだ。その種はガラパゴスのピンタ島で見られる亀の亜種に属するものである（学名：Geochelone nigra abingdoni）。ロンサム・ジョージの死はおわかりの通り、もっと大きなことを意味している。彼の死に伴い、現存している生物の中の一つの集団が完全にこの世界から消えてしまったのだ。もし私たちがロンサム・ジョージの通夜にかなりの悲しみと後悔を感じるなら、私たちは今現在絶滅の危機に瀕しているおよそ2万の種についてはどのように感じるべきなのだろうか。

2　今生存している生物のかなり多くの共同体が絶滅することになるというのは考えてみると恐ろしいことである。しかし、その根拠を立ち止まって考えてみると、進化の過程においては栄えたもののいつか最終的には死に絶えることになった種が限りなくいたことは間違いないということがわかる。地球上の生き物の全歴史にわたって、絶滅というのはほとんどの場合、普通の、日常的な出来事であったのである。一つの種がいなくなることはこの惑星の生命体の多様性全体を著しく損なうものではない。地球の生命多様性に関する専門家はこの現象を「背景絶滅」と呼んでいる。

3　しかし、地球上の生命の歴史をさらに振り返ってみると、私たちが「背景絶滅」と呼んでいる通常の出来事とは別の、はるかに大きな出来事が起こっている。私たちは「大量絶滅」という言葉を口にするが、それは生命の多様性に甚大な影響を与えてきた。現在までで、地球は5つの主要な大量絶滅を経験している。その中で、最後のものは専門家だけではなく、一般の人々の興味も引きつけてきた。恐竜の絶滅である。それは地球に存在していた動物の中で最も大きい生き物であり、最も危険な捕食者である。

4　多くの学者はいったいなぜ、この惑星の疑いようのない支配者であった恐竜が絶滅したのかを説明しようと試みてきた。いわゆる白亜紀／古第三紀（K-Pg）境界の絶滅事件が6500万年前に起こったのだ。土壌の層を分析してみると決定的な証拠が見つかる。K-Pg境界から切り出された地層は、多量のイリジウムを含んでいる点で周りの地層と異なっている。イリジウムは地球の土壌にはほとんど存在しない金属であり、小惑星と地殻の奥深くに豊富に見られるものである。このことから、大量の小惑星が地球と衝突した、あるいは火山の噴火が凄まじい規模で起こったという説が生まれた。1980年代以降、学者たちは小惑星説か火山説かで激しく論争してきたが、まだ明確な決着はついていない。

⑤　まず、大規模な小惑星との衝突という点から考えてみよう。1991 年に、直径15km におよぶチクシュルーブ・クレーターが発見された。小さな小惑星が白亜紀の終わりにメキシコのユカタン半島の近くにぶつかった衝撃によってできたものである。この衝突により大量のちりが舞い上がり、その量の多さから地球全体に覆い被さり、地球を極度な寒さへと追い込んだのだ。光合成を行うための日光がなかったので多くの植物は絶滅し、その結果は地球規模での大量絶滅となった。

⑥　次に、大規模火山噴火説を見よう。インドの大きな火山が噴火し、ちりと毒ガスを地球全体に排出し、その結果大量絶滅が起こったという説だ。研究者たちはそれぞれの観点から議論し、この白熱した議論をもとに、マスメディアで多くの扇動的な記事が書かれた。この論争に幕を下ろそうとしたのがドイツの地球物理学者であるペーター・シュルテだ。彼は 12 カ国、41 人の科学者からなるチームの助けを借りて、いった何が恐竜を一掃したのかを明らかにしようとした。2010 年に、科学雑誌である「サイエンス」の号で、彼らは多くの分野からのたくさんの証拠にもとづいてこの問題に終止符を打った。彼らが言うには、犯人は小惑星だった。

⑦　2015 年に、また別の説が同じ雑誌「サイエンス」に登場した。カリフォルニア大学バークレー校の研究者チームが恐竜を絶滅させたのは小惑星、そしてそれに続くインドの大規模な火山噴火が間髪を入れずに連続で起こったという二つの致命的な打撃であったという説を提案した。この問題の真実が明らかになるにはしばらく時間がかかるかもしれない。

⑧　地球の長い歴史の中で、絶滅は何回も起こってきた。そして今、私たちは地球の生命にとってのもう一つの脅威に触れなければならない。人類である。私たちは珍しい動物を絶滅の段階にまで追い込んでいるのである。私たちは動物たちの生息地を奪っている。私たちは自然のバランスの秩序を軽んじ、植物の生態系全体を破壊しているのだ。私たちは環境を汚染し、地球の気候そのものを変えている。そして最後には私たちは「過ぎたことを嘆いても仕方がない」と陳腐なことを言い出す始末である。その一方で、私たちの見えないところで生き物は繁栄し、お互いに関連し合い相互に依存するネットワークを築いている。私たちが地球上の第 6 の大量絶滅の引き金を引かないためには、私たちもこのもろく、それでいて絶えず繁栄し、多様化していく輝かしい生態系の一部であることに気付かなければならない。

※ 11 点満点。配点：Q1 ～ Q9 は、各問 1 点。Q10 は、3 つ正解＝ 2 点、2 つ正解＝ 1 点、1 つ～ 0 正解＝ 0 点。解答は順不同で可です。

1. Ⓒ 　　2. Ⓓ 　　3. Ⓑ 　　4. Ⓒ 　　5. Ⓓ 　　6. Ⓓ 　　7. Ⓑ

8. Ⓐ 　　9. Ⓑ

10. The cause(s) for the extinction of the dinosaurs is problematic, and various competing theories exist to explain it as a result of "mass extinction."

- Ⓒ / There is a significant difference in terms of biodiversity between the extinction of a single species and mass extinction.

- Ⓔ / To explain the extinction of the dinosaurs, three theories have been proposed, all of which are based on a natural disaster(s) of global scale.

- Ⓕ / In addition to the 5 major mass extinctions that have occurred throughout the history, earth may face yet another at the hands of—not nature—but Mankind.

設問文の訳と解答・解説

1️⃣ 正解 Ⓒ

第 1 パラグラフの teetering on the brink of extinction という語句に最も意味が近いのは

Ⓐ going to prosper（繁栄しそうである）

Ⓑ coming back from the edge of extinction（絶滅の危機から復活しつつある）

Ⓒ facing their imminent demise（差し迫った死に直面している）

Ⓓ being rescued from going extinct（絶滅しそうな状態から助け出されている）

> **解説** 語彙の問題。"teeter on the brink of" は「～の状態に瀕している」という意味である。新聞などでよく使われる。"teeter on the edge of" も同じ意味の表現である。この表現を知らなくとも、文章全体は生物の絶滅に関する話であり、この段落はロンサム・ジョージの死によって種全体が絶滅したことになったという内容であるから他の選択肢が文脈に合わないと判断し、消去法で Ⓒ を選ぶことが可能である。

160

2 正解　D

第1パラグラフからロンサム・ジョージについて推測できることは何か。

Ⓐ 彼はピンタ島で孤独な状態で生きた。
Ⓑ 彼はガラパゴスで最後の亀であった。
Ⓒ 彼は予想されていたよりも長生きした。
Ⓓ 彼の死はそれ以上のものを意味した。

解説　パッセージの内容から推測する問題。第3文 "Lonesome George's death, you see, stands for something greater" が根拠となり Ⓓ が正解である。直後の文でも、種全体の絶滅という話をしており、かつ Ⓐ Ⓑ Ⓒ に関する記述がこのパラグラフにないことからも正解を絞ることができる。

3 正解　B

第2パラグラフによると、絶滅に関して以下のうち、正しくないものはどれか。

Ⓐ 絶滅は極端な、あるいは異常な出来事のように見えるが、実際は定期的に起こることである。
Ⓑ 一つの生命体がなくなるだけで、生命の多様性が著しく損なわれる。
Ⓒ ほとんどの人々は絶滅の可能性を考えると不安な気持ちになる。
Ⓓ 地球の生命多様性はある特定の種の消失から著しく影響を受けるわけではない。

解説　パッセージの詳細に関する問題。Ⓐ は第3文 "Throughout the entire history of living things on the earth, extinction has been almost a normal, everyday occurrence ..."、Ⓒ は第1文 "The notion that so many communities of living creatures will perish is chilling."、Ⓓ は第4文 "The disappearance of one species does not considerably affect the overall diversity of living organisms on the planet." と対応している。Ⓓ が正しいということは、それと内容がほぼ反対の Ⓑ が情報として間違っているということになる。

4 正解 Ⓒ

以下の文のうち、第3パラグラフのハイライトされた文の重要情報を表しているものはどれか。間違いの選択肢では意味が重要な点において変わっているか、重要な情報が省かれている。

Ⓐ 最後の恐竜たちは皆の興味を引きつけているが、その理由はこの惑星にこれまで存在した中で最も恐ろしい生き物だからである。

Ⓑ 単純な絶滅とは異なり、大量絶滅は生命多様性に大きな影響を与えてきた。

Ⓒ 恐竜のものすごい大きさと恐ろしい力は専門家と一般の人々の興味を引くものであり、そのことが他の大規模絶滅と恐竜の絶滅を区別するものにしている。

Ⓓ 恐竜は巨大で恐ろしく、この事実だけが科学の専門家たちと一般の人々の興味を引きつけている。

解説 文の言い換えの問題。ハイライトされた箇所で重要な情報は、専門家と一般人の両方の興味を引く問題があるということと、それが恐竜の絶滅であり、恐竜は最も大きく、恐ろしい生物であったということである。この箇所を一読すれば Ⓑ はすぐに消去することができる。また、Ⓐ は "all" が言い過ぎである。Ⓒ と Ⓓ で迷うかもしれないが、Ⓓ は "alone" が内容として誤りである。よって Ⓒ が正解。

5 正解 Ⓓ

筆者が「まず、～から考えてみよう」と言いながら第5パラグラフを始めている時、筆者が意味しているのは

Ⓐ 大規模な小惑星との衝突説が他のどの説よりも重要であるということだ

Ⓑ 小惑星と地球との衝突が恐竜の絶滅を引き起こした過程における最初の出来事であったということだ

Ⓒ この説は1991年に最初に提案された

Ⓓ 他にも考えるべき説はあるが、まずは小惑星との衝突に関するものを扱うということだ

解説 パッセージの内容から推測する問題。"First," と言っているということは他にも続きがあるということである。選択肢の中に入っているキーワードに惑わされず、全体の論理構成はどうなっているかという視点を持つことができているかが鍵となる。

6 正解　D

大規模火山噴火説の一部として述べられていないものはどれか。

Ⓐ ある出来事が火山の噴火を引き起こし、それが前例のない地球規模の影響をもたらした。

Ⓑ インドにある火山の噴火はかなり強力なもので、毒ガスを地球全体に排出した。

Ⓒ 毒ガスは大気に排出された唯一の物質ではなかった。

Ⓓ この説の支持者は火山の噴火が巨大な小惑星が地球に衝突した衝撃によって引き起こされたと考えている。

> 解説　パッセージに記述のない事柄を選ぶ問題。"Massive Volcanic Eruptions theory" の説明は第6パラグラフの冒頭のコロン以下で説明されている。噴火の結果毒ガスやちりが地球を覆い、その結果絶滅が起こったという内容である。Ⓓは記述がないので情報として誤っている。

7 正解　B

第7パラグラフによると、以下のうち正しいのはどれか。

Ⓐ 火山の噴火と小惑星の衝突が同時に起こった。

Ⓑ 恐竜の絶滅には複数の要因があった可能性がある。

Ⓒ 長年の調査のあと、真実が明らかになった。

Ⓓ インドの恐竜は絶滅しなかった。

> 解説　パッセージの詳細に関する問題。Ⓐは、第2文 "in quick succession"（すぐに連続して）とあるので厳密には「同時」とは言えないため不適。Ⓒについて、本文では「真実がわかるまでにしばらく時間がかかる」とあるので不適。Ⓓは記述がない。Ⓑは、このパラグラフで、火山の噴火と小惑星の衝突が絶滅の原因であったとする説が提案されているという記述と一致する。あくまでも説であるから、"could have been" となっているわけである。

8 正解　A

第7パラグラフの lethal という単語に意味が最も近いものは

Ⓐ fatal（死に至る）

Ⓑ legal（法律の）

Ⓒ painful（痛々しい）

Ⓓ overwhelming（圧倒的な）

語彙の問題。"lethal" は "lethal weapon"（最終兵器）、"lethal amount"（致死量）のような使い方をする他、比喩的に「かなり危険な」という意味で使うこともある。恐竜の絶滅の原因について論じている文脈で小惑星と噴火について "double punch" という言い方をしていることから、"lethal" が恐竜の命を奪ったという意味合いで使われていることがわかれば正解できる。

⑨ 正解 （B）
パッセージにある 4 つの四角 [■] は、次の文を挿入できる箇所である。この文をどこに入れるのが最も適切か。

この時までは地層は多くの恐竜の化石を含んでいた。しかし、この出来事の後は一切それが見つかっていないのだ。そのことから学者たちは **K-Pg** 境界が恐竜の絶滅の印であると結論づけている。

解説 文挿入の問題。挿入文は地層の話をしており、最後の方では K-Pg 境界という用語が出てくる。この英文の続きには K-Pg 境界の説明がこなければならない。

⑩ 正解 C 、E 、F
下の文はパッセージ要約の導入文です。パッセージの中で述べられた最も重要な考えを選択肢から 3 つ選んで、要約を完成させなさい。文の中には、本文中に書かれていないため、あるいは主要な考えでないために答えとして適切でないものが含まれています。この問題の配点は 2 点です。

空欄には答えの記号を書き入れても、文を書き写してもかまいません。

恐竜の絶滅の原因は突き止めるのが難しく、さまざまな競合する説があり、それぞれが「大量絶滅」の結果であると説明している。

A 2012 年の 6 月 24 日に、世界で最も愛された亀であるロンサム・ジョージが亡くなり、それにともなってこの種の亀はすべて死んだこととなった。
B 現在、永遠に死滅してしまいそうな現存している種が 2 万種も存在している。
C 生命多様性の観点では一つの種の絶滅と大量絶滅の間には顕著な違いがある。
D これまでに提案されてきた説のすべては疑わしい。なぜなら致命的な矛盾が隠れているからだ。

E　恐竜の絶滅を説明するために、3つの説が提案されてきた。そのすべてが地球規模での天災にもとづいている。

F　歴史の中で起こってきた5つの主要な大量絶滅に加えて、地球はさらにもう一回の大量絶滅に直面するかもしれない。それは自然ではなく人類が原因によるものである。

解説　要約完成の問題。A は局所的な情報であり、かつ「最も愛された」というはっきりとした記述は本文にはない。B は、恐竜の絶滅の原因という本文の大きなテーマに直接関わる情報ではないため不適切。D は本文に記述がない。本文は恐竜が絶滅した原因を探るというテーマを掲げ、これまでに提案されてきた説を紹介していくというものである。このように本文の中心となる流れは何かを見失わなければ正解は自ずとわかる。

第 **1** パラグラフ

☐ **passing**	〔名〕死亡	
☐ **race around**	〔動〕駆け巡る	
☐ **subspecies**	〔名〕亜種	
☐ **stand for**	〔動〕～を意味する	
☐ **demise**	〔名〕死亡	
☐ **entire**	〔形〕全体の	
☐ **vanish**	〔動〕消滅する	
☐ **sorrow**	〔名〕悲しみ	
☐ **regret**	〔名〕後悔	
☐ **wake**	〔名〕通夜	
☐ **presently**	〔副〕現在	
☐ **teeter on the blink of**	〔熟〕～の瀬戸際にある	
☐ **extinction**	〔名〕絶滅	

第 **2** パラグラフ

☐ **perish**	〔動〕滅びる	
☐ **chilling**	〔形〕ぞっとするような	
☐ **countless**	〔形〕無数の	
☐ **flourish**	〔動〕繁栄する	
☐ **occurrence**	〔名〕出来事	
☐ **considerably**	〔副〕相当に	
☐ **affect**	〔動〕影響を与える	
☐ **overall**	〔形〕全体的な	
☐ **diversity**	〔名〕多様性	
☐ **organism**	〔名〕生物	
☐ **biodiversity**	〔名〕生物多様性	
☐ **phenomenon**	〔名〕現象	

第 **3** パラグラフ

☐ **term**	〔動〕名付ける	
☐ **extraordinary**	〔形〕すさまじい	
☐ **impact**	〔名〕影響	
☐ **capture**	〔動〕とらえる	
☐ **deadly**	〔形〕命取りの	

□ predator	〔名〕捕食動物

第 4 パラグラフ

□ struggle	〔動〕苦労する
□ undisputed	〔形〕疑いようのない
□ soil	〔名〕土壌
□ layer	〔名〕層
□ yield	〔動〕もたらす
□ conclusive	〔形〕決定的な
□ boundary	〔名〕境界
□ in that	〔熟〕～という点で
□ virtually	〔副〕ほとんど
□ abundantly	〔副〕豊富に
□ asteroid	〔名〕小惑星
□ spring	〔動〕生じる
□ enormous	〔形〕巨大な
□ collide	〔動〕衝突する
□ eruption	〔名〕噴火
□ monumental	〔形〕とてつもない
□ wage	〔動〕（争いなどを）行う
□ fierce	〔形〕はげしい

第 5 パラグラフ

□ standpoint	〔名〕観点
□ diameter	〔名〕直径
□ peninsula	〔名〕半島
□ massive	〔形〕大量の
□ dust	〔名〕ちり
□ blanket	〔動〕一面を覆う
□ plunge A into B	〔熟〕A を B に陥れる
□ conduct	〔動〕行う
□ photosynthesis	〔名〕光合成

第 6 パラグラフ

□ perspective	〔形〕見方
□ heated	〔形〕白熱した
□ article	〔名〕記事
□ bring down the curtain	〔熟〕幕を下ろす、終了させる

□ geophysicist	〔名〕地球物理学者
□ enlist	〔動〕～の協力を得る
□ determine	〔動〕明らかにする
□ issue	〔名〕問題
□ lay ～ to rest	〔熟〕～を収束させる
□ a plethora of	〔熟〕大量の～
□ culprit	〔名〕犯人、罪人

第 7 パラグラフ

□ emerge	〔動〕現れる
□ propose	〔動〕提出する
□ thesis	〔名〕論文
□ terminate	〔動〕絶滅させる
□ lethal	〔形〕致命的な
□ succession	〔名〕連続
□ while	〔名〕少しの時間
□ crystal clear	〔形〕明らかな

第 8 パラグラフ

□ note	〔動〕特筆する、言及する
□ threat	〔名〕脅威
□ habitat	〔名〕生息地
□ disrespect	〔動〕軽視する
□ integrity	〔名〕完全性
□ whole	〔形〕全体の
□ flora	〔名〕植物相
□ pollute	〔動〕汚染する
□ cliché	〔名〕決まり文句、陳腐な表現
□ there is no V-ing	〔熟〕V することはできない
□ meanwhile	〔副〕その間
□ out of sight	〔熟〕見えない所で
□ thrive	〔動〕繁栄する
□ interdependent	〔形〕相互に依存した
□ fragile	〔形〕もろい
□ flourish	〔動〕繁栄する
□ diversifying	〔形〕多様化している
□ glorious	〔形〕輝かしい

第3章

Chapter 3

分野別問題演習
人文・社会科学

THE GENDER GAP

1   Baby boys are relatively fragile, and natural selection has compensated for the loss of infant boys by having slightly more boys born than girls. The natural ratio of 103 to 106 boy babies for every 100 girl babies has been noted in many societies. Recently, however, this ratio has changed alarmingly, giving rise to a surplus of boys and raising the prospect of millions of young men who are unable to find brides.

2   In many countries, traditional mores entail a preference for sons. In India, a daughter is considered a temporary sojourner in her birth family; she will join another family when she marries, and it will be her brothers who care for her parents in their old age. Marriage also brings with it the often crippling cost of a dowry; the expense of marrying off a daughter can leave a family in debt for decades. In these circumstances, a daughter may be a liability which the family cannot afford.

3   One might expect these traditional attitudes to be ameliorated by economic development, but the discrepancy in birth ratios is also found in middle-class, urban families. Such families prefer to have a small number of children, so are less likely to accept a series of daughters while they try again and hope for a son next time. Evidence from India shows that the skewed sex ratio is more apparent when we look at the second and subsequent children in the family. If the first-born is a girl, so be it, but when it comes to the second pregnancy it seems that for some families, only a boy will do.

4   A degree of selective infanticide has probably always existed. One thinks of ancient Athens, where girl babies were often "exposed"—simply abandoned on a hillside to die. This type of thing certainly still goes on in poor villages, where newborn girls may be killed or just neglected to death. A recent and important change, however, has been the development of fetal-imaging technology which allows parents to detect the sex of their child and choose an abortion if the fetus is an unwanted girl. Ultrasound scans have become widely available and easily affordable, even for poor families. A $12 ultrasound scan looks like a bargain compared with the cost of a dowry, and sex-selective abortion frees the family's resources for the much-desired son. China's one-child policy has been a factor—124 boys are now born for every 100 girls in that country—but the

same situation can be found in Northern India where there has never been such a policy. The preference for smaller families drives sexually-selective abortion, and although it is now illegal in most countries, the practice is very difficult to stop.

5　　The change in sex ratios is not limited to poor countries. It can be noted in Hong Kong and Singapore. South Korea, at one point, was producing 117 boys for every 100 girls, although the situation there has improved recently, probably due to a general rise in the status of women. Nor is this issue restricted to Asian countries; it can be found in the Balkans and in some of the former Soviet republics. The cumulative result is millions of missing girls.

6　　How concerned should we be about this? It is disturbing to think of babies— even unborn babies—being killed for being the wrong sex. But we should also be concerned about the social consequences of a surplus of young men. **A** Within ten years, it is likely that twenty percent of young Chinese men will be unable to marry because there will not be enough women to go around. **B** These young men, lacking a stake in society, will be a potential source of instability and crime. **C** Already there is evidence of an increase in problems such as human trafficking, rape, and prostitution over the period that China's sex ratios have been rising. **D** The problem is not only the excess of boy babies now, but also the dramatic demographic consequences in the future.

7　　In the long run, one might expect the law of supply and demand to smooth out the discrepancy in sex ratios. Dowries may become more modest, or disappear altogether, as brides become a rare and sought-after commodity. Locally, the problem can be solved by importing brides from other countries, as has happened in South Korea. Although this does not help with a global shortage, it might have advantages in terms of introducing a healthy degree of multiethnicity into a previously homogeneous society. If globalization and economic development eventually lead to greater opportunities for women, girl babies may come to be as valuable as boys. In the meantime, we should take this issue seriously as one which is unlikely to get better until it has gotten a great deal worse.

1 The word mores in paragraph 2 is closest in meaning to

   (A) customs
   (B) preferences
   (C) families
   (D) quantities

2 The word sojourner in paragraph 2 is closest in meaning to

   (A) relative
   (B) visitor
   (C) liability
   (D) bride

3 In paragraph 2, the author's description of a dowry mentions which of the following?

   (A) It is temporary.
   (B) It is necessary when caring for elderly parents.
   (C) It can be financially ruinous.
   (D) It is brought to the girl's family when she marries.

4 According to paragraph 4, which of the following is true of infanticide?

   (A) It is often practiced in Greece.
   (B) It is always selective.
   (C) It depends on fetal-imaging technology.
   (D) It can be found in some rural areas.

5 Why does the author mention fetal-imaging technology in paragraph 4?

   (A) Because it is often used to leave newborn babies somewhere
   (B) Because it allows parents to find out whether their baby will be a boy or a girl
   (C) Because it is a factor in China's one-child policy
   (D) Because it makes it easier for newborn girls to be ignored

6 In paragraph 5, the author implies that

(A) changes in the position of women may affect sex ratios

(B) millions of girls have left home

(C) South Korea is a relatively poor country

(D) only Asian nations practice sex-selection

7 Which of the following best expresses the essential information in the highlighted sentence in paragraph 6? Incorrect answers change the meaning in important ways or leave out essential information.

(A) One-fifth of young Chinese men are likely to be spare bachelors in ten years.

(B) Soon, only eighty percent of men will have the opportunity to marry.

(C) The shortage of women is of particular concern in China.

(D) Women will soon have a greater choice of marriage partners.

8 According to paragraph 7, all of the following may solve the global problem EXCEPT

(A) an improvement in the position of women

(B) a reduction in the cost of marriage

(C) changing the law on abortion

(D) a more multi-cultural society

9 Look at the four squares [■] that indicate where the following sentence could be added to the passage.

As a result, social cohesion is likely to suffer.

Where would the following sentence best fit?

(A) **A**

(B) **B**

(C) **C**

(D) **D**

10 **Directions:** An introductory sentence for a brief summary of the passage is provided below. Complete the summary by selecting the THREE answer choices that express the most important ideas in the passage. Some sentences do not belong in the summary because they express ideas that are not presented in the passage or are minor ideas in the passage. *This question is worth 2 points.*

Write your answer choices in the spaces where they belong. You can either write the letter of your choice or you can copy the sentence.

This passage discusses the increase in the ratio of baby boys to baby girls.

-
-
-

Answer Choices

A Slightly more boys are born than girls.

B South Korea is a particularly egregious example.

C Modern medical technology, such as ultrasound, has played a role in this development.

D The modern preference for smaller families causes some parents to ensure they have a boy.

E Babies were often killed in ancient times.

F The demographic consequences may be profoundly damaging.

人文・社会科学　Passage 1　解答と解説

男女格差

本文訳

1　男の赤ちゃんは比較的脆弱で、自然選択は、女児よりも男児を少し多く生まれるようにさせることで、男の赤ちゃんの損失を埋め合わせてきた。女の赤ちゃん100人に対して、男の赤ちゃんは103人から106人という自然の比率は、多くの社会で見られてきた。しかし最近、この比率が気がかりなほどに変化してきており、男児余りを生み出し、将来的に花嫁を見つけられない男性が何百万人にも上る可能性が生じている。

2　多くの国では、伝統的な社会慣行上、息子がより好まれている。インドでは、娘は生家での一時的な滞在客と考えられる。というのも、娘は結婚すればほかの家族に入り、年老いた両親を面倒見ることになるのは、彼女の兄弟たちだからだ。結婚はまた、しばしば持参金という多大な出費をもたらす。娘一人を結婚させる費用が、家族を何十年も借金漬けにする可能性もあるのだ。こうした事情では、娘は背負いきれない重荷になるかもしれない。

3　こういった伝統的な姿勢が、経済発展によって改善されると予測する人もいるかもしれないが、出生比率の不均衡は、中流階級の都市家族でも見られる。そのような家族は子供の数が少ないことを好むので、娘が続けて生まれるとそれを受け入れる傾向は低く、再度挑戦して次に息子が生まれることを望む。インドの事例でもわかるように、家族の二番目とそれ以降の子供を見てみると、偏った男女比はより明らかだ。もし最初の子供が女の子なら、それでよしとするが、二人目となると、息子でなければ駄目だという家族もあるようだ。

4　ある程度の選択的乳児殺しは、おそらく常に存在してきた。古代アテネのことを考える人もいるだろう。そこでは女の赤ちゃんがしばしば「野ざらし」に、つまり死ぬように丘の中腹にただ見捨てられた。この類のことは、確実に今でもまだ貧しい村では行われていて、そのような場所では、女の新生児は殺されるか、あるいはただ放置されて死に至るのかもしれない。しかし、最近の重要な変化は胎児画像技術の開発で、これにより両親は、自分たちの子供の性別を知り、もしその胎児が望まない女児であれば中絶を選択することが可能になった。超音波検査が広く普及し、貧しい家庭でも費用を無理なく支払えるものになってきている。12ドルの超音波検査は、結婚持参金の費用と比べれば破格に安く思えるし、性別選択中絶は、強く望まれる息子のために家の財産を残しておける。中国の一人っ子政策は、性別選択中絶の一つの要因だった――今では中国では、100人の女児あたり男児が124人生まれている――しかし、そのような政策など一度も行われていないインド北部でも、同じ状況が見られ

るのだ。より小さい家族を好むことが、性別選択中絶へと向かわせることになり、また それが多くの国で現在は違法ではあるものの、その実行を止めることは非常に難し い。

⑤ 男女比の変化は、貧困国に限った話ではない。香港やシンガポールでもよく見ら れる。韓国では一時、100 人の女児に対して 117 人の男児が生まれていた。とは言え、 最近では、おそらくは女性の地位の一般的向上のおかげで、そこでの状況は改善して きている。またこの問題は、アジア諸国に限った話でもなく、バルカン半島や旧ソ連 の共和国でも見受けられる。その蓄積した結果が、何百万人という行方不明の女児な のだ。

⑥ これに関して、われわれはどの程度心配するべきなのだろうか？赤ちゃんが—— たとえまだ生まれていない赤ちゃんでも——希望していた性別ではないという理由で 殺されてしまうことを思うと、心穏やかではない。しかしわれわれは、若い男性余り の社会的影響についても心配するべきだ。10 年以内に、中国の若い男性の 20 パーセ ントは、十分な人数の女性が周囲にいないせいで、結婚できなくなりそうだ。こういっ た若い男性は、社会にかかわりをもっていないので、不安定さや犯罪の潜在的な原因 になるだろう。中国の男女比が広がった時期には、人身売買、強姦、売春といった問 題が増えた、という証拠も既に存在する。現在男の赤ちゃんが多すぎることだけでな く、将来の人口統計に及ぼす劇的な影響もまた問題だ。

⑦ 長い目で見れば、需要と供給の法則が男女比の不均衡をなくすと期待できるかも しれない。花嫁が希少で求められる対象になるにつれて、結婚持参金は、以前よりもっ と小額になるか、あるいは完全に姿を消すかもしれない。ところによっては、既に韓 国で起きているように、他国から花嫁を輸入することで、この問題は解決できる。こ れでは地球規模の不足は解消しないが、健全な程度の多民族性を、以前は均質だった 社会に導入するという点では、メリットもあるかもしれない。もしグローバル化と経 済発展が、最終的には女性の機会拡大につながるとすれば、女の赤ちゃんは男児と同 じように価値あるものになるかもしれない。それまでは、われわれはこの問題を、か なり悪化してしまってからでないと好転しそうにないものとして、真剣に取り上げる べきである。

正解一覧

※ 11 点満点。配点：Q1 ～ Q9 は、各問 1 点。Q10 は、3 つ正解＝ 2 点、2 つ正解＝ 1 点、1 つ～ 0 正解＝ 0 点。（解答は順不同です。）

1. Ⓐ　　2. Ⓑ　　3. Ⓒ　　4. Ⓓ　　5. Ⓑ　　6. Ⓐ　　7. Ⓐ

8. Ⓒ　　9. Ⓑ

10. This passage discusses the increase in the ratio of baby boys to baby girls.

- C / Modern medical technology, such as ultrasound, has played a role in this development.
- D / The modern preference for smaller families causes some parents to ensure they have a boy.
- F / The demographic consequences may be profoundly damaging.

設問文の訳と解答・解説

1 正解　Ⓐ

第 2 パラグラフの単語 mores に一番意味が近いのは

Ⓐ customs（習慣）

Ⓑ preferences（嗜好）

Ⓒ families（家族）

Ⓓ quantities（量）

解説　語彙の問題。"mores" の意味は「社会的慣行」。本文の前後に使われている単語との関係を考えて、選択肢 4 つから消去法で絞り込むことが可能な問題。

2 正解　Ⓑ

第 2 パラグラフの単語 sojourner に一番意味が近いのは

Ⓐ relative（親戚）

Ⓑ visitor（訪問者）

Ⓒ liability（負担）

Ⓓ bride（花嫁）

解説　語彙の問題。"sojourner" の意味は、「滞在者」。前後の文脈から消去法でも正解にたどり着ける。

3 正解 　Ⓒ

　第2パラグラフで、筆者は結婚持参金に関する説明で、以下のどれを述べているか。

Ⓐ 一時的なもの。
Ⓑ 年老いた両親を世話するときに必要。
Ⓒ 金銭的な破滅を招きうる。
Ⓓ 結婚の際、女性の家族へ持ってこられる。

> 解説　パッセージの詳細に関する問題。第3文に、「高額な持参金が時には家族を何十年にもわたって借金漬けにする」といった内容の記述があるので、Ⓒ が正解。Ⓓ は実際と逆の内容。"dowry" は女性でなく、男性側へ持ってこられるもの。

4 正解 　Ⓓ

　第4パラグラフによれば、幼児殺しに関して正しいのは次のどれか。

Ⓐ しばしばギリシャで行われている。
Ⓑ 常に選別的だ。
Ⓒ 胎児画像技術に依存する。
Ⓓ 田舎の地域で見うけられる。

> 解説　パッセージの詳細に関する問題。第3文に「今でも貧しい村では行われている」とある。選択肢 Ⓐ は現在形である点に注意。本文にあるのは古代アテネの描写。

5 正解 　Ⓑ

　なぜ筆者は、第4パラグラフで胎児画像技術のことを述べているのか。

Ⓐ それが生まれたばかりの子をどこかに捨てるのにしばしば用いられるので
Ⓑ それが両親が胎児の性別を知ることを可能にしているので
Ⓒ それが中国の一人っ子政策の一因なので
Ⓓ それが生まれたばかりの女の子をより無視されやすくするので

> 解説　パッセージの記述の意図についての問題。胎児画像技術の開発がもたらした性別の選択的中絶については、第4パラグラフ第5文以降、超音波検査の普及と関連づけられて述べられている。この技術は、第4文にあるように、出生前の男女の産み分け（sex selection）の手段として用いられているもので、生まれた子供を対象とするものではないので Ⓓ は不適。

6 正解　Ⓐ

第5パラグラフで、筆者が示唆しているのは

Ⓐ 女性の地位における変化が、男女比に影響を与えるかもしれない
Ⓑ 何百万人もの少女が家を離れた
Ⓒ 韓国は比較的貧しい国だ
Ⓓ アジア諸国だけが性別選択を実行している

> **解説**　パッセージの内容から推測する問題。第3文に「女性の地位の向上のおかげで状況が改善してきた」とある。ここで「状況改善」とは男女比の不均衡の改善のことなので、これら二つの相関関係を示した Ⓐ が正解。

7 正解　Ⓐ

次の文のうち、第6パラグラフのハイライトされた文の重要な情報を一番よく表現しているのはどれか。不正解の選択肢は、意味に重要な違いがあるか、重要な情報を含んでいない。

Ⓐ 10年の間に、中国の若い男性の5分の1は、相手のいない余った独身男性になりそうだ。
Ⓑ 間もなく男性の80パーセントだけにしか、結婚の機会はなくなるだろう。
Ⓒ 女性の不足は、中国で特に気になる事柄だ。
Ⓓ 女性にとって間もなく結婚相手の選択の幅は広がるだろう。

> **解説**　文の言い換えの問題。該当文には「10年以内に」、「中国の若い男性の20パーセント」とあるので、Ⓑ と Ⓓ は間違い。

8 正解　Ⓒ

第7パラグラフによれば、次のうちでこの世界規模の問題の解決につながる可能性がないのは

Ⓐ 女性の地位向上
Ⓑ 結婚費用の削減
Ⓒ 中絶に関する法律の改正
Ⓓ より多文化的な社会

> **解説**　パッセージに記述のない事柄を選ぶ問題。Ⓐ は第5文、Ⓑ は第2文、Ⓓ は第4文に、それぞれ述べられているが、Ⓒ については触れられていない。

正解　Ⓑ

パッセージにある 4 つの四角［■］は、次の文を挿入できる箇所である。この文をどこに入れるのが最も適切か。

結果として、社会の結束は損なわれてしまうだろう。

> **解説**　文挿入の問題。挿入文の「社会の結束は損なわれてしまう」という抽象的な表現を、Ⓑ 以降の文で、「不安定さ、犯罪」という、より具体的な表現で言い換えていることから、Ⓑ に入れるのが最適と判断できる。"As a result" の解釈が正解の鍵。

10 正解　Ⓒ、Ⓓ、Ⓕ

下の文はパッセージ要約の導入文です。パッセージの中で述べられた最も重要な考えを選択肢から 3 つ選んで、要約を完成させなさい。選択肢の中には、本文中に書かれていないため、あるいは主要な考えでないために要約文にならないものが含まれています。この問題の配点は 2 点です。

空欄には答えの記号を書き入れても、文を書き写してもかまいません。

このパッセージは、男の赤ちゃんの女の赤ちゃんに対する比率増加を論じている。

Ⓐ　女児よりも、男児が若干多く生まれている。
Ⓑ　韓国は特に酷い例だ。
Ⓒ　超音波などの現代医学技術が、この［男女出生比の不均衡という］事態の拡大に一役買ってしまった。
Ⓓ　より小さな家族を望む現代の嗜好が、一部の親たちに確実に息子をもちたいと思わせている。
Ⓔ　古代には、赤ちゃんはしばしば殺されていた。
Ⓕ　人口統計学的な結果は、大いに害を及ぼすものになるかもしれない。

> **解説**　要約完成の問題。この問題は消去法でも正解の 3 つを選び出せる。Ⓐ は「自然の法則では」などの条件もついていないので、内容的に不明瞭。本文では男女比が現状の社会問題になるほど広がっていることを取り上げている。Ⓑ の韓国については、第 5 パラグラフの第 3 文で「状況が改善してきた」とあるので、現在形で「特に酷い」というのは不適。Ⓔ は性別を明記していないので、内容的に不適当。

各パラグラフの語彙・表現

第 **1** パラグラフ

□ relatively	〔副〕	比較的に
□ fragile	〔形〕	脆弱な
□ natural selection	〔名〕	自然淘汰
□ compensate	〔動〕	埋め合わせる
□ infant	〔名〕	幼児
□ slightly	〔副〕	わずかに
□ ratio	〔名〕	比率
□ note	〔動〕	指摘する、注目する
□ alarmingly	〔副〕	不安になるほど
□ give rise to	〔熟〕	引き起こす
□ surplus	〔名〕	余り、過剰
□ prospect	〔名〕	見込み、可能性
□ be unable to V	〔熟〕	V することができない
□ bride	〔名〕	花嫁

第 **2** パラグラフ

□ traditional	〔形〕	伝統的な、従来の
□ mores	〔名〕	社会的習慣
□ entail	〔動〕	必然的に伴う
□ preference	〔名〕	好み
□ temporary	〔形〕	一時的な
□ sojourner	〔名〕	滞在者
□ care for	〔動〕	～の世話をする
□ crippling	〔形〕	（請求金額などが）法外な
□ dowry	〔名〕	持参金
□ expense	〔名〕	費用
□ marry off	〔動〕	（娘を）嫁にやる、嫁がせる
□ debt	〔名〕	借金
□ decade	〔名〕	10 年
□ circumstance	〔名〕	状況
□ liability	〔名〕	負担
□ afford	〔動〕	余裕がある

第3章 分野別問題演習　人文・社会科学

第 3 パラグラフ

□ attitude	〔名〕態度	
□ ameliorate	〔動〕改善する	
□ discrepancy	〔名〕不一致、矛盾	
□ birth ratio	〔名〕出生比率	
□ urban	〔形〕都会の	
□ be likely to V	〔熟〕V する可能性がある	
□ skewed	〔形〕ゆがめられた	
□ apparent	〔形〕明らかな	
□ subsequent	〔形〕後に続く	
□ so be it	〔熟〕それならそれで良い	
□ when it comes to	〔熟〕～のことになると	
□ pregnancy	〔名〕妊娠	

第 4 パラグラフ

□ degree	〔名〕程度	
□ selective	〔形〕選択的な	
□ infanticide	〔名〕乳児殺し	
□ ancient	〔形〕古代の	
□ expose	〔動〕（雨風などに）さらす	
□ abandon	〔動〕見捨てる	
□ newborn	〔形〕生まれたばかりの	
□ neglect	〔動〕放置する	
□ fetal-imaging	〔形〕胎児画像の	
□ detect	〔動〕～を見抜く、知る	
□ abortion	〔名〕中絶	
□ fetus	〔名〕胎児	
□ ultrasound	〔名〕超音波	
□ affordable	〔形〕利用可能な	
□ compared with	〔熟〕～と比較すると	
□ resource	〔名〕資源、資産	
□ factor	〔名〕要因	
□ illegal	〔形〕違法な	
□ practice	〔名〕慣行	

第 5 パラグラフ

□ be limited to	〔熟〕～に限られる	
□ improve	〔動〕向上する	

☐ due to	〔前〕～が理由で
☐ status	〔名〕地位
☐ restrict	〔動〕制限する
☐ cumulative	〔形〕蓄積の

第 6 パラグラフ

☐ concerned	〔形〕心配して
☐ disturbing	〔形〕心をかき乱す
☐ consequence	〔名〕結果、影響
☐ stake	〔名〕利害関係、関与
☐ potential	〔形〕潜在的な
☐ source	〔名〕源、原因
☐ instability	〔名〕不安定
☐ trafficking	〔名〕違法売買
☐ prostitution	〔名〕売春
☐ excess	〔名〕超過
☐ demographic	〔形〕人口統計学の

第 7 パラグラフ

☐ in the long run	〔熟〕長い目で見れば
☐ supply	〔名〕供給
☐ demand	〔名〕需要
☐ smooth out	〔動〕（問題などを）なくす
☐ modest	〔形〕控えめな、質素な
☐ altogether	〔副〕完全に
☐ sought-after	〔形〕求められている
☐ commodity	〔名〕商品
☐ import	〔動〕輸入する
☐ shortage	〔名〕不足
☐ advantage	〔名〕利点
☐ in terms of	〔熟〕～に関して
☐ multiethnicity	〔名〕多民族性
☐ previously	〔副〕以前には
☐ homogeneous	〔形〕同質の、均質の ［反意語］heterogeneous
☐ lead to	〔動〕～を引き起こす
☐ in the meantime	〔熟〕その間に
☐ a great deal	〔熟〕かなり、相当に

THE BLUES

1   In the late 19th century, a new genre of music was slowly being developed in the United States. Known as the blues, this style of music was born in the African American communities of the South out of a combination of work songs, spirituals, chants, field hollers, and European folk music. Uniquely American, this style has both an interesting history and a few key characteristics.

2   Although the 1908 publication of the sheet music for Antonio Maggio's "I Got the Blues" represented the first of its kind, the blues seems to have arisen a few decades prior, sometime after the freeing of the slaves. By the 1920s, however, the blues had become the most commonly performed style of music for African American singers and musicians. It was also beginning to enjoy greater commercial success both in the recording industry and at live performance venues. While there had always been certain regional variations of the blues, there was a shift to a more urban style of blues during this time, and by the 1930s, Boogie-woogie (a more up-tempo derivative of the blues that lends itself to dancing) was becoming popular. By the 1940s, big band blues had added brass instruments and a big band sound (and speed) to the music. In the 1950s, the electric guitar began to gain prominence in this style, and this helped the blues begin to have significant influence on both rock and roll and popular music. The blues continued to evolve over the succeeding decades, and many successful artists, such as Bob Dylan, recorded crossover blues hits that reached a mass audience.

3   The music generally follows a free-formed narrative or story. Early versions of the blues consisted merely of a single line that was repeated four times. By the early 1900s, however, blues lyrics had begun to follow the AAB style. In this form, the first line would be sung twice (the AA) and then a third, longer line would conclude the idea (the B). For example, in the "Blind" Lemon Jefferson song "Rising High Water Blues," the lyrics follow this pattern: "Backwater rising, come in my windows and door. Backwater rising, come in my windows and door. I leave with a prayer in my heart, backwater won't rise no more." Of course, these lyrics would naturally be set to music. The standard musical accompaniment to AAB lyrics is the 12-bar blues progression. In the 12-bar blues, each bar (or measure) is set to 4/4 time, meaning that there are four beats in a measure, and

each quarter note receives a beat. There is also a standard chord progression that involves the use of three chords: the tonic chord (I), the subdominant (IV), and the dominant (V). The Roman numerals represent the three notes of the scale from which the chords are built. For example, in the key of C, the tonic would be a C chord, the subdominant would be an F chord, and the dominant would be a G chord, since C, F, and G represent the first, fourth, and fifth notes in the C scale, respectively. Now, these 12 bars are divided into three groups of four bars each. In the first group of bars, the first line of lyrics (the first A of the AAB) is sung during the first two bars while the I chord is played during all four bars. In the second group of bars, the first line is repeated during the first two bars while the IV chord is being played, and the I chord is played during the last two bars. **A** In the third group, however, the last line of lyrics (the B of the AAB) is sung during the first two bars while the V chord is being played, and the I chord is played during the last two bars. **B** In the "shuffle blues" pattern, for example, the V chord in the 10th bar is swapped out for the IV chord. **C** Due to the heavy improvisational nature of this style, these patterns are by no means considered fixed. **D**

4　　Because the blues quickly began to influence other forms of music in the US after it first appeared, it is highly likely that this influence will only continue in the future.

1 According to paragraph 2, what was true of Antonio Maggio's blues song?

    Ⓐ It was the first song with "blues" in the title.
    Ⓑ It marked the beginning of the publication of sheet music for a blues song.
    Ⓒ It was the first blues song.
    Ⓓ Its publication made Antonio Maggio famous.

2 According to paragraph 2, which of the following was NOT true of blues in the 1920s?

    Ⓐ It was starting to become commercially successful in the recording industry.
    Ⓑ Increasing regional variations were leading to a decrease in the urban style of the blues.
    Ⓒ For African American performers, it had become the most commonly played genre of music.
    Ⓓ It was beginning to make money in the field of live performances.

3 According to paragraph 2, from the 1930s to the 1950s, all of the following variations occurred in the blues EXCEPT

    Ⓐ the addition of brass instruments
    Ⓑ an increase in speed
    Ⓒ a shift in sound
    Ⓓ an exclusive focus on the electric guitar

4 In paragraph 2, what does the author imply about Bob Dylan?

    Ⓐ He was relatively unknown when he began recording blues hits.
    Ⓑ Once he had reached a mass audience, he changed genres.
    Ⓒ He did not normally sing blues songs.
    Ⓓ His contributions were critical to the evolution of the blues.

5 The word mass in paragraph 2 is closest in meaning to

    Ⓐ wide
    Ⓑ homogenous
    Ⓒ limited
    Ⓓ religious

6 Why does the author provide information related to "Blind" Lemon Jefferson in paragraph 3?

- Ⓐ To show how some of the early blues songs varied from the standard blues pattern
- Ⓑ To provide an example of a famous early blues performer
- Ⓒ To introduce some of the subject matter found in early blues songs
- Ⓓ To provide an example of a blues song that followed the AAB pattern introduced in the early 1900s

7 According to paragraph 3, which of the following is true of a 12-bar blues progression?

- Ⓐ The lyrics are only sung for a total of 8 of the 12 bars.
- Ⓑ The chords are often played in a random manner.
- Ⓒ The IV chord is usually played during the fifth and sixth bars.
- Ⓓ The I chord is played only during the first four bars.

8 The word fixed in paragraph 3 is closest in meaning to

- Ⓐ flexible
- Ⓑ unchangeable
- Ⓒ repaired
- Ⓓ focused

9 Look at the four squares [■] that indicate where the following sentence can be added to the passage.

Of course, there are numerous variations to this basic pattern.

Where would the sentence best fit?

- Ⓐ Ａ
- Ⓑ Ｂ
- Ⓒ Ｃ
- Ⓓ Ｄ

is provided below. Complete the summary by selecting the THREE
answer choices that express the most important ideas in the passage.
Some answer choices do not belong in the summary because they
express ideas that are not presented in the passage or are minor ideas in
the passage. *This question is worth 2 points.*

Write your answer choices in the spaces where they belong. You can
either write the letter of your choice or you can copy the sentence.

**The blues was born in the US out of a variety of forms and is an important
and unique style of American music.**

-
-
-

Answer Choices

[A] In the 1930s, boogie-woogie was a popular form of the blues.

[B] The blues has had a significant influence on American music and will most
likely continue to do so.

[C] The "shuffle blues" pattern is a variation on the 12-bar blues progression.

[D] This genre of music has evolved considerably since it first appeared in the late
19th century.

[E] Antonio Maggio and "Blind" Lemon Jefferson were two popular blues artists.

[F] The blues often follows a set of chord progressions that can be altered if the
performer chooses to do so.

人文・社会科学　Passage 2　解答と解説

ブルース

本文訳

1　19世紀の後半、米国で音楽の新しいジャンルがゆっくりと育まれていた。ブルースとして知られる音楽のこのスタイルは、作業歌、霊歌、詠唱歌、フィールドホラー、ヨーロッパの民族音楽が混ざり合って、南部のアフリカ系アメリカ人コミュニティで生まれた。米国独特のこのスタイルには、興味深い歴史といくつかの重要な特徴の両方が存在する。

2　1908年に出版されたアントニオ・マッジョの「I Got the Blues」の楽譜がブルースの最初の楽譜だとされているが、それよりも数十年前、つまり奴隷解放後しばらくたった後にブルースは誕生したようである。しかし、1920年代までには、ブルースはアフリカ系アメリカ人歌手と演奏家が最も頻繁に演奏する音楽のスタイルとなった。またレコード業界、ライブ演奏の場両方において、より大きな商業的成功を収め始めるようになった。ブルースには地域によって若干の違いが常にあったが、この時期に、より都会的なスタイルへと変化していった。1930年代までには、ブギウギ（よりアップテンポで、ダンスに合うブルースから派生した音楽）が人気となっていった。1940年代には、ビッグバンドブルースがその音楽に金管楽器とビッグバンドの音（そして速さ）を加えた。1950年代には、エレキ・ギターがこのスタイルにおいて顕著になり始め、これによりブルースがロックンロールとポピュラー音楽両方において重要な影響を与え始めるようになった。ブルースはその後数十年にわたって進化し続け、ボブ・ディランなど多くの著名なアーティストがクロスオーバーブルースのヒット曲をレコーディングし、それは大衆の間で人気となった。

3　その音楽は通常自由に創作された語りまたは物語に従う。ブルース初期のバージョンは、4回繰り返される1行で単に構成されていた。しかし、1900年代初期までには、ブルースの歌詞はAABスタイルに従うようになっていった。この形式では、最初の1行を2回歌い（the AA）、それから、より長い第3行がその主題（the B）を完結する。例えば、ブラインド（盲目の）・レモン・ジェファーソンの歌「Rising High Water Blues」では、歌詞はこのパターンに従っている。「戻り水が迫ってくる。うちの窓とドアに入ってくる。戻り水が迫ってくる。うちの窓とドアに入ってくる。心に祈りを込めて、私は去る。戻り水はもう迫ってこない。」もちろん、これらの歌詞は当然の事ながら音楽に合わせてあった。AAB歌詞の標準的な音楽の伴奏は12小節ブルース進行である。12小節ブルースでは、小節はそれぞれ4/4拍子とされている。つまり1小節に4拍あり、4分音符をそれぞれ1拍とする。また、主和音（I）、下属和音（IV）、属和音（V）からなる3つのコードを使用する標準的なコード進行

もある。そのローマ数字は、音階の3つの音符を表し、コードはその3つの音符から作られる。例えば、C調では、主和音はCコード、下属和音はFコード、属和音はGコードとなる。なぜならば、C、F、GがC音階でそれぞれ1番目、4番目、5番目の音符を示すからである。それでは、これら12小節はそれぞれ4小節からなる3つのグループに分けられる。最初の小節グループでは、歌詞の第1行（AABの最初のA）が最初の2小節中に歌われる。一方、Iコードは全4小節中に演奏される。第2小節グループでは、最初の2小節中に第1行は繰り返され、その間IVコードが演奏される。そして、Iコードは最後の2小節中に演奏される。けれども、第3グループでは、歌詞の最後の1行（AABのB）は、最初の2小節中に歌われ、その間Vコードが演奏される。そして、Iコードは最後の2小節中で演奏される。「シャッフル・ブルース」のパターンでは、例えば、10小節目のVコードは、IVコードに替えられる。このスタイルには、非常に即興性が高いという性質があるため、これらのパターンは固定であるとは決して考えられていない。

4　最初に出現した後、ブルースは米国で他の音楽形態に素早く影響を及ぼし始めたことから、将来この影響が続くことは大いにあり得るだろう。

正解一覧

※ 11 点満点。配点：Q1 ～ Q9 は、各問 1 点。Q10 は、3 つ正解＝ 2 点、2 つ正解＝ 1 点、1 つ～ 0 正解＝ 0 点。解答は順不同で可です。

1. Ⓑ　　2. Ⓑ　　3. Ⓓ　　4. Ⓒ　　5. Ⓐ　　6. Ⓓ　　7. Ⓒ

8. Ⓑ　　9. Ⓑ

10. The blues was born in the US out of a variety of forms and is an important and unique style of American music.

- Ⓑ / The blues has had a significant influence on American music and will most likely continue to do so.
- Ⓓ / This genre of music has evolved considerably since it first appeared in the late 19th century.
- Ⓕ / The blues often follows a set of chord progressions that can be altered if the performer chooses to do so.

設問文の訳と解答・解説

1 正解　Ⓑ

第 2 パラグラフによると、アントニオ・マッジョのブルース曲に関して正しかったものはどれか。

Ⓐ それは曲名に「ブルース」がついた最初の曲だった。

Ⓑ それはブルース曲の楽譜の出版の始まりを示した。

Ⓒ それは最初のブルース曲であった。

Ⓓ その出版によってアントニオ・マッジョは有名になった。

解説　パッセージの詳細に関する問題。第 1 文に "the 1908 publication of the sheet music for Antonio Maggio's "I Got the Blues" represented the first of its kind" とある。この "the first of its kind" は「ブルースの楽譜の初めての出版」であり、同じ文に「それよりも数十年前、つまり奴隷解放後しばらくたった後にブルースは誕生したようである」とあるため、Antonio Maggio のこの曲はブルースの初めての曲ではないため Ⓒ は不適。

2 正解 Ⓑ

第2パラグラフによると、1920 年代のブルースに関して正しくなかったもの
はどれか。

Ⓐ それはレコード業界において、商業的な成功を収め始めた。

Ⓑ 地域によって違いが増えたことによって、ブルースの都会的なスタイルが減少
していった。

Ⓒ アフリカ系アメリカ人演奏家にとって、それは最も頻繁に演奏される音楽のジャ
ンルとなった。

Ⓓ ライブ演奏の分野において、それは儲かり始めた。

> **解説** パッセージに記述のない事柄を選ぶ問題。Ⓐ Ⓓ は第3文に記述がある。
> Ⓒ は第2文に記述がある。Ⓑ は第4文に "While there had always been
> certain regional variations of the blues, there was a shift to a more urban
> style of blues" とあるが、文意と一致しないため正解。

3 正解 Ⓓ

第2パラグラフによると、1930 年代から 1950 年代の間でブルースに起きて
いない変化を選びなさい。

Ⓐ 金管楽器の追加

Ⓑ スピードの増加

Ⓒ 音の変化

Ⓓ エレキ・ギターへの専念

> **解説** パッセージに記述のない事柄を選ぶ問題。第5文で "big band blues
> had added brass instruments and a big band sound (and speed) to the
> music" とあるため、ブルースには Ⓐ Ⓑ Ⓒ の変化が起きたと述べられている。

4 正解 Ⓒ

第2パラグラフで筆者がボブ・ディランに関して示唆していることは何か。

Ⓐ ブルースのヒット曲をレコーディングし始めた時、彼は比較的無名であった。

Ⓑ いったん彼が大衆の間で人気になると、彼はジャンルを変えた。

Ⓒ 彼は通常ブルース曲を歌わなかった。

Ⓓ 彼の貢献はブルースの進化において非常に重要であった。

解説　パッセージの内容から推測する問題。第7文に "many successful artists, such as Bob Dylan, recorded crossover blues hits that reached a mass audience" とあり、"crossover" は「音楽のスタイルを変更した結果より広く一般にアピールするようになること」という意味があり、このことから Bob Dylan は通常ブルースを歌わなかったことがわかる。Ⓓ の "critical" は「不可欠な」という意味がある。本文では、Bob Dylan はクロスオーバーブルースを歌った有名な歌手の一人として挙げられているだけなので、Ⓓ は文意に合わない。

5 正解　Ⓐ

第2パラグラフにある mass という単語に意味が最も近いのは

Ⓐ wide（広い）
Ⓑ homogenous（同質の）
Ⓒ limited（限られた）
Ⓓ religious（宗教の）

解説　語彙の問題。"mass"（大衆の）に最も近い意味をもつのは Ⓐ "wide" になる。

6 正解　Ⓓ

第3パラグラフでなぜ筆者はブラインド（盲目の）・レモン・ジェファーソンに関する情報を提示しているのか。

Ⓐ 初期のブルース曲のいくつかが標準的なブルースのパターンとどのように異なったかを示すため
Ⓑ 初期の有名なブルース演奏家の例を提示するため
Ⓒ 初期のブルース曲で見られる題材のいくつかを紹介するため
Ⓓ 1900年代初期に登場した AAB パターンに従ったブルース曲の例を提示するため

解説　パッセージの記述の意図についての問題。第5文に「例えば、ブラインド（盲目の）・レモン・ジェファーソンの歌「Rising High Water Blues」では、歌詞はこのパターンに従っている」とあり、ここにある「このパターン」とは第3、4文に説明がある AAB スタイルのことである。

7 正解　Ⓒ

第 3 パラグラフによると、12 小節ブルース進行に関して正しいものはどれか。

Ⓐ 歌詞は 12 小節中、合計 8 小節でしか歌われない。

Ⓑ コードは場当たり的によく演奏される。

Ⓒ IV コードは通常第 5 および第 6 小節中に演奏される。

Ⓓ I コードは最初の 4 小節中でしか演奏されない。

> 解説　パッセージの詳細に関する問題。第 12 文に「これら 12 小節はそれぞれ 4 小節からなる 3 つのグループに分けられる」とあり、2 番目のグループの最初の 2 小節（つまり第 5 と第 6 小節目）で IV コードが演奏されると第 14 文にあるため、Ⓒ が正解。第 13、14、15 文を見ると、歌詞はそれぞれのグループの最初の 2 小節で歌われ、12 小節中 6 小節を占めるため、Ⓐ は不適。第 9 文を見ると、「標準的なコード進行」があることがわかるので、Ⓑ は不適。第 14、15 文によると、I コードは第 2、3 グループの最後の 2 小節でも演奏されるため、Ⓓ は不適。

8 正解　Ⓑ

第 3 パラグラフにある fixed という単語に意味が最も近いのは

Ⓐ flexible（柔軟な）

Ⓑ unchangeable（変わらない）

Ⓒ repaired（修理された）

Ⓓ focused（集中された）

> 解説　語彙の問題。"fixed"（固定している）に最も近い意味をもつのは Ⓑ "unchangeable" になる。

9 正解　Ⓑ

パッセージにある 4 つの四角 [■] は、次の文を挿入できる箇所である。この文をどこに入れるのが最も適切か。

もちろん、この基本的なパターンには数多くのバリエーションがある。

解説　文挿入の問題。挿入文の "this basic pattern"（この基本的なパターン）に注目すると、12 小節ブルースであることがわかる。第 16 文にある "shuffle blues" パターンは、12 小節ブルースの一部分が変更されているだけなので、挿入文にある "numerous variations" のうちの一つと考えることができる。第 15 文で 12 小節ブルースの説明が終わるので、ここに置くことで文章がつながる。

[10] 正解　B、D、F

下の文はパッセージ要約の導入文です。パッセージの中で述べられた最も重要な考えを選択肢から 3 つ選んで、要約を完成させなさい。選択肢の中には、本文中に書かれていないため、あるいは主要な考えでないために要約文にならないものが含まれています。この問題の配点は 2 点です。

空欄には答えの記号を書き入れても、文を書き写してもかまいません。

ブルースはさまざまな形態から生まれ、アメリカ音楽の重要かつ独特なスタイルである。

A　1930 年代では、ブギウギはブルースの人気のある形態であった。

B　ブルースはアメリカ音楽に重要な影響を及ぼしてきた。そして、そうであり続ける可能性は非常に高い。

C　「シャッフル・ブルース」のパターンは 12 小節ブルース進行の一つのバリエーションである。

D　音楽のこのジャンルは、19 世紀後半に最初に出現してから、大いに進化した。

E　アントニオ・マッジョとブラインド（盲目の）・レモン・ジェファーソンの 2 人は人気ブルース演奏家であった。

F　ブルースは一連のコード進行に通常従っていて、演奏者が選べば変更することができる。

解説　要約完成の問題。B については第 4 パラグラフ、D については第 2 パラグラフ、F については第 3 パラグラフを参照のこと。E の二人に関しては人気があったとは本文で述べられていないため、不適。A と C は主要な考えではない。

各パラグラフの語彙・表現

第 1 パラグラフ

☐ genre	〔名〕	ジャンル
☐ spiritual	〔名〕	霊歌
☐ chant	〔名〕	詠唱歌
☐ field holler	〔名〕	フィールドホラー（黒人労働歌の一種）
☐ uniquely	〔副〕	独自に
☐ characteristic	〔名〕	特徴

第 2 パラグラフ

☐ publication	〔名〕	出版
☐ sheet music	〔名〕	楽譜
☐ represent	〔動〕	表す
☐ arise	〔動〕	起こる
☐ decade	〔名〕	10年
☐ prior	〔副〕	前に
☐ sometime	〔副〕	ある時
☐ slave	〔名〕	奴隷
☐ commonly	〔副〕	一般的に
☐ perform	〔動〕	演奏する
☐ commercial	〔形〕	商業的な
☐ venue	〔名〕	会場
☐ regional	〔形〕	地域の
☐ variation	〔名〕	変異、変化
☐ shift	〔名〕	転換
☐ urban	〔形〕	都会の
☐ derivative	〔名〕	派生物
☐ lend oneself to	〔熟〕	～に合う
☐ brass instrument	〔名〕	金管楽器
☐ gain	〔動〕	得る
☐ prominence	〔名〕	顕著
☐ significant	〔形〕	重大な
☐ evolve	〔動〕	進化する
☐ succeeding	〔形〕	続いて起こる
☐ audience	〔名〕	聴衆

第 **3** パラグラフ

☐ free-formed	〔形〕自由に作られた
☐ narrative	〔名〕語り、物語
☐ consist of	〔動〕～から成り立つ
☐ merely	〔副〕単に
☐ lyric	〔名〕歌詞
☐ conclude	〔動〕完結する
☐ prayer	〔名〕祈り
☐ no more	〔副〕もはや～ない
☐ accompaniment	〔名〕伴奏
☐ progression	〔名〕進行
☐ bar	〔名〕小節
☐ beat	〔名〕拍、拍子
☐ measure	〔名〕小節
☐ quarter	〔形〕4分の1の
☐ involve	〔動〕伴う
☐ tonic chord	〔形〕主和音
☐ subdominant chord	〔形〕下属和音
☐ dominant chord	〔形〕属和音
☐ numeral	〔名〕数字
☐ note	〔名〕音符
☐ scale	〔名〕音階
☐ key	〔名〕調
☐ respectively	〔副〕それぞれ
☐ divide A into B	〔熟〕AをBに分ける
☐ while	〔接〕～の一方で
☐ swap	〔動〕交換する
☐ due to	〔前〕～が理由で
☐ improvisational	〔形〕即興的な
☐ nature	〔名〕性質
☐ by no means	〔熟〕全く～ない
☐ fixed	〔形〕固定された

第 **4** パラグラフ

☐ highly	〔副〕非常に

LASCAUX

1   On September 12, 1940, four teenaged boys decided to explore a hole they found in the middle of the woods that had become exposed after a big pine tree fell down several years before. They slipped through the narrow crevice and down the pile of rocks, coming into a larger space. With the uncertain light of their lamp barely piercing the darkness, the four discerned paintings on the walls of large red cows, yellow horses, bulls, and black stags. News of the discovery spread like wildfire, and after the villagers came the leading lights of archaeology. Thus it was that a teenage jaunt on the hill overlooking the village of Montignac would lead to one of the most renowned archaeological discoveries of the twentieth century.

2   The painted walls of the interconnected series of caves in Lascaux in southwestern France, estimated to be between 15,000 to 17,000 years old, are among the most impressive and well-known artistic creations of Paleolithic humans. Nearly 2,000 images have been identified, 900 of them being animals, of which some 600 have been identified, with equines predominating, followed by stags and bison. Pictures of other animals, such as birds and fish, appear only very occasionally. As in other sites, the few carnivores that are painted, bears and felines, are found in the remotest parts of the cave.

3   The most famous section of the caves is The Great Hall of the Bulls, where thirty-six animals including bulls, equines, and stags are depicted. **A** Among them are four black bulls that are the dominant figures. **B** The images reveal Cro-Magnon artistry of visual depth and movement at a level of sophistication that is comparable to modern art. **C** The creatures seem to move over the walls' uneven surfaces—a herd of reindeer fording a river, horses galloping amid cattle, ibex leaping through space. **D** The paintings even depict a "unicorn" chasing a herd of horses.

4   There are few archaeological sites of this area where the human figure is reproduced several times, and Lascaux is true to this tradition: in fact, there is only a single anthropomorphic representation at this site, in the Shaft of the Dead Man. Painted on to the wall of the shaft is a bull, a strange bird-man, and a mysterious bird on a stick. Recent research has theorized the possibility of these outlines forming three stars known as the Summer Triangle. Other star maps have

been found, suggesting that the caves may be one of mankind's first planetariums, demonstrating the scientific knowledge of our distant ancestors. The purpose of the paintings remains, on the whole, obscure, and other theories suggest that the paintings were meant to transmit information or have religious or ceremonial importance.

5　　With such beauty and mystery, Lascaux quickly became a victim of its fame. The caves were besieged by up to 1,200 tourists a day, whose breath raised levels of damaging carbon dioxide. The paintings started fading so obviously that French authorities closed the caves to tourists in 1963. To accommodate them, a precise replica of the two most famous rooms in the caves was created, but its paintings have already become so faded that scientists are now debating a major restoration project for the fake cave itself.

6　　The bigger concern is, of course, the real caves. A system was implemented to monitor carbon dioxide levels, but the caves continued to be threatened with patches of green algae, fungus, and black spots. Over the decades, almost every attempt to eradicate these problems has spawned new dangers. A formaldehyde foot wash, for instance, used for years to disinfect people entering the caves, ended up killing off friendly organisms that might have prevented fungus from growing. In January 2008, authorities took the extraordinary step of closing the caves for three months even to scientists and preservationists. During that time, a single individual was allowed to enter the caves for 20 minutes once a week to monitor climatic conditions.

7　　Now only a few scientific experts are allowed to work inside the caves, and just for a few days each month. French officials say Lascaux could remain closed to the wider scientific community for two or three more years.

1 The word lights in paragraph 1 is closest in meaning to

(A) illuminations

(B) beacons

(C) candles

(D) luminaries

2 The word fording in paragraph 3 is closest in meaning to

(A) running

(B) jumping

(C) crossing

(D) swimming

3 Which of the following best expresses the essential information in the highlighted sentence in paragraph 4? Incorrect answer choices change the meaning in important ways or leave out essential information.

(A) Some caves have paintings of humans, and Lascaux has kept this tradition with one anthropological proof of man in one of the shafts.

(B) There are not many cave paintings where people are depicted in multiples and this is the same at the caves in Lascaux, where there is a lone image resembling a person in one of the rooms.

(C) The relationship between anthropology and archaeology can be defined based on how many paintings of humans there are in a cave, and the Lascaux caves is a representative of this custom in the Shaft of the Dead Man.

(D) There are several caves where human beings have been reproduced a number of times, and a representative place is in the Shaft of the Dead Man.

4 According to paragraph 4, the figures in the Shaft of the Dead Man

(A) comprise a bull, an equine, and a strange bird

(B) prove that the cave was a planetarium

(C) suggest that our ancestors had astronomical knowledge

(D) show that the area was used for religious rites

5 Based on the information in paragraph 5, the author would most likely agree with all of the following opinions EXCEPT:

    Ⓐ If Lascaux were not so famous, the paintings would not be endangered now.

    Ⓑ The presence of so many people disturbed the delicate environment of the cave.

    Ⓒ Closing the caves to tourists was a necessary step.

    Ⓓ It is of no importance whether the replica paintings are restored or not.

6 According to paragraph 6,

    Ⓐ cave conditions were dangerous to humans

    Ⓑ more people were restricted from entering the caves

    Ⓒ no one was allowed to enter the caves

    Ⓓ scientists and preservationists vandalized the cave paintings

7 Why does the author mention the formaldehyde foot wash in paragraph 6?

    Ⓐ To give an example of one method that had adverse effects

    Ⓑ To emphasize the importance of disinfecting people before they enter archaeological sites

    Ⓒ To educate readers of the existence of beneficial organisms

    Ⓓ To inform readers of the dangers of formaldehyde foot wash

8 According to paragraphs 5 and 6, which of the following can be inferred?

    Ⓐ Although the caves were closed to visitors in 1963, some people could still enter them.

    Ⓑ The Lascaux caves offered accommodation.

    Ⓒ The replica offers an exact representation of all the Lascaux caves.

    Ⓓ The replica is just as important as the original.

9 Look at the four squares [■] that indicate where the following sentence could be added to the passage.

One of the bulls is seventeen feet long—the largest animal discovered so far in cave art.

Where would the sentence best fit?

Ⓐ **A**
Ⓑ **B**
Ⓒ **C**
Ⓓ **D**

10 **Directions:** An introductory sentence for a brief summary of the passage is provided below. Complete the summary by selecting the THREE answer choices that express the most important ideas in the passage. Some sentences do not belong in the summary because they express ideas that are not presented in the passage or are minor ideas in the passage. *This question is worth 2 points.*

Write your answer choices in the spaces where they belong. You can either write the letter of your choice or you can copy the sentence.

The Lascaux cave paintings are considered to be of major archaeological significance.

-
-
-

Answer Choices

A The caves contain many images and figures that include animals known to prehistoric man.

B The paintings give researchers valuable information on the flora and fauna of the period.

C Not only do the paintings demonstrate artistic skill, they also suggest that prehistoric man knew something of astronomy.

D There are various theories that attempt to explain the purpose of the paintings.

E Currently, the main concern is to find a solution to preserve the paintings.

F Scientists must also deal with the preservation of the replica.

人文・社会科学　Passage 3　解答と解説

ラスコー洞窟

本文訳

1　1940年9月12日、十代の少年4人は森の真ん中で見つけた穴を探検することに決めた。その穴は、数年前に松の大木が倒れた後でむき出しになっていたのだ。彼らは狭い割れ目をすり抜け、積み重なる岩を降りて、少し広くなった空間にたどり着いた。暗闇をやっと照らせる程度のたよりないランプしかなかったが、4人は、壁に描かれた大きな赤い牝牛、黄色い馬、牡牛、黒い牡鹿の絵をはっきり見た。この発見のニュースはあっという間に広がり、村人たちに続いて、考古学の権威たちもやって来た。このようにして、モンティニャック村を見下ろす丘での十代の少年の遠足が、20世紀で最も有名な考古学的発見の一つへとつながったのだった。

2　フランス南西部のラスコー洞窟は、内部でいくつかの洞窟がたがいにつながっていて、1万5,000年から1万7,000年前のものと推定されるその壁画は、最も印象的で有名な旧石器時代の人類の創作物の一つである。これまでに約2,000の絵が確認されており、そのうち900が動物で、うち600はどの動物かも明らかになっている。圧倒的に多いのが馬で、牡鹿、野牛と続いている。鳥や魚といったその他の動物の絵は、本当にまれにしか登場しない。他の場所と同じように、描かれている数少ない肉食動物、クマとネコ科動物は、洞窟の一番遠く離れた箇所に見ることができる。

3　この洞窟で一番有名なのは、「牡牛のホール」と呼ばれる場所で、ここには牡牛、馬、牡鹿を含む36頭の動物が描かれている。その中に、圧倒的な存在感を示す4頭の黒い牡牛がいる。この壁画は、クロマニョン人たちの視覚的奥行きや動きを表現する技法が、現代美術にも匹敵する洗練されたレベルにあったことを明らかにしている。その動物たちは、壁の平らでない表面の上で動いているように見える——トナカイの群れが川を渡り、馬は牛の間を疾駆し、アイベックスは宙高く飛び跳ねているのだ。その壁画は、馬の群れを追いかける「ユニコーン」を描きさえしている。

4　この地域の考古学上の遺蹟で、人間の姿が数回にわたって描かれているところはほとんどなく、ラスコー洞窟もこの伝統に忠実である。実際、このラスコー洞窟では人間の姿形の描写は一度だけ、「死者の通路」内にあるだけだ。その壁の上に描かれているのは、1頭の牡牛、1人の奇妙な鳥人間、そして棒の先にとまった不思議な鳥だ。最近の研究では、これらの線画が、「夏の大三角形」として知られる3つの星を形成している可能性を理論づけしている。他の星図もこれまでに発見されており、その洞窟が人類初のプラネタリウムの一つであった可能性を示唆し、われわれの遠い祖先の科学的知識も証明するものになっている。概して、壁画の目的が何であったかは不明なままであり、その壁画が情報伝達のためとする説や、宗教もしくは儀式的重要性を

有するものとする説もある。

5　ラスコー洞窟はあまりに美しく神秘的だったので、あっという間に、その名声の犠牲になった。1日 1,200 人もの観光客が洞窟に押し寄せ、彼らの呼吸が有害な二酸化炭素の値を上げてしまった。壁画が目に見えて色あせはじめたので、1963 年、フランス当局は洞窟を観光客に対して閉鎖した。観光客向けに、洞窟の最も有名な2つの部屋を忠実に再現したレプリカが作られたが、その壁画も既に色あせてきているので、科学者たちは今、その模造の洞窟自体の大がかりな修復プロジェクトを議論している。

6　もちろん、より心配なのは本物の洞窟だ。二酸化炭素値を監視するためのシステムが実行に移されたが、その洞窟は依然として、緑藻の斑点、カビ、黒点に脅かされている。こういった問題を根絶するために何十年にもわたって行ってきたほとんどすべての試みが、新たな危険を生み出してしまった。例えば、洞窟に入る人々を消毒するために何年も使われてきたホルムアルデヒド靴底洗浄剤が、防カビ効果があったかもしれない有益な生物を、結果的には絶滅させてしまった。2008 年1月当局は、その洞窟を科学者や保護主義者に対しても3カ月間閉鎖するという臨時措置をとった。その間は、内部の環境状態を監視するため、1週間に 20 分間1人だけが立ち入りを許可された。

7　今では、少数の科学専門家だけが、それも1カ月に数日間だけ、洞窟内部で作業することを許可されている。フランス政府の職員の話では、ラスコー洞窟は、より広範囲な科学界に対しては、あともう2、3年間は閉鎖状態が続く可能性もある。

※ 11 点満点。配点：Q1 ～ Q9 は、各問 1 点。Q10 は、3 つ正解＝ 2 点、2 つ正解＝ 1 点、1 つ～ 0 正解＝ 0 点。（解答は順不同です。）

1. Ⓓ   2. Ⓒ   3. Ⓑ   4. Ⓒ   5. Ⓓ   6. Ⓑ   7. Ⓐ

8. Ⓐ   9. Ⓑ

10. The Lascaux cave paintings are considered to be of major archaeological significance.

- Ⓐ / The caves contain many images and figures that include animals known to prehistoric man.
- Ⓒ / Not only do the paintings demonstrate artistic skill, they also suggest that prehistoric man knew something of astronomy.
- Ⓔ / Currently, the main concern is to find a solution to preserve the paintings.

設問文の訳と解答・解説

1 正解　Ⓓ

第 1 パラグラフの単語 lights に意味が一番近いのは

Ⓐ illumination（照明）

Ⓑ beacons（のろし）

Ⓒ candles（ろうそく）

Ⓓ **luminaries**（著名人）

> 解説　語彙の問題。ここでの "lights" は、「輝ける人」→「大家」の意味。

2 正解　Ⓒ

第 3 パラグラフの単語 fording に意味が一番近いのは

Ⓐ running（走っている）

Ⓑ jumping（跳んでいる）

Ⓒ **crossing**（渡っている）

Ⓓ swimming（泳いでいる）

> 解説　語彙の問題。"ford" の意味は、「浅瀬を渡る」。

3 正解　B

第 4 パラグラフのハイライトされた文の重要な情報を一番よく表現しているのは、以下のどの文か。不正解の選択肢は、意味に重要な違いがあるか、重要な情報を含んでいない。

Ⓐ 人の絵が描かれた洞窟もあり、ラスコーもこの伝統を踏襲して、シャフト（通路）の一つに人の人類学上の証拠となる絵がある。

Ⓑ 人が複数描かれている洞窟絵画は多くないが、これはラスコー洞窟でも同じで、部屋の一つに人に似た絵が 1 つあるだけだ。

Ⓒ 人類学と考古学の関係は、何枚の人の絵が洞窟にあるかをもとに決定され、ラスコー洞窟は、「死者の通路」においても、この習慣があてはまる。

Ⓓ 人間が何度も描かれてきた洞窟はいくつかあり、典型的な場所が「死者の通路」の中にある。

> **解説**　文の言い換えの問題。「人の姿が複数描かれている場所はほとんどなく、ラスコー洞窟も同じ」というのが趣旨なので、正しく言い換えているのは Ⓑ。

4 正解　C

第 4 パラグラフによれば、「死者の通路」の絵は

Ⓐ 1 頭の牡牛、1 頭の馬、1 羽の奇妙な鳥で成り立っている

Ⓑ その洞窟がプラネタリウムであったことを証明している

Ⓒ 私たちの祖先が天文学の知識をもっていたことを示唆している

Ⓓ その場所が宗教儀式のために使われていたことを示している

> **解説**　パッセージの詳細に関する問題。「星図と見られる絵がいくつか発見されている」という記述から、Ⓒ が正しいとわかる。「死者の通路」の絵については、第 2 文に「1 頭の牡牛、1 人の奇妙な鳥人間、そして…1 羽の不思議な鳥」とあるが、馬の絵については記述がないので、Ⓐ は不可。「プラネタリウム」（第 4 文）や「宗教儀式」（第 5 文）については、あくまでも可能性や仮説なので、"prove"（証明する）や "show"（示す）が用いられた Ⓑ、Ⓓ は不可。

5 正解　D

第 5 パラグラフの情報にもとづくと、筆者は次のどの意見におそらく同意しないだろうか。

Ⓐ ラスコー洞窟がそれほど有名でなかったなら、その絵画が現在ここまで危険に
　　さらされることはなかったであろう。
Ⓑ あまりに多くの人が存在したことで、洞窟の破壊されやすい環境が乱された。
Ⓒ 観光客に対する洞窟閉鎖は、必要な処置だった。
Ⓓ レプリカの絵画が修復されるか否かは、まったく重要でない。

> **解説**　パッセージに記述のない事柄を選ぶ問題。第4文に「科学者がレプリカの
> 洞窟のおおがかりな修復を議論している」という記述がある。

6 正解　Ⓑ
第6パラグラフによると

Ⓐ 洞窟の状況は、人間にとって危険だった
Ⓑ より多くの人が洞窟の立ち入りを制限された
Ⓒ 誰も洞窟に入ることを許可されなかった
Ⓓ 科学者と保護主義者が洞窟絵画を破壊した

> **解説**　パッセージの詳細に関する問題。第5文に「科学者と保護主義者に対して
> も立ち入りも禁じるという臨時措置をとった」との記述がある。それ以前の観光
> 客に対する閉鎖に加えての措置なので、"more people"（それまで以上に多く人が）
> という比較表現も妥当。

7 正解　Ⓐ
筆者はなぜ、第6パラグラフで<u>ホルムアルデヒド靴底洗浄剤のこと</u>にふれてい
るのか。

Ⓐ 逆効果になってしまった方法の一例をあげるため
Ⓑ 考古学上の遺蹟に入る前に人々を消毒することの重要性を強調するため
Ⓒ 有益な生物の存在を読者に教育するため
Ⓓ ホルムアルデヒド靴底洗浄剤の危険性を読者に知らせるため

> **解説**　パッセージの記述の意図についての問題。第3文に「カビ等の問題を根絶
> する試みが他の危険性を生み出した」とあり、第4文で、この対処法が逆効果になっ
> た一例としてホルムアルデヒド靴底洗浄剤に話が及ぶので Ⓐ が正解。

8 正解　Ⓐ

第 5 パラグラフと第 6 パラグラフによれば、推測できるのは次のうちどれか。

Ⓐ 洞窟は 1963 年に観光客に対しては閉鎖されたにもかかわらず、まだ入ることが
　できた人もいる。
Ⓑ ラスコー洞窟は［見学できるように］便宜をはかった。
Ⓒ レプリカは、ラスコー洞窟のすべてを忠実に再現している。
Ⓓ レプリカは、本物とまったく同じくらいに重要だ。

> **解説**　パッセージの内容から推測する問題。第 5 パラグラフ第 3 文に「観光客に
> 対して洞窟が閉鎖された」ことが述べられているが、これはまったく誰も入れな
> いということではない。実際、第 6 パラグラフ第 5 文を見ると、1963 年以降も
> 科学者や保護主義者は入っていたことがわかる。

9 正解　Ⓑ

パッセージにある 4 つの四角［■］は、次の文を挿入できる箇所である。この
文をどこに入れるのが最も適切か。

その牡牛のうちの 1 頭は 17 フィートの体長で、これはこれまでに発見されてい
る洞窟芸術で最大の動物だ。

> **解説**　文挿入の問題。挿入文の書き出しに "One of *the bulls*" とある点に注目
> して、直前に具体的な複数形の「牡牛」の記述がある箇所を探す。そうすると、
> 第 2 文の "four black bulls"（4 頭の黒い牡牛）を受けて、"One of *the bulls*"
> とつながることがわかる。

10 正解　Ⓐ、Ⓒ、Ⓔ

下の文はパッセージ要約の導入文です。パッセージの中で述べられた最も重要
な考えを選択肢から 3 つ選んで、要約を完成させなさい。選択肢の中には、本
文中に書かれていないため、あるいは主要な考えでないために要約文にならな
いものが含まれています。この問題の配点は 2 点です。

空欄には答えの記号を書き入れても、文を書き写してもかまいません。

ラスコー洞窟の壁画は考古学的に大きな意義のあるものと考えられている。

[A] 洞窟には、先史時代の人間に知られていた動物をはじめ、多くの姿・形が描かれている。

[B] 壁画は、その時期の動植物に関する貴重な情報を研究者に与えている。

[C] 壁画は芸術的な技術を示しているだけでなく、先史時代の人にいくらか天文学の知識があったことも示唆している。

[D] 壁画の目的を説明しようとするさまざまな理論がある。

[E] 現在、主な関心事は、その壁画を保存するための方法を見つけることだ。

[F] 科学者は、レプリカの保存にも対処しなければならない。

解説　要約完成の問題。導入文の「考古学的な意義」に即して3つ選ぶ。[A] については第2パラグラフ、[C] については第3、第4パラグラフ、[E] については第6パラグラフを参照のこと。本文内の絵画描写に"flora"（植物相）に関するものはないので[B] は不適。[D][F] はどちらも主要な考えではない。

各パラグラフの語彙・表現

第 1 パラグラフ

□ explore	〔動〕探検する
□ expose	〔動〕さらす、露出する
□ pine	〔名〕松
□ crevice	〔名〕割れ目
□ barely	〔副〕かろうじて
□ pierce	〔動〕～を貫く
□ discern	〔動〕～をはっきり見る、識別する
□ stag	〔名〕牡鹿
□ wildfire	〔名〕野火
□ leading light	〔名〕リーダー格
□ archaeology	〔名〕考古学
□ jaunt	〔名〕遠足
□ overlook	〔動〕～を見下ろす
□ lead to	〔動〕～につながる、～を引き起こす
□ renowned	〔形〕有名な

第 2 パラグラフ

□ interconnected	〔形〕相互につながった
□ cave	〔名〕洞窟
□ estimate	〔動〕見積もる、推定する
□ impressive	〔形〕印象的な、見事な
□ Paleolithic	〔形〕旧石器時代の
□ identify	〔動〕確認する、識別する
□ equine	〔名〕ウマ科の動物、馬
□ predominate	〔動〕優位を占める、圧倒的に多い
□ follow	〔動〕後に続く
□ occasionally	〔副〕時折
□ carnivore	〔名〕肉食動物
□ feline	〔名〕ネコ科の動物、猫

第 3 パラグラフ

□ section	〔名〕区画、部分
□ bull	〔名〕雄牛

☐ depict	〔動〕	～を描く
☐ dominant	〔形〕	支配的な、優勢な
☐ figure	〔名〕	図像
☐ reveal	〔動〕	明らかにする
☐ artistry	〔名〕	芸術性、芸術的才能
☐ visual	〔形〕	視覚的な
☐ sophistication	〔名〕	洗練
☐ comparable	〔形〕	匹敵する
☐ creature	〔名〕	生き物
☐ uneven	〔形〕	でこぼこした
☐ surface	〔名〕	表面
☐ herd	〔名〕	群れ
☐ reindeer	〔名〕	トナカイ
☐ ford	〔動〕	浅瀬を渡る
☐ gallop	〔動〕	急いで駆ける
☐ amid	〔前〕	～の中で
☐ cattle	〔名〕	牛（集合名詞で複数扱い）
☐ ibex	〔名〕	アイベックス（ヤギの一種）
☐ leap	〔動〕	跳ぶ

第 4 パラグラフ

☐ archaeological	〔形〕	考古学的な
☐ site	〔名〕	敷地、遺跡
☐ reproduce	〔動〕	複製する
☐ anthropomorphic	〔形〕	人間の姿に似せた
☐ representation	〔名〕	描写
☐ shaft	〔名〕	孔、通路
☐ theorize	〔動〕	理論化する
☐ outline	〔名〕	輪郭
☐ suggest	〔動〕	暗示する
☐ demonstrate	〔動〕	例示する
☐ scientific	〔形〕	科学的な
☐ distant	〔形〕	遠い
☐ ancestor	〔名〕	祖先
☐ on the whole	〔熟〕	概して
☐ obscure	〔形〕	はっきりしない、曖昧な
☐ transmit	〔動〕	伝達する

☐ **religious**	〔形〕宗教的な
☐ **ceremonial**	〔形〕儀式上の

第 5 パラグラフ

☐ **victim**	〔名〕犠牲者
☐ **fame**	〔名〕名声、評判
☐ **besiege**	〔動〕押し寄せる、殺到する
☐ **up to**	〔熟〕（最大で）〜まで
☐ **carbon dioxide**	〔名〕二酸化炭素
☐ **fade**	〔動〕色あせる
☐ **authorities**	〔名〕当局
☐ **accommodate**	〔動〕〜のために便宜をはかる
☐ **precise**	〔形〕正確な
☐ **restoration**	〔名〕修復

第 6 パラグラフ

☐ **concern**	〔名〕懸念
☐ **implement**	〔動〕実行する
☐ **threaten**	〔動〕脅かす
☐ **patch**	〔名〕斑点
☐ **algae**	〔名〕藻類
☐ **fungus**	〔名〕カビ、菌類
☐ **decade**	〔名〕10 年
☐ **attempt**	〔名〕試み
☐ **eradicate**	〔動〕根絶する
☐ **spawn**	〔動〕生む、引き起こす
☐ **formaldehyde**	〔名〕ホルムアルデヒド
☐ **disinfect**	〔動〕消毒する
☐ **end up V-ing**	〔熟〕結局 V することになる
☐ **organism**	〔名〕微生物
☐ **prevent**	〔動〕防ぐ
☐ **extraordinary**	〔形〕臨時の
☐ **step**	〔名〕対策
☐ **preservationist**	〔名〕保護主義者
☐ **climatic**	〔形〕気候上の

第 7 パラグラフ

☐ **official**	〔名〕役人、職員

VIDEO GAMES AS EDUTAINMENT

1   Despite the efforts of parents and legislators who believe that video games are harmful to young minds, 97% of teenagers play video games, and this percentage continues to increase. For all of the negative press, it has been shown that playing video games (and even violent video games) can improve focus, brain plasticity, learning capacity, 3D visualization, and decision-making skills.

2   There is no question that the multi-billion-dollar video game industry is a wildly successful form of entertainment, but these games have tremendous potential as a form of edutainment as well. In simple terms, "edutainment" refers to the use of a typically enjoyment-focused entertainment medium as a means by which to educate the end user. Unlike traditional forms of edutainment (e.g., animation, TV shows, songs), video games allow the user to assume an interactive rather than a passive role—users are not simply absorbing the information, they are taking an active role in shaping it. **A** Users can also participate at their own pace, which makes it much more ideal for a class filled with learners of varied abilities. **B** Furthermore, critical thinking skills are developed as the users make choices and are forced to deal with the consequences. **C** Additionally, a recent study showed that when students were given an educational game to play before they attended a lecture, they were much more focused and were able to anticipate points of the lecture more so than were students who did not play the game beforehand. **D**

3   As tablets and laptops become ever more ubiquitous in the classroom, teachers need to start utilizing these devices to their fullest. Unfortunately, at present, this great potential of video games has gone largely unrealized. Game designers and educators need to increase their collaborative efforts in order to increase the quality and the appeal of video games. There is a metric used in video game reviews that is difficult to quantify but is essential to the success of a game: playability. This characteristic is a combination of many factors (e.g., graphics, framerate, collision detection) that come together to make the game "feel" right. For educational games, excellent playability becomes harder to achieve because there are more parameters that need to be considered when crafting this type of game. It is a harder task to accomplish, but the rewards (both financial and societal) are worth the effort.

4　　　One of the incredible benefits of video games as learning tools comes from their ability to stimulate creative collaboration. Case in point: A group of researchers had been trying for 15 years to solve the puzzle of M-PVM, a retroviral protease[1] that is responsible for the development of certain life-threatening viral diseases. Before the researchers could develop a cure, they first needed to model this protease, but both their computer simulations and their approach had proven ineffective. They decided to present this problem to a website that attracts hundreds of thousands of players who try to solve science-based problems. After only three weeks, the gamers had accurately modeled the entire protease. From this model, a series of retroviral drugs can now be created that will be capable of treating some of the world's deadliest diseases. These researchers learned firsthand the power of creative collaboration. As can be seen by this example, when the game includes the realm of real-world education, players are given "agency"; in other words, they are motivated because they know that they can truly make a difference.

5　　　By the time today's youth become adults, they will almost certainly make daily use of basic (and possibly even advanced) computer skills, they will access wearable computing devices, and they will need a greater wealth of knowledge to deal with the increasing complexity of society. There are great, experienced teachers who are masters of their craft, and they need to share their expertise with video game designers to create quality games that inspire the current generation of students to pursue knowledge that will benefit not only themselves but also society as a whole.

1. Protease: An enzyme that contributes to the breakdown of proteins

1 Why does the author mention the actions of certain parents and legislators in paragraph 1?

Ⓐ To highlight the misguided attempts of these individuals

Ⓑ To identify who is behind the negative press associated with video games

Ⓒ To emphasize the popularity of video games in spite of opposition to them

Ⓓ To hint at the hidden harmful effects of video games on teenagers

2 In paragraph 2, what does the author imply about traditional forms of edutainment?

Ⓐ They consist exclusively of animation, TV shows, and songs.

Ⓑ They are not as entertaining as video games.

Ⓒ The users merely absorb the information that is being presented.

Ⓓ They are not very successful.

3 According to paragraph 2, all of the following are benefits of video games as edutainment EXCEPT

Ⓐ The improvement of critical thinking

Ⓑ The ability of students to control the speed of learning

Ⓒ The option for users to ignore consequences that could be dealt with

Ⓓ The opportunity for learners to be much more active

4 The word ubiquitous in paragraph 3 is closest in meaning to

Ⓐ prevalent

Ⓑ absent

Ⓒ expensive

Ⓓ advanced

5 Which of the following sentences below best expresses the essential information in the highlighted sentence in paragraph 3? Incorrect choices change the meaning in important ways or leave out essential information.

Ⓐ Video game reviews have difficulty measuring the playability of a game.

Ⓑ Playability is difficult to gauge but is a key factor to a video game's success.

Ⓒ The metric of playability found in video game reviews is hard to quantify.

Ⓓ Successful video games have excellent playability quantities.

6 According to paragraph 3, why has the potential of video games as edutainment not yet been maximized?

Ⓐ Due to a significant lack of funding

Ⓑ Due to the likelihood that high-quality playability would be impossible to achieve

Ⓒ Because there are not many opportunities to make use of this form of edutainment

Ⓓ Because teachers and game designers need to work together more closely

7 Select the TWO answer choices that enable video games to stimulate creative collaboration according to paragraph 4. ***To receive credit, you must select TWO answers.***

Ⓐ Limiting the resources of multiple users

Ⓑ Giving users a sense of being able to make valuable changes in society

Ⓒ Presenting challenging problems that require creative solutions

Ⓓ The opportunity to be recognized by thousands of online users

8 The word craft in paragraph 5 is closest in meaning to

Ⓐ hobby

Ⓑ focus

Ⓒ make

Ⓓ occupation

9 Look at the four squares [■] that indicate where the following sentence can be added to the passage.

And even if this results in mistakes, the users are able to fail in a safe environment.

Where would the sentence best fit?

(A) **A**
(B) **B**
(C) **C**
(D) **D**

10 **Directions:** An introductory sentence for a brief summary of the passage is provided below. Complete the summary by selecting the THREE answer choices that express the most important ideas in the passage. Some answer choices do not belong in the summary because they express ideas that are not presented in the passage or are minor ideas in the passage. *This question is worth 2 points.*

Write your answer choices in the spaces where they belong. You can either write the letter of your choice or you can copy the sentence.

In addition to their popularity, video games have the potential to be incredibly effective forms of edutainment that could have a significant impact both on education and society at large.

-
-
-

Answer Choices

A Video games as edutainment foster a variety of skills and help users gain effective autonomy over their own learning.

B In the future, adults will need advanced computer skills in order to use wearable computer devices.

C After 15 years of failure, researchers were able to get thousands of users to assist them in fully modeling a protease that will help them develop lifesaving drugs.

D Creative collaboration has already shown great promise in collective problem solving through motivating users by offering them a sense of "agency."

E Although their full potential has not yet been realized, increased collaboration between designers and educators should prove helpful in achieving this goal.

F Video games will almost certainly take on a more significant role in the classroom as students gain greater access to tablets and laptops in school.

エデュテインメント（教育的エンターテイメント）としてのビデオゲーム

本文訳

① ビデオゲームが若者の精神に有害であると信じている親や立法者の努力にもかかわらず、97パーセントのティーンエイジャーはビデオゲームをし、この割合は増加し続けている。その悪評にもかかわらず、ビデオゲーム（暴力的なビデオゲームでさえをも）をすることで、集中力、脳の柔軟性、学習能力、三次元視覚化能力、そして決断力を向上できることが明らかとなった。

② 数十億ドルのビデオゲーム産業はエンターテイメントとして幅広く成功している形態であるのは間違いないが、これらのゲームはエデュテインメント（教育的エンターテイメント）の形態としても非常に大きな可能性がある。簡単に言うと、「エデュテインメント」はエンドユーザーを教育するための手段として一般的には娯楽目的とされるエンターテイメント媒体を使用することを示す。例えばアニメーション、テレビ番組、歌などの従来のエデュテインメントの形態とは異なり、ビデオゲームではユーザーは受動的ではなく、相互作用的な役割を果たすことが可能となる。ユーザーは単に情報を取り込んでいるのではなく、その情報形成において積極的な役割を果たしている。ユーザーは自分のペースで参加することもでき、異なった能力を持つ学習者が占めるクラスにとってそれはまさに理想的となるだろう。その上、ユーザーが選択をし、その結果に対処せざるをえない中で批判的思考能力が発達していく。また、最近の研究によると、講義を受ける前に学生に教育用ゲームを与え、ゲームをしてもらったところ、前もってゲームをしなかった学生よりも、ゲームをした学生の方がはるかに集中しており、講義のポイントを予測できたことが明らかとなった。

③ タブレットとノート型パソコンが今までよりもはるかに教室で利用可能になるにつれ、教師はこれらの機器を最大限に活用し始める必要がある。残念ながら、今のところビデオゲームのこの素晴らしい可能性はほとんど発揮されていない。ゲームデザイナーと教育者はビデオゲームの質の向上と魅力を高めるためにさらに努めて協力する必要がある。数量化することは難しいが、ビデオゲームを評価する際に使われ、ゲームの成功にとっては重要な測定基準がある。それはプレイ性である。この特徴は多くの要素が（例えばグラフィック、フレームレート、衝突検出）一緒になって組み合わさり、ゲームをした時正しく「感じる」ようにするものである。教育用ゲームに関しては、素晴らしいプレイ性を実現するのはより困難である。なぜならば、この種類のゲームを製作する時考慮しなければならない要素がより多く存在するからである。それを達成するのはより難しい仕事ではあるが、（経済的、社会的両方において）その

報酬は努力する価値があるものである。

4　学習ツールとしてのビデオゲームの驚くべき利点の一つは、創造的な協働を促すことができることである。以下がそのよい例である。研究者たちのあるグループが15年間生命をおびやかすウィルス性のある病気の発生の一因となるレトロウィルスプロテアーゼであるM-PVMに関する難題を解明しようとしていた。研究者たちが治療法を開発する前に最初にこのプロテアーゼのモデルを作る必要があったが、コンピューター・シュミレーションと彼らのやり方両方とも効果がないことがわかった。彼らは科学にもとづいた問題を解こうとする数十万ものプレイヤーが集まるホームページにこの問題を掲載することを決めた。たった3週間後にゲーマーたちは正確にそのプロテアーゼ全体のモデルを作った。このモデルから一連のレトロウィルス薬を作ることができ、世界で最も致死率の高い病気のいくつかを治療することができるようになるだろう。これらの研究者たちは実際の経験を通して創造的協働の力を学んだ。この例に見られるように、ゲームが現実世界の教育の領域を含む時、プレイヤーに「行為主体性」が与えられる。つまり彼らは本当に影響を及ぼすことができると知っているので、動機付けがされるのである。

5　今日の若者が大人になるころには、彼らはほぼ確実に基本的な（そしてもしかしたらさらに高度な）コンピューターのスキルを日常的に活用し、装着可能なコンピューター装置を利用し、そしてさらに増す社会のあらゆる複雑さに対応するために知識がより必要となるだろう。自らの職業に熟練し、経験を積んだ素晴らしい教師は存在する。そして今の世代の学生が自分達だけでなく社会全体にも利益をもたらす知識を求めるよう促す質の高いゲームを作るために彼らはビデオゲームデザイナーと専門知識を共有する必要がある。

第3章　分野別問題演習　人文・社会科学

※ 11 点満点。配点：Q1 ～ Q9 は、各問 1 点。Q10 は、3 つ正解＝ 2 点、2 つ正解＝ 1 点、1 つ～ 0 正解＝ 0 点。解答は順不同で可です。

1. Ⓒ　2. Ⓒ　3. Ⓒ　4. Ⓐ　5. Ⓑ　6. Ⓓ　7. Ⓑ、Ⓒ
8. Ⓓ　9. Ⓒ

10. In addition to their popularity, video games have the potential to be incredibly effective forms of edutainment that could have a significant impact both on education and society at large.

- Ⓐ / Video games as edutainment foster a variety of skills and help users gain effective autonomy over their own learning.
- Ⓓ / Creative collaboration has already shown great promise in collective problem solving through motivating users by offering them a sense of "agency."
- Ⓔ / Although their full potential has not yet been realized, increased collaboration between designers and educators should prove helpful in achieving this goal.

設問文の訳と解答・解説

1 正解 Ⓒ

第 1 パラグラフでなぜ筆者はある親と立法者の行動について述べたのか。

Ⓐ これら個人の誤った試みを強調するため
Ⓑ ビデオゲームに関連する否定的な評価の後ろに誰がいるのか特定するため
Ⓒ ビデオゲームへの反対にもかかわらずビデオゲームは人気があると強調するため
Ⓓ ティーンエイジャーに対するビデオゲームの隠れた有害性をほのめかすため

解説　パッセージの記述の意図についての問題。第 1 文に「ビデオゲームが若者の精神に有害であると信じている親や立法者の努力にもかかわらず、97 パーセントのティーンエイジャーはビデオゲームをし、この割合は増加し続けている」とある。多くの反対があるにもかかわらず、ビデオゲームは大変人気であることを述べているため、Ⓒ が正解。

2 正解　C

第2パラグラフで筆者がエデュテインメントの従来の形態に関して示唆していることは何か。

A それらは独占的にアニメーション、テレビ番組、歌だけで構成されている。

B それらはビデオゲームほど面白くない。

C ユーザーは示されている情報を単に吸収するだけである。

D それらはあまり成功していない。

> 解説　パッセージの内容から推測する問題。第3文に "Unlike traditional forms of edutainment ...（従来のエデュテインメントの形態とは異なり…）とあり、ビデオゲームでは「ユーザーは単に情報を取り込んでいるのではなく、その情報形成において積極的な役割を果たしている」と述べられているので、従来のエデュテインメントに関して推測できるのは C。

3 正解　C

第2パラグラフによると、エデュテインメントとしてのビデオゲームの利点でないものはどれか。

A 批判的思考の向上

B 学生が学ぶ速さを制御できる能力

C 対処できる結果をユーザーが無視することができる選択肢

D 学習者がはるかに積極的になれる機会

> 解説　パッセージに記述のない事柄を選ぶ問題。A は第5文に、B は第4文に、D は第3文にそれぞれ述べられている。

4 正解　A

第3パラグラフにある ubiquitous という単語に意味が最も近いのは

A prevalent（至るところにある）

B absent（不在の）

C expensive（高価な）

D advanced（高度な）

> 解説　語彙の問題。"ubiquitous"（至るところにある）に最も近い意味をもつのは A "prevalent"。

5 正解 Ⓑ

第3パラグラフにあるハイライトされた文の重要な情報を最も適切に表現しているものを次のうちから選びなさい。間違った選択肢は、重要な意味に変更があるか、必要な情報を抜かしている。

Ⓐ ビデオゲームの批評ではゲームのプレイ性を測定するのが難しい。

Ⓑ プレイ性を計測するのは難しいが、ビデオゲームの成功にとって重要な要素である。

Ⓒ ビデオゲームの批評で見られるプレイ性の測定基準は数値で定めるのが難しい。

Ⓓ 成功したビデオゲームには素晴らしいプレイ性の量がある。

解説 文の言い換えの問題。Ⓐ と Ⓒ では、該当箇所で述べられている "playability" がゲームの成功に重要であるということが反映されていない。Ⓓ では "playability" が数量化するのが難しいという該当箇所が反映されていない。

6 正解 Ⓓ

第3パラグラフによると、なぜエデュテインメントとしてのビデオゲームの可能性が未だに最大限に発揮されていないのか。

Ⓐ 大幅な資金不足のため

Ⓑ 質の高いプレイ性を達成することが不可能だという見込みのため

Ⓒ このエデュテインメントの形態を活用する機会があまりないため

Ⓓ 教師とゲームデザイナーがより密接にともに働く必要があるため

解説 パッセージの詳細に関する問題。第3文に "Game designers and educators need to increase their collaborative efforts in order to increase the quality and the appeal of video games."（ゲームデザイナーと教育者はビデオゲームの質の向上と魅力を高めるためにさらに努めて協力する必要がある）とある。

7 正解 Ⓑ、Ⓒ

第4パラグラフによると、ビデオゲームが創造的協働を促すことを可能にしている選択肢を2つ選びなさい。得点するには選択肢を2つ選ばなければいけません。

224

Ⓐ 複数のユーザーの資源を制限すること
Ⓑ ユーザーに社会で価値のある変化を起こすことができるという意識を与えること
Ⓒ 創造的な解決策を必要とするやりがいのある問題を提示すること
Ⓓ 何千ものオンラインユーザーによって認められる機会

解説　パッセージの詳細に関する問題。第8文に "when the game includes the realm of real-world education, players are given "agency"; in other words, they are motivated because they know that they can truly make a difference"（ゲームが現実世界の教育の領域を含む時、プレイヤーに「行為主体性」が与えられる。つまり彼らは本当に影響を及ぼすことができると知っているので、動機付けがされるのである）とあるため、ⒷとⒸが該当する。

8 正解　Ⓓ
第5パラグラフにある craft という単語に最も意味が近いのは

Ⓐ hobby（趣味）
Ⓑ focus（集中）
Ⓒ make（形式）
Ⓓ occupation（職業）

解説　語彙の問題。"craft"（職業）に最も近い意味をもつのは Ⓓ"occupation"。

9 正解　Ⓒ
パッセージにある4つの四角 [■] は、次の文を挿入できる箇所である。この文をどこに入れるのが最も適切か。

そしてもしこれが間違いに至ったとしても、ユーザーは安全な環境で失敗することができる。

解説　文挿入の問題。挿入文にある "this" が何を示しているのかを考えると、第5文にある "the users make choices and are forced to deal with the consequences"（ユーザーは選択をし、その結果に対処することを余儀なくさせられる）の箇所であれば意味がつながる。その選択と対処の仕方が結果的に間違いとなっても、ビデオゲーム上では安全な環境で失敗することができる、という意味となる。

10 正解 A、D、E

下の文はパッセージ要約の導入文です。パッセージの中で述べられた最も重要な考えを選択肢から3つ選んで、要約を完成させなさい。選択肢の中には、本文中に書かれていないため、あるいは主要な考えでないために要約文にならないものが含まれています。**この問題の配点は2点です。**

空欄には答えの記号を書き入れても、文を書き写してもかまいません。

ビデオゲームは、その人気に加えて、非常に効果的な教育形態となりうる可能性があり、それは教育と社会全体両方において重要な影響を及ぼすことができる。

A エデュテインメントとしてのビデオゲームはさまざまな種類のスキルを伸ばし、ユーザー自身が自らの学びに対して効果的な自主性を得ることを助ける。

B 将来的には成人は装着可能なコンピューター機器を使用するために高度なコンピューターのスキルが必要となるだろう。

C 15年間の失敗の後、研究者は命を救うことができる薬の開発を助けるプロテアーゼのモデルを完全に制作することを助ける何千ものユーザーを獲得することができた。

D 創造的協働は行為主体性をユーザーに与え、動機付けをすることで、問題を集団で解決することに対して前途多望であるとすでに示している。

E それらの可能性はまだ最大限に実現されていないが、デザイナーと教育者がより協力することはこの目標を達成することにおいて有益であるとわかるはずである。

F 学生が学校でタブレットとノート型パソコンをより利用できるようになるにつれて、ビデオゲームはほぼ確実に教室においてより重要な役割を担うだろう。

解説 要約完成の問題。 A は第2パラグラフ、 D は第4パラグラフ、 E は第3パラグラフをそれぞれ参照のこと。 B は本文の内容と一致しない。 C は "thousands of users" とあるが、第4パラグラフの第4文に "hundreds of thousands of players" とあるので、不適。 F は minor details（細部）。

各パラグラフの語彙・表現

第 **1** パラグラフ

☐ despite	〔前〕～にも関わらず
☐ legislator	〔名〕立法者
☐ harmful	〔形〕有害な
☐ press	〔名〕評判、論評
☐ improve	〔動〕向上させる
☐ focus	〔名〕集中力
☐ plasticity	〔名〕柔軟性
☐ learning capacity	〔名〕学習能力
☐ visualization	〔名〕視覚化
☐ decision-making	〔形〕意思決定の

第 **2** パラグラフ

☐ tremendous	〔形〕多大な
☐ potential	〔名〕潜在能力
☐ as well	〔熟〕～も
☐ refer to	〔動〕～を指す
☐ typically	〔副〕典型的に
☐ medium	〔名〕媒体
☐ means	〔名〕手段
☐ assume	〔動〕引き受ける
☐ interactive	〔形〕双方向的な
☐ rather than	〔熟〕～というよりもむしろ
☐ passive	〔形〕受身的な
☐ role	〔名〕役割
☐ absorb	〔動〕吸収する
☐ shape	〔動〕形成する
☐ participate	〔動〕参加する
☐ ideal	〔形〕理想的な
☐ filled with	〔熟〕～でいっぱいな
☐ varied	〔形〕様々な
☐ furthermore	〔副〕さらに、その上
☐ critical thinking	〔名〕批判的思考
☐ force	〔動〕強要する

☐ deal with	〔動〕	～に対処する
☐ consequence	〔名〕	結果
☐ additionally	〔副〕	さらに、その上
☐ attend	〔動〕	出席する
☐ anticipate	〔動〕	予想する
☐ beforehand	〔副〕	前もって

第 3 パラグラフ

☐ laptop	〔名〕	ノート型パソコン
☐ ubiquitous	〔形〕	至る所にある
☐ utilize	〔動〕	活用する
☐ device	〔名〕	装置
☐ to the fullest	〔熟〕	最大限に
☐ unfortunately	〔副〕	残念なことに
☐ at present	〔熟〕	現時点で
☐ potential	〔名〕	可能性
☐ unrealized	〔形〕	実現されていない
☐ collaborative	〔形〕	協力の
☐ metric	〔名〕	測定基準
☐ quantify	〔動〕	数量化する
☐ playability	〔名〕	プレイ性、ゲーム性
☐ characteristic	〔名〕	特徴
☐ factor	〔名〕	要因
☐ collision	〔名〕	衝突
☐ detection	〔名〕	検出
☐ achieve	〔動〕	達成する、成し遂げる
☐ parameter	〔名〕	要素
☐ craft	〔動〕	製作する
☐ accomplish	〔動〕	達成する、成し遂げる
☐ reward	〔名〕	報酬
☐ financial	〔形〕	財政的な
☐ societal	〔形〕	社会的な
☐ be worth	〔熟〕	～の価値がある

第 4 パラグラフ

☐ incredible	〔形〕	驚くべき
☐ benefit	〔名〕	利点

☐ stimulate	〔動〕刺激する
☐ retroviral	〔形〕レトロウィルスの
☐ protease	〔名〕プロテアーゼ、タンパク質分解酵素
☐ be responsible for	〔熟〕～の要因になる
☐ life-threatening	〔形〕生命を脅かすような、致命的な
☐ viral	〔形〕ウィルス性の
☐ disease	〔名〕病気
☐ cure	〔名〕治療法
☐ prove	〔動〕～であることが判明する
☐ ineffective	〔形〕効果がない
☐ present	〔動〕提示する
☐ accurately	〔副〕正確に
☐ entire	〔形〕全体の
☐ be capable of V-ing	〔熟〕V できる
☐ treat	〔動〕治療する
☐ deadly	〔形〕致命的な
☐ firsthand	〔副〕直接に
☐ realm	〔名〕領域
☐ agency	〔名〕行為主体性
☐ motivate	〔動〕動機づけする
☐ make a difference	〔熟〕影響を及ぼす

第 **5** パラグラフ

☐ make daily use of	〔熟〕毎日～を利用する
☐ advanced	〔形〕高度な
☐ access	〔動〕接続する
☐ wearable	〔形〕装着可能な
☐ a wealth of	〔熟〕大量の
☐ complexity	〔名〕複雑さ
☐ experienced	〔形〕経験豊富な
☐ expertise	〔名〕専門知識
☐ inspire O to V	〔熟〕O に V する気にさせる
☐ pursue	〔動〕追い求める
☐ as a whole	〔熟〕総じて

第3章　分野別問題演習　人文・社会科学

THE INDUSTRIAL REVOLUTION

1   In the latter half of the 18th century, England changed history by kicking off the Industrial Revolution, making itself "The World's Factory" and transforming into a global power of overwhelming economic strength. How did this Industrial Revolution come about?

2   The tale begins with Anglo-Indian trade. From the middle of the 17th century, the British East India Company imported goods from the Indian subcontinent: cotton, indigo dye, tea and silk. The first sparked a boom that swept through England and most of Europe. Cotton was an exotic newcomer to a market dominated by woolen fabrics. People adored its lightness, its ability to retain warmth and moisture. Its whiteness appeared crisp and clean and at the same time it was easy to dye in myriad colors and patterns. Because most cotton was shipped from Calcutta Harbor, it became known as Calico.

3   **A** This cotton boom threatened England's wool producers with extinction. **B** The weavers, spinners, dyers, shepherds and farmers whose livelihoods depended upon the wool industry, asked the government for relief. **C** It responded with The 1700 Calico Act, a law that banned the import of calico; there was a second version in 1721. The law did not, however, prohibit the selling of cotton, happy news for England's cotton merchants. Meanwhile, ignoring the Act, smugglers of Indian calico carried on. Calico was not only consumed domestically but was exported to Africa's west coast. **D**

4   In response to the high demand for cotton, England's cotton producers were forced into a price war with Indian-made calico. This triggered the invention of a string of machines that raised the efficiency of Britain's cotton industry.

5   In 1733 John Kay invented the "flying shuttle," which alone sent production efficiency rates soaring. Nevertheless, newer and more efficient spinning techniques were needed. The next few decades saw a series of new innovations: James Hargreaves' spinning jenny of 1764, Richard Arkwright's 1769 water frame and Samuel Crompton's spinning mule in 1779. The spinning jenny could produce a greater amount of cotton yarn while the water-powered frame produced a stronger variety of the same. Crompton's spinning mule combined the merits of both previous techniques and ensured the highest quality cotton thread. Still needed was a loom quick enough to match the pace of yarn production. This

was the power loom, first introduced by Edmund Cartwright in 1785. This device used a steam engine, enabling one craftsman to turn out multiple bolts of cloth. Newcomen's steam engine of 1712, originally designed to drain water from mining shafts, was the inspiration. In 1769, James Watt improved upon Newcomen's motor for use in manufacturing. By 1807, Robert Fulton had managed to adapt the steam engine to power the first steamship and in 1825, George Stevenson launched the first steam locomotive for public transportation.

6　　The automation of the cotton industry and developments in the railway system encompassed the machine and steel industries. Instead of the traditional cottage industries, factories now heralded the rise of the British Empire. Cotton textiles, mass produced and inexpensive, formed a major export to America and Asia, bringing great wealth to the Empire.

7　　The Industrial Revolution wrought enormous changes in British society. The city of Manchester grew rapidly as a manufacturing hub, attracting and supporting a new consumer class: wage earners. Early conditions were tough. Workers had no laws to protect them; they worked long hours for low pay and child labor was rampant. These hordes of workers lived in slums without clean water or proper sewage systems. Factories belched smoke that covered the towns in soot. The Industrial Revolution posed dire, unprecedented problems for labor, society and environment. To the workers, the labor movement and socialism were natural partners in the struggle to improve their lives, to which the government responded with the Factory Acts. Meanwhile, a new entity, the industrial capitalist, successfully pressured the government on a range of liberal reforms.

8　　Recent research in this field, admittedly, does not credit the Industrial Revolution or industrial business tycoons for the rise of capitalism in England. More relevant than the Industrial Revolution were the vast profits realized from the Atlantic triangular slave trade. At home, British capitalism was propelled less by industrial capitalists than by powerful aristocratic landowners and the banking business of central London. The term "Gentlemanly Capitalism" sprang from this fact.

1 The phrase kicking off in paragraph 1 is closest in meaning to

- (A) getting angry
- (B) attacking
- (C) embarking on
- (D) repudiating

2 All of the following are mentioned as reasons for cotton's popularity EXCEPT

- (A) people had been unfamiliar with cotton until then
- (B) it was exclusively sold in white
- (C) it was easy to make in different colors
- (D) it appeared hygienic

3 According to paragraph 3, which of the following is most likely true?

- (A) The law had no jurisdiction in India, where most of the world's cotton was grown.
- (B) Consumers were still able to buy cotton from domestic suppliers.
- (C) Consumers smuggled cotton in by themselves and refused to purchase wool.
- (D) The government had no intentions of stopping the cotton trade.

4 What is inferred from paragraph 4?

- (A) England went to war with India over conflict arising from the cotton trade.
- (B) Indian calico was of a higher quality than British calico.
- (C) Britain required inventions to begin producing cotton.
- (D) England had to lower production costs to compete with India in the cotton trade.

5 As expressed in paragraph 6, what was the role of automation?

- (A) It caused the displacement of British workers whose jobs were done by slaves.
- (B) It ruined the traditional cottage industry.
- (C) It was the engine driving England's rise as an Imperial power.
- (D) It proved that machines were cheaper then human labor.

6 The author mentions smoke from factories in paragraph 7 in order to

  Ⓐ indicate how busy and productive the factories were

  Ⓑ focus our attention on the issue of air pollution

  Ⓒ describe the squalid conditions that workers had to endure

  Ⓓ to compare factories unfavorably with cottage industries

7 Which of the following statements is true based on the information in paragraph 8?

  Ⓐ Labor movements and socialism always go hand-in-hand.

  Ⓑ The British government strongly approved of this relationship.

  Ⓒ Naturally, industrial capitalists attempted to break off this relationship.

  Ⓓ Landowners were more influential in British capitalism than capitalists.

8 Who does the term "Gentlemanly Capitalism" refer to?

  Ⓐ Businessman who managed the operations in factories

  Ⓑ London bankers and landed gentry

  Ⓒ The new class of consumers, or wage earners

  Ⓓ Captains of Industry who directed the revolution

9 Look at the four squares [■] that indicate where the following sentence can be added to the passage.

English merchants got rich bartering calico and such to buy slaves in Africa, who were then sold off to America and the West Indies.

Where would the sentence best fit?

  Ⓐ **A**

  Ⓑ **B**

  Ⓒ **C**

  Ⓓ **D**

10 Directions: An introductory sentence for a brief summary of the passage is provided below. Complete the summary by selecting the THREE answer choices that express the most important ideas of the passage. Some sentences do not belong because they express ideas that are not presented in the passage or are minor ideas in the passage. *This question is worth 2 points.*

Write your answer choices in the spaces where they belong. You can either write the letter of your choice or you can copy the sentence.

Trade and advances in technology led to the development of the Industrial Revolution in England.

-
-
-

Answer Choices

A The high demand for cotton in England sparked a series of inventions that automated the manufacturing process.

B Cotton is comfortable in both cool and humid weather, which makes it better than any other known material for making clothes.

C Recent research on the Industrial Revolution supports the claim that landowners and bankers propelled the rise of capitalism.

D Before the flying shuttle was invented, weaving was done almost entirely by hand.

E Calico cotton got its name from the harbor in Calcutta, India.

F The rise of factories not only sharply changed the mode of production, but British society as well.

人文・社会科学　Passage 5　解答と解説

産業革命

本文訳

1　18 世紀の後半、イギリスは産業革命を始めることで歴史を変えた。自らを「世界の工場」にし、圧倒的な経済的強さを持つ世界の大国に変貌したのだ。産業革命はどのようにして起こったのだろうか。

2　物語はイギリスとインドの間の貿易で始まる。17 世紀の中頃から、イギリスの東インド会社はインド亜大陸から品物を輸入していた。コットン、インディゴ染料、お茶、そしてシルクなどである。1 つ目のコットンはブームを引き起こし、そのブームはイギリスとヨーロッパの大部分を席巻した。コットンはウール生地が支配的だった市場にとっては異国情緒を持った目新しいものだった。人々はその軽さと、温かさと湿度を保つことのできる性能がとても気に入った。その白さは爽やかで綺麗に見え、同時に無数の色や模様に染め上げることが簡単だったのである。ほとんどのコットンはコルカタ港から送られたので、それはキャリコとして知られるようになった。

3　このコットンのブームはイギリスのウールの生産者たちを消滅の危機に追い込んだ。織工や紡績工、染物屋や、羊飼いそして農家は生活がウール産業にかかっており、政府に救済を求めた。政府は 1700 年のキャリコ法で対応した。その法律はキャリコの輸入を禁じるものであった。そして 1721 年にはその 2 つ目が出された。しかしその法律ではコットンを売ることは禁じておらず、それはイギリスのコットン商人たちにとっては朗報だった。一方で、その法律を無視する形でインド産キャリコの密輸は続いた。キャリコは国内で消費されただけではなく、アフリカの西海岸にも輸出されたのである。

4　コットンへの高い需要に応えてイギリスのコットン生産者たちはインド製のキャリコとの価格競争を余儀なくされた。これによって一連の機械が開発され、そのおかげでイギリスのコットン産業の効率が上がった。

5　1733 年にジョン・ケイが飛び杼を発明し、その結果生産の効率は急上昇した。それにも関わらず、より新しく、より効率的な紡績技術が求められていた。続く数十年の間に新しい発明が続いた。1764 年のジェームズ・ハーグリーブスのジェニー紡績機、1769 年のリチャード・アークライトによる水力紡績機、そして 1779 年のサミュエル・クロンプトンによるミュール精紡機である。ジェニー紡績機はこれまでと比べてはるかに多くのコットン糸を生産することができたが、水力紡績機はそれより丈夫な種類を生産した。クロンプトンのミュール紡績機はそれまでの 2 つの技術の長所を合わせたもので、最高品質のコットン糸を確実に作ることができた。それでもまだ求められていたものが、紡績糸の生産ペースに合う、十分に速い織機である。これはエドモンド・

カートライトによって初めて 1785 年に導入された力織機であった。この装置は蒸気エンジンを使い、一人の職人が 複数の布巻を製造できるようにした。1712 年のニューコメンの蒸気エンジンはもともと鉱山の縦杭から水を抜くために設計されたが、それが発案のきっかけとなったのである。1769 年にはジェームズ・ワットがニューコメンのモーターに大量生産用途のための改良を加えた。1807 年までにはロバート・フルトンが蒸気エンジンを転用して初の蒸気船を動かすことに成功し、1825 年にはジョージ・スチーブンソンが公共交通に初めての蒸気機関車を送り出した。

6　コットン産業の自動化と鉄道システムにおける発展は機械産業と鉄鋼業も巻き込んだ。伝統的な家内工業ではなく、今や工場が大英帝国の興隆の前触れとなったのである。綿織物は大量生産されて価格も廉価で、アメリカとアジアへの主要な輸出品となり、多額の富を帝国にもたらしたのだ。

7　産業革命はイギリスの社会に大規模な変化をもたらした。マンチェスターの街は製造業の拠点として急速に成長し、新しい消費者階級を惹き付け、支えた。それは賃金労働者である。最初の頃の状況は厳しいものであった。労働者たちには守ってくれる法律がなかったのである。安い賃金で長時間働き、子供の労働がはびこっていた。こういった労働者の集団はきれいな水やきちんとした下水システムのないスラムに住んでいた。工場は煙を吐き出し、それが町をすすでおおっていた。産業革命は労働者、社会、環境に対して差し迫った、前例のない問題を呈したのである。労働者にとっては労働運動と社会主義は生活を改善する闘いにおいて当然、パートナーとなった。それに対して政府は工場法で対応したのである。一方では、産業資本家という新しい存在が様々な自由主義的な改革について政府にプレッシャーを与えることに成功した。

8　この分野の最近の研究は明らかに、産業革命や産業ビジネスの実力者たちのおかげでイギリスにおける資本主義が台頭したとは考えていない。産業革命よりも関係があったのは大西洋での奴隷を用いた三角貿易から得られた利益なのである。国内では、イギリスの資本主義は産業資本家よりも、力のある上流階級の地主と中央ロンドンの銀行ビジネスによって推進された。「ジェントルマン資本主義」という用語はこの事実から生まれたのである。

正解一覧

※ 11 点満点。配点：Q1 ～ Q9 は、各問 1 点。Q10 は、3 つ正解＝ 2 点、2 つ正解＝ 1 点、1 つ～ 0 正解＝ 0 点。解答は順不同で可です。

1. Ⓒ　　2. Ⓑ　　3. Ⓑ　　4. Ⓓ　　5. Ⓒ　　6. Ⓒ　　7. Ⓓ
8. Ⓑ　　9. Ⓓ

10. Trade and advances in technology led to the development of the Industrial Revolution in England.
- Ⓐ / The high demand for cotton in England sparked a series of inventions that automated the manufacturing process.
- Ⓒ / Recent research on the Industrial Revolution supports the claim that landowners and bankers propelled the rise of capitalism.
- Ⓕ / The rise of factories not only sharply changed the mode of production, but British society as well.

設問文の訳と解答・解説

1 正解　Ⓒ

第 1 パラグラフの kicking off という語句に意味が最も近いのは

Ⓐ getting angry（怒ること）
Ⓑ attacking（攻撃すること）
Ⓒ **embarking on**（開始すること）
Ⓓ repudiating（拒絶すること）

> **解説**　語彙の問題。"kick off" は比較的くだけた言い方で「～を始める」という意味である。Ⓒ の "embark on" も同じような意味だがこちらはややフォーマルな言い方である。"repudiate" はフォーマルな言い方で、"repudiate offers"（申し出を断る）という使い方が典型的。

2 正解 Ⓑ

以下のうち、コットンが人気であった理由として言及されていないものは

Ⓐ 人々はそれまでコットンになじみがなかった
Ⓑ 白色だけで売られた
Ⓒ 異なる色に染めやすかった
Ⓓ 衛生的に見えた

> **解説** パッセージに記述のない事柄を選ぶ問題。第2パラグラフに解答根拠がある。Ⓐ は第4文の"an exotic newcomer"、Ⓒ は第6文の"it was easy to dye in myriad colors"、Ⓓ は第6文の"Its whiteness appeared crisp and clean"から情報として正しいことがわかる。Ⓑ は本文に記述がまったくない。

3 正解 Ⓑ

第3パラグラフによれば以下のうちおそらく正しいものはどれか。

Ⓐ 法律はその範囲に世界のコットンのほとんどが生産されていたインドがまったく含まれていなかった。
Ⓑ 消費者はいまだに国内の業者からコットンを買うことができた。
Ⓒ 消費者は自分たちでコットンを密輸し、ウールを買うことを拒んだ。
Ⓓ 政府はコットン貿易を止めるつもりはまったくなかった。

> **解説** パッセージの詳細に関する問題。パラグラフの後半に「その法律を無視する形でインド産キャリコの密輸は続いた。キャリコは国内で消費されただけではなく、・・・」という記述がある。Ⓐ は記述がない。Ⓒ は「ウールを買うことを拒んだ」が、Ⓓ は「止めるつもりはまったくなかった」が不適切。

4 正解 Ⓓ

第4パラグラフから推測されることは何か。

Ⓐ イギリスはコットン貿易が原因の衝突を巡ってインドと戦争をした。
Ⓑ インドのキャリコはイギリスのキャリコよりも質が高かった。
Ⓒ イギリスはコットンの生産を始めるために発明を必要とした。
Ⓓ イギリスはコットン貿易でインドと競争するために生産費を抑える必要があった。

> **解説**　パッセージの詳細に関する問題。第1文の "forced into a price war ... " から、価格競争を強いられたということがわかる。価格競争をするということは価格を安く抑えるということであり、そのためには生産費を抑えなければならない。

⑤ 正解　Ⓒ

第6パラグラフで示されたように、自動化の役割は何か。

Ⓐ イギリス人労働者の仕事は奴隷によってなされ、その結果彼らは職を失った。
Ⓑ 伝統的な家内工業を台無しにした。
Ⓒ それはイギリスが帝国として台頭する原動力となった。
Ⓓ 機械が人間の労働力より安価であることを証明した。

> **解説**　パッセージの詳細に関する問題。第2文の "heralded the rise of the British Empire" が根拠となり Ⓒ が正解。Ⓐ Ⓑ Ⓓ は記述がない。

⑥ 正解　Ⓒ

筆者は第7パラグラフで工場からの煙について述べているがその目的は

Ⓐ 工場がどれだけ忙しく、生産的であったかを示すため
Ⓑ 私たちを大気汚染の問題に注目させるため
Ⓒ 労働者たちが耐えなければいけなかった汚い環境を説明するため
Ⓓ 工場を家内工業と否定的に比較するため

> **解説**　パッセージの記述の意図についての問題。第4文の "Workers had no laws to protect them" では労働者たちが保護されていなかったということが述べられ、そのあとに "slum" という言葉を使い、労働環境の劣悪さを説明している。その文脈で "smoke" が言及されている。よって Ⓒ が正解。

⑦ 正解　Ⓓ

第8パラグラフの情報にもとづくと、正しいものはどれか。

Ⓐ 労働者運動と社会主義は常に同時にあった。
Ⓑ イギリス政府はこの関係を積極的に認めた。
Ⓒ 当然、産業資本主義者たちはこの関係を断とうとした。
Ⓓ 地主たちはイギリスの資本主義において資本家よりも影響力があった。

パッセージの詳細に関する問題。第8パラグラフのBritish capitalism was propelled less by industrial capitalists than by powerful aristocratic landowners が根拠になる。less…than が正確に読めるかどうかが重要。イギリスの資本主義を推進するにあたって、産業資本の影響力が aristocratic landowners よりも少ない（less）と言っていることがわかれば正解できる。

8 正解 Ⓑ

「ジェントルマン資本主義」という用語は誰を指しているか。

Ⓐ 工場の操業を管理していたビジネスマン
Ⓑ ロンドンの銀行家たちと地主階級
Ⓒ 新しい消費者階級、すなわち賃金労働者
Ⓓ 革命を指揮した産業資本家

パッセージの詳細に関する問題。第8パラグラフ最終文に "The term "Gentlemanly Capitalism" sprang from this fact." とあるので "this fact" が何を指しているのかを確認する。前の文で "At home, British capitalism was propelled less by industrial capitalists than by powerful aristocratic landowners and the banking business of central London." とあるが "less" を正確に読めたかが鍵となる。ここではイギリスの資本主義に影響を与えたのは、産業資本主義者よりも、"aristocratic landowners" や "the banking business of central London" であると言っている。したがって、Ⓑ が正解。

9 正解 Ⓓ

パッセージにある4つの四角［■］は、次の文を挿入できる箇所である。この文をどこに入れるのが最も適切か。

イギリスの商人たちはキャリコなどを物々交換してアフリカの奴隷を買うことで富を得た。奴隷たちはアメリカと西インドに売り飛ばされたのである。

文挿入の問題。Ⓓ の手前にはコットンが国内で消費されただけでなく、アフリカの西海岸にも輸出されたと書いてある。挿入文はコットンを利用してアフリカの奴隷を買ったという内容であるから、コットンがイギリス国外に出たことを意味している。

10 正解　A、C、F

下の文はパッセージ要約の導入文です。パッセージの中で述べられた最も重要な考えを選択肢から3つ選んで、要約を完成させなさい。文の中には、本文中に書かれていないため、あるいは主要な考えでないために答えとして適切でないものが含まれています。この問題の配点は2点です。

空欄には答えの記号を書き入れても、文を書き写してもかまいません。

貿易と技術の進展がイギリスにおける産業革命の発展につながった。

A　イギリスにおけるコットンへの高い需要が一連の発明を引き起こし、それらの発明によって生産過程が自動化された。

B　コットンは冷たい天気でも湿気のある天気でも快適で、そのため服を作るための他の生地の材料よりもよりよいものであった。

C　産業革命に関する最近の研究は、土地所有者と銀行家たちが資本主義の台頭を促したという主張を支持している。

D　飛び杼が開発される前、機織の作業はほとんどが手作業であった。

E　キャリココットンはインドのコルカタにある港の名前からとられた。

F　工場の増加は生産様式だけでなくイギリスの社会も急激に変革した。

> **解説**　要約完成の問題。この設問では、全体のストーリに関する「大きな情報」と、それぞれのストーリの中にでてくる「小さな情報」を見分けることが重要である。要約は当然本文の大まかな流れを説明するものであるから、「小さな情報」は含めないということになる。本文は産業革命全体に関する説明であり、B D E はその中に出てくる部分的な情報にすぎない。また、B はそもそも該当する記述が本文にはない。

各パラグラフの語彙・表現

第 1 パラグラフ

□ kick off	〔動〕開始する
□ overwhelming	〔形〕圧倒的な
□ come about	〔動〕起こる

第 2 パラグラフ

□ tale	〔名〕物語、話
□ spark	〔動〕引き起こす
□ sweep through	〔動〕〜を席巻する
□ dominate	〔動〕支配する
□ fabric	〔名〕生地
□ adore	〔動〕非常に好む
□ retain	〔動〕保つ
□ crisp	〔形〕爽やかな
□ dye	〔動〕染める
□ myriad	〔名〕無数の

第 3 パラグラフ

□ weaver	〔名〕織工
□ spinner	〔名〕紡績工
□ shepherd	〔名〕羊飼い
□ livelihood	〔名〕生計
□ relief	〔名〕救済
□ ban	〔動〕禁止する
□ prohibit	〔動〕禁止する
□ merchant	〔名〕商人
□ smuggler	〔名〕密輸業者
□ carry on	〔動〕続ける
□ domestically	〔副〕国内で

第 4 パラグラフ

□ a string of	〔熟〕一連の〜

第 5 パラグラフ

□ soar	〔動〕上昇する
□ nevertheless	〔副〕それにも関わらず
□ water frame	〔名〕水力紡績機

☐ yarn	〔名〕紡績糸
☐ ensure	〔動〕確実にする
☐ thread	〔名〕糸
☐ loom	〔名〕織機
☐ turn out	〔動〕製造する
☐ bolt	〔名〕一巻き
☐ drain	〔動〕排出する
☐ launch	〔動〕立ち上げる
☐ locomotive	〔名〕機関車

第 6 パラグラフ

☐ encompass	〔動〕巻き込む
☐ herald	〔動〕～の先触れとなる
☐ textile	〔名〕織物

第 7 パラグラフ

☐ wrought	〔動〕もたらした（work の過去形）
☐ enormous	〔形〕巨大な
☐ rampant	〔形〕はびこっている
☐ horde	〔名〕群れ、多数
☐ sewage	〔名〕下水
☐ belch	〔動〕噴出する、吐き出す
☐ soot	〔名〕すす
☐ dire	〔形〕悲惨な
☐ unprecedented	〔形〕前例のない
☐ entity	〔名〕存在
☐ capitalist	〔名〕資本家
☐ a range of	〔熟〕様々な～

第 8 パラグラフ

☐ admittedly	〔副〕明らかに
☐ credit	〔動〕～の功績を認める
☐ tycoon	〔名〕立役者、大物
☐ relevant	〔形〕関連がある
☐ realize	〔動〕（利益などを）得る
☐ propel	〔動〕推進する
☐ aristocratic	〔形〕貴族の、上流階級の
☐ spring from	〔熟〕～から発生する

MAYAN AND AZTEC CIVILIZATIONS

1   Mayan civilization flourished in the countries we know now as Mexico's Yucatan Peninsula, Guatemala and Belize. **A** Mayan cities appeared from the 1st century BCE and Maya's heyday lasted from the 4th through the 9th centuries CE. **B** By the time the Spaniards arrived in the 16th century, Mayan civilization was already on the decline and the technology to make such magnificent stone structures had been lost. **C** This explains why the Spanish could not believe that the people they found living in the jungle had any connection with these megalithic monuments. Thus was born the legend that Mayas had arisen here because of the fabled city of Atlantis or ancient Egyptian civilization. **D**

2   Let us pause for a moment to review the features of Mayan and ancient American civilization. The agriculture of the American continent was corn and potatoes, not rice or wheat. They used neither horses nor cattle for farm animals, so their great stone structures were presumably built on the strength of human labor. The lack of any wheeled transport must have made such work unimaginably hard. Another key point is their lack of any metal tools. All of which deepen the mystery of how the Mesoamerican peoples could possibly have erected monuments made of stones weighing hundreds of tons. Most famous perhaps is the highly developed astronomy of the Mayan civilization. The Mayan calendar divided a year into 365.2420 days. Modern calculations put it at 365.2422 days—the merest fraction of a difference.

3   Mayan civilization was influenced by the Teotihuacan civilization of Mexico. The Pyramid of the Sun, known as the "City of the Gods," is a remnant of this civilization and currently a major tourist attraction. Built without the aid of pack animals, metal tools, or the wheel it is, astonishingly, the third largest pyramidal structure in the world and weighs over 300 million tons. It is not clear how it was built, who built it, or exactly why the culture that made it collapsed. For whatever reason, however, the civilization gradually declined beginning from around 100 BCE until around the 7th century CE. It is believed that the decline of the Teotihuacan civilization, which had been the center of the region's trade network, triggered the decline of the Mayas.

4   The Teotihuacan civilization in Mexico diminished from about the 10th century CE, and in its place, the Toltec people built an urban civilization. The

Toltecs flourished until the 12th century CE, when the Aztecs arrived, spear in hand. Coming from the north, the Aztecs conquered the cities of the Toltecs one by one and established the Aztec Empire. In the 14th century the capital city of Tenochtitlan was built on an island in Lake Texcoco in the Valley of Mexico. By the beginning of the 16th century, it boasted a population of over 20,000 and in addition to its pyramids and temples, 6,000 people passed in and out daily to make this a bustling and vibrant metropolis. The first Spaniards to lay eyes on it were amazed by its grandeur.

5   The Aztecs practiced ritual human sacrifices of great cruelty. They believed that if a human sacrifice were not offered to the sun every day, the sun would not rise and the world would end. In a horrific ceremony, priests took the still beating hearts out of human sacrificial victims—daily and by the dozens—and offered them to the Sun God. The victims were slaves and prisoners from other tribes. To many living under Aztec rule, this inspired a deep hatred of the Empire for such cruelty.

6   In 1519 Spanish Conquistador Cortes mounted an expedition to the Gulf Coast. Entering Mayan territory, Cortes, with the aid of an interpreter, a fellow Spaniard, who had shipwrecked there 8 years earlier, marched to the Mexican Plateau. Cortes had only 500 soldiers, but reinforced by disgruntled natives, managed to subdue Tenochtitlan and make the Aztec Emperor his puppet. In 1521 when the Aztecs revolted, Cortes crushed the Aztec Empire and Tenochtitlan was utterly destroyed. In its place, Cortes established Mexico City. Now, there is neither a lake, nor much else to attest to the glory of the Aztec Empire.

1 Which of the following best states the reason for the Spanish explorers' belief in a mythical city Atlantis mentioned at the end of paragraph 1?

   Ⓐ Mayan people claimed a direct descent from the fabled city Atlantis.

   Ⓑ The Mayans could no longer make the wondrous stone monuments found there.

   Ⓒ The stone monuments were clearly Egyptian, not Mayan.

   Ⓓ Present-day Mayans looked nothing like earlier Mayans.

2 Why does the author ask the reader to "pause for a moment to review the features of Mayan and ancient American civilization" in paragraph 2?

   Ⓐ He wants the reader to take a break before continuing reading the passage.

   Ⓑ He wants to provide perspective on the great achievement of the Mayans.

   Ⓒ He wishes to stress the fact that the Mayans' staple food was corn, not wheat.

   Ⓓ He wishes to summarize the content of the essay up to this point.

3 The phrase merest fraction in paragraph 2 is closest in meaning to which of the following?

   Ⓐ The literal difference between 2 sets of numbers

   Ⓑ An amazingly close interval

   Ⓒ A time difference that is insignificant

   Ⓓ A gap that is too big to consider

4 It can be inferred from the discussion in paragraph 3 that the Pyramid of the Sun

   Ⓐ has been a major tourist attraction since ancient times

   Ⓑ was built by a race that had neither tools nor wheels

   Ⓒ was probably built after the 7th century CE

   Ⓓ was built by a culture that eventually collapsed

5 According to paragraph 3, which of the following is NOT true of the Pyramid of the Sun?

ⓐ Modern scientists are unable to account for its construction.

ⓑ The race that built it is a mystery.

ⓒ The Egyptians most likely built the Pyramid of the Sun.

ⓓ The stones used were massive and their construction was a mystery.

6 Which of the sentences below expresses the essential information in the highlighted sentence in paragraph 3? Inappropriate choices either change or omit essential information.

ⓐ The center of the Teotihuacan civilization declined because the Mayans refused to trade with them.

ⓑ The strength of the Teotihuacan civilization began to weaken as a result of the decline of the Mayans, who were the region's most influential traders.

ⓒ The Teotihuacan civilization, which was the hub of trade in the region, began to decrease in importance, adversely affecting the Mayan people.

ⓓ Both the Teotihuacan and Mayan civilizations declined because they could not trigger trading in their central regions.

7 According to paragraph 4, why was the Toltec civilization unable to endure?

ⓐ The Aztecs constructed a capital city in the Valley of Mexico, disrupting the Toltec way of life.

ⓑ The Toltecs were conquered by the Teotihuacan from the north.

ⓒ The Toltecs built an urban civilization where the Teotihuacan once were.

ⓓ The Toltecs fell to the Aztecs, who were stronger warriors.

8 What does the phrase spear in hand in paragraph 4 suggest?

ⓐ Technology

ⓑ Aggression

ⓒ Hunting

ⓓ Trade

9 Look at the four squares [■] that indicate where the following sentence could be added to the passage.

This period saw the construction of huge stone pyramids and temples.

Where would the sentence best fit?

Ⓐ **A**

Ⓑ **B**

Ⓒ **C**

Ⓓ **D**

10 **Directions:** An introductory sentence for a brief summary of the passage is provided below. Complete the summary by selecting the THREE answer choices that express the most important ideas in the passage. Some answer choices do not belong in the summary because they express ideas that are not presented in the passage or are minor ideas in the passage. *This question is worth 2 points.*

Write your answer choices in the spaces where they belong. You can either write the letter of your choice or you can copy the sentence.

Despite certain limitations, the Mayans were a civilization that was able to flourish for many centuries.

-
-
-

Answer Choices

A A Even though they lacked certain tools for heavy work, the Mayans were able to build truly impressive architectural structures.

B The Mayans were eventually conquered by the Spanish, even though the Mayan civilization had been declining and their glory days long past by the time the Spanish first arrived.

C The Mayan civilization covered extensive territory throughout Mesoamerica and, using limited tools, erected wondrous monuments that inspire speculation and admiration to this day.

D Although there are various theories, none satisfactory, which try to explain the decline of the Mayans, their disappearance set the stage for the eventual appearance of another important civilization: the Aztecs.

E The Aztecs were mighty warriors and were able to conquer both the Mayan and Teotihuacan civilizations before the arrival of the Spanish.

F The Mayans developed a highly precise calendar and superb astronomical methods despite not having sophisticated tools.

マヤ文明とアステカ文明

本文訳

1　マヤ文明は現在私たちがメキシコのユカタン半島、グアテマラ、ベリーズとして知る国々で栄えた。マヤの都市は紀元前1世紀から現れ、マヤの全盛期は紀元4世紀から9世紀にかけて続いた。この時期に巨大な石造りのピラミッドや寺院が建設された。16世紀にスペイン人が到着するまでに、マヤ文明はすでに衰退しかかっており、そのような立派な石の建造物を建てる技術はすでに失われていた。それでスペイン人はジャングルで発見した人々がこれらの巨石記念建造物と関係があったことが信じられなかったのである。そういうわけで、マヤがここで出現した理由は伝説的なアトランティスの都市または古代エジプト文明であるという伝説が生まれた。

2　少し立ち止まってマヤ文明と古代アメリカ文明の特徴をおさらいしよう。アメリカ大陸の農業は米や麦ではなく、とうもろこしとジャガイモであった。彼らは家畜用に馬も牛も使用しなかったため、彼らの壮大な石の建造物はおそらく人間の労働力によって建てられた。車輪を使った輸送がなかったことで、そのような作業は想像もつかないほど過酷だったに違いない。もう一つの重要な点は、彼らには金属製の道具が全くなかったということである。これらすべてのことが何百トンもの重さがある石で作られた建造物をいったいどのように中央アメリカの人々が建てることができたのかという謎を深める。もっとも有名なのは、おそらくマヤ文明の非常に発達した天文学だろう。マヤの暦は1年を365.2420日に分けていた。現在の計算では1年は365.2422日としている。ほぼ差がないのである。

3　マヤ文明はメキシコのテオティワカン文明によって影響を受けた。「神々の都市」として知られる太陽のピラミッドはこの文明の残存物であり、現在主要な観光地である。荷を運ぶ動物、金属製の道具、または車輪の助けを借りずに建てられたこのピラミッドは驚くことに世界で3番目に大きいピラミッド型の建造物で3億トン以上の重量がある。それがどのように建てられたか、誰が建てたのか、またそれを作った文化が一体なぜ崩壊したのか明らかではない。しかし、理由が何であれ、その文明は紀元前100年頃から紀元7世紀ごろにかけて次第に衰退していった。その地域の貿易網の中心であったテオティワカン文明の衰退がマヤ族の衰退のきっかけとなったと考えられている。

4　メキシコにあるテオティワカン文明は紀元10世紀ごろから縮小し、その代わりにトルテック族が都市文明を築いた。トルテック族はアステカ族が手に槍を持ってやって来る紀元12世紀まで栄えた。北から来たアステカ族はトルテック族の都市を1つずつ征服し、アステカ帝国を築いた。14世紀に首都テノチティトランがメキシ

コ盆地にあるテスココ湖の島に設立された。16世紀初期までには2万人以上の人口を抱え、ピラミッドと寺院に加えて、6千人が日々出入りし、これを慌ただしい活気のある大都市にした。それを見た最初のスペイン人たちはその壮大さに驚いた。

⑤　アステカ族は人をいけにえとして捧げる非常に残酷な儀式をしていた。彼らはもし毎日太陽に人をいけにえとして捧げなければ、太陽は昇ることがなく、世界が終わると信じていた。神官は恐ろしい儀式でまだ鼓動している心臓を毎日数十個も取り出し太陽神に捧げた。その被害者は他の部族出身の奴隷と囚人であった。アステカの支配下で生活する多くの人々にとって、これはそのような残酷性に対してその帝国への深い嫌悪を呼び起こした。

⑥　1519年にスペインのコンキスタドール（征服者）であったコルテスは、メキシコ湾岸に向けて遠征を開始した。マヤ族の領土に入るにあたり、コルテスは8年前にそこで船の難破を経験した仲間のスペイン人である通訳の助けを借りて、メキシコ高原へ進軍した。コルテスには500人の兵士しかいなかったが、不満を抱いていた原住民から援軍を得て、どうにかしてテノチティトランを征服し、アステカ帝国を彼のあやつり人形とした。1521年にアステカ族が反乱を起こすとコルテスはアステカ帝国を壊滅し、テノチティトランは完全に破壊された。その場所にコルテスはメキシコシティを建立した。今ではアステカ帝国の栄光を立証する湖もその他ほとんど何も残っていない。

※ 11 点満点。配点：Q1 ～ Q9 は、各問 1 点。Q10 は、3 つ正解＝2 点、2 つ正解＝1 点、1 つ～ 0 正解＝0 点。解答は順不同で可です。

1. Ⓑ   2. Ⓑ   3. Ⓑ   4. Ⓓ   5. Ⓒ   6. Ⓒ   7. Ⓓ
8. Ⓑ   9. Ⓑ

10. Even though they lacked certain tools for heavy work, the Mayans were able to build truly impressive architectural structures.

- Ⓐ / Even though they lacked certain tools for heavy work, the Mayans were able to build truly impressive architectural structures.

- Ⓒ / The Mayan civilization covered extensive territory throughout Mesoamerica and, using limited tools, erected wondrous monuments that inspire speculation and admiration to this day.

- Ⓕ / The Mayans developed a highly precise calendar and superb astronomical methods despite not having sophisticated tools.

設問文の訳と解答・解説

1 正解　Ⓑ

第 1 パラグラフの最後に言及された神話上の都市であるアトランティスをスペイン人探検家が信じていた理由を最もよく述べているのはどれか。

Ⓐ マヤ族は伝説上の都市であるアトランティスの直系の家系だと主張していた。
Ⓑ マヤ族はそこで発見された驚くべき石の建造物をもはや作ることはできなかった。
Ⓒ その石の建造物はマヤのものではなく、明らかにエジプトのものであった。
Ⓓ 現在のマヤ族は昔のマヤ族とは全く似ていない。

解説　パッセージの詳細に関する問題。マヤ文明が出現したのはアトランティスによるという伝説が生まれたのは、第 3 ～ 4 文にスペイン人が到着したときには、「そのような立派な石の建造物を建てる技術はすでに失われていた」とあり、そのため「スペイン人がジャングルで発見した人々がこれらの巨石記念建造物と関係があったことが信じられなかった」とあるため、Ⓑ が正解。

② 正解　Ⓑ

なぜ筆者は第2パラグラフで読者に少し立ち止まってマヤ文明と古代アメリカ文明の特徴をおさらいするよう求めるのか。

Ⓐ 彼は読者に本文を読み進める前に休憩を取って欲しいから。
Ⓑ 彼はマヤ族の偉業についての視点を提示したいから。
Ⓒ 彼はマヤ族の主食は麦ではなく、とうもろこしであったという事実を強調したいから。
Ⓓ 彼はエッセーのここまでの内容をまとめたいから。

> **解説**　パッセージの記述の意図についての問題。第2パラグラフでは古代アメリカ文明では金属製の道具を使わず、人間の労働力だけで壮大な石の建造物を作ったことが述べられており、最後の3文でマヤ文明の非常に正確な暦について言及されているため、Ⓑ が正解。

③ 正解　Ⓑ

第2パラグラフにある merest fraction という語句に意味が最も近いのは

Ⓐ 2つの数の集まりの間にある文字通りの差
Ⓑ 驚くほど近い差
Ⓒ あまり重要ではない時差
Ⓓ 大きすぎて考慮できない差

> **解説**　語彙の問題。"merest fraction"（ほんのわずかでしかない）に最も近い意味をもつのは Ⓑ "an amazingly close interval"。

④ 正解　Ⓓ

第3パラグラフでの考察から推測すると、太陽のピラミッドは

Ⓐ 古代から主要な観光地であった
Ⓑ 道具も車輪も持たない人種によって建てられた
Ⓒ 紀元7世紀後におそらく建てられた
Ⓓ ある文明によって建てられたが、その文明は最終的には崩壊した。

> **解説**　パッセージの内容から推測する問題。第2文に「現在主要な観光地である」とあるが、古代からそうだったとは述べられていない。第3文にそのピラミッドは「金属製の道具、または車輪の助けを借りずに建てられた」とあるが、道具がなかったとは述べられていない。よって Ⓐ も Ⓑ も不適で、Ⓒ は言及がない。第4文に why the culture that made it collapsed とあるので Ⓓ が正解。

5 正解 Ⓒ

第3パラグラフによると、太陽のピラミッドに関して正しくないものはどれか。

Ⓐ 現代の科学者たちはその建設について説明できない。
Ⓑ それを建てた人種は謎である。
Ⓒ エジプト人が太陽のピラミッドを建てた可能性が最も高い。
Ⓓ 使用された石は巨大で、それらの建設は謎であった。

> **解説** パッセージに記述のない事柄を選ぶ問題。第4文に「それがどのように建てられたか、誰が建てたのか、またそれを造った文化が一体なぜ崩壊したのか明らかではない」とあるので、Ⓒ は本文の内容と一致しない。

6 正解 Ⓒ

第3パラグラフのハイライトされた文の最も重要な情報を表現しているのは、以下のどの文か。間違った選択肢は、大きく意味が変わっているか、必須情報が除かれている。

Ⓐ マヤ族が彼らとの貿易を拒否したため、テオティワカン文明の中心地が衰退した。
Ⓑ テオティワカン文明の力は、地域で最も影響力のある商人であるマヤ族の衰退の結果として弱まり始めた。
Ⓒ 地域の貿易の要所であったテオティワカン文明の重要性が低下し始め、マヤ族の人々に悪影響を及ぼした。
Ⓓ テオティワカン文明とマヤ文明の両方の文明は、中心部で貿易活動を誘発することができなかったため衰退した。

> **解説** 文の言い換えの問題。動詞 trigger は cause の同義語で「引き起こす」の意味。テオティワカン文明の衰退がマヤ族の衰退を招いたという因果関係を押さえれば Ⓒ が選べる。Ⓐ と Ⓑ はマヤ族がテオティワカン文明の衰退の原因となっているので誤り。Ⓓ は同じ語句が使われているが意味が全く異なる。

7 正解 Ⓓ

第4パラグラフによると、トルテック文明が長続きしなかったのはなぜか。

Ⓐ アステカ族はメキシコ盆地に首都を建設し、トルテック族の生活様式を崩壊させた。
Ⓑ トルテック族は北からやって来たテオティワカン族に征服された。
Ⓒ トルテック族はテオティワカン文明がかつてあった場所に都市文明を建設した。

　Ⓓ　トルテック族はより強力な戦士であったアステカ族の手に落ちた。

解説　パッセージの詳細に関する問題。第4パラグラフ第2文と第3文の内容と一致する Ⓓ が正解。同じ第2文と第3文からトルテック族を征服したのはアステカ族なので Ⓑ は誤り。同パラグラフ第2文から第4文にかけての記述によると、アステカ族が首都を建設したのはトルテック文明を征服した後なので Ⓐ は不適。同パラグラフ第1文のトルテック族が文明都市を築いたという記述に in its place という表現が含まれているが、これは「テオティワカン文明の代わりに」という意味なので、Ⓒ とは内容的に一致しない。

8　正解　Ⓑ

第4パラグラフにある spear in hand という語句は何を示唆しているか。

　Ⓐ　技術
　Ⓑ　侵略
　Ⓒ　狩り
　Ⓓ　貿易

解説　パッセージの内容から推測する問題。第3文に「アステカ族はトルテック族の都市を1つずつ征服し」とあることから、"spear in hand"（手に槍を持って）という表現は Ⓑ "aggression"（侵略）を意味する。

9　正解　Ⓑ

パッセージにある4つの四角［■］は、次の文を挿入できる箇所である。この文をどこに入れるのが最も適切か。

この時期に巨大な石造りのピラミッドや寺院が建設された。

解説　文挿入の問題。This period（この時期）という表現に注目して、具体的な年代に関する記述を探す。Ⓐ と Ⓑ の間に4世紀から9世紀、Ⓑ と Ⓒ の間に16世紀とあるが、巨大な建造物が建設されたという内容を考えると、Maya's heyday（マヤの全盛期）という表現の後の Ⓑ が適切だ。Ⓒ は such magnificent stone structures had been lost（そのような立派な石の建造物を建てる技術はすでに失われていた）という記述の後なので、適合しない。

10 正解　A、C、F

下の文はパッセージ要約の導入文です。パッセージの中で述べられた最も重要な考えを選択肢から３つ選んで、要約を完成させなさい。選択肢の中には、本文中に書かれていないため、あるいは主要な考えでないために要約文にならないものが含まれています。この問題の配点は２点です。

空欄には答えの記号を書き入れても、文を書き写してもかまいません。

特定の制限があったにもかかわらず、マヤ族は何世紀にもわたって繁栄することのできた文明だった。

[A] 重労働に必要な特定の道具がなかったが、マヤ族は実に見事な建造物を建設することができた。

[B] スペイン人が最初に到着するまでにマヤ文明は衰退していてその栄光の日々は過ぎ去っていたが、マヤ族は最終的にスペイン人によって征服された。

[C] マヤ文明は中央アメリカの広範囲にわたる領土を治め、限られた道具を使用して今日に至るまで推測と賞賛を呼び起こす素晴らしい記念建造物を建設した。

[D] マヤ族の衰退の理由を説明しようとするさまざまな説があり、納得のいくものはないが、彼らの消滅は別の重要な文明であるアステカ文明の来るべき出現の土台となった。

[E] アステカ族は強力な戦士であり、スペイン人が到着する前にマヤ文明とテオティワカン文明の両方を征服することができた。

[F] マヤ族は高度な道具を持っていないにもかかわらず、非常に正確な暦と優れた天文学の手法を開発した。

> **解説**　要約完成の問題。A は第２パラグラフ第３文から第５文と、C は第１パラグラフ全体と、F は第２パラグラフ全体の内容とそれぞれ一致する。第６パラグラフによると、スペイン人が征服したのはアステカ帝国なので B は不適。第３パラグラフ第５文から第４パラグラフ第３文にかけてマヤ文明の衰退からアステカ帝国の興りについて説明されているが、マヤ文明の衰退とアステカ文明の出現に明確な因果関係があるとは述べられていないので、D は不適。第４パラグラフ第２文によるとアステカ族は優れた武力を持ってトルテック族を圧倒したようだが、マヤ文明やテオティワカン文明を征服したという記述はないので E も不適。

各パラグラフの語彙・表現

第 **1** パラグラフ

□ civilization	〔名〕文明	
□ peninsula	〔名〕半島	
□ heyday	〔名〕全盛期	
□ CE	〔名〕西暦紀元（Common Era の略）	
□ on the decline	〔熟〕衰退して	
□ magnificent	〔形〕壮大な	
□ megalithic	〔形〕巨石の	
□ fabled	〔形〕伝説上の	

第 **2** パラグラフ

□ review	〔動〕おさらいする、復習する	
□ feature	〔名〕特徴	
□ wheat	〔名〕小麦	
□ presumably	〔副〕おそらく	
□ wheeled	〔形〕車輪のついた	
□ transport	〔名〕輸送手段	
□ unimaginably	〔副〕想像を絶するほど	
□ erect	〔動〕建てる	
□ astronomy	〔名〕天文学	
□ calculation	〔名〕計算	
□ fraction	〔名〕少量	

第 **3** パラグラフ

□ remnant	〔名〕残存物	
□ pack animal	〔名〕駄獣、荷物の運搬用の動物	
□ astonishingly	〔副〕驚くべきことに	
□ collapse	〔動〕崩壊する	
□ whatever	〔形〕どのような〜であっても	
□ trigger	〔動〕きっかけとなる	

第 **4** パラグラフ

□ diminish	〔動〕縮小する	
□ in one's place	〔熟〕〜の代わりに	
□ spear	〔名〕槍	

第3章 分野別問題演習 人文・社会科学

□ conquer	〔動〕征服する
□ establish	〔動〕設立する、打ち立てる
□ empire	〔名〕帝国
□ boast	〔動〕誇る
□ bustling	〔形〕騒がしい
□ vibrant	〔形〕活気に満ちた
□ metropolis	〔名〕大都市
□ grandeur	〔名〕壮大さ

第 5 パラグラフ

□ ritual	〔名〕儀式
□ sacrifice	〔名〕生贄
□ cruelty	〔名〕残忍性
□ horrific	〔形〕恐ろしい
□ prisoner	〔名〕囚人、捕虜
□ tribe	〔名〕部族
□ rule	〔名〕支配
□ inspire	〔動〕（感情などを）呼び起こす
□ hatred	〔名〕憎悪

第 6 パラグラフ

□ mount	〔動〕開始する
□ expedition	〔名〕遠征
□ interpreter	〔名〕通訳
□ fellow	〔形〕仲間の
□ shipwreck	〔名〕難破
□ plateau	〔名〕高原
□ reinforce	〔動〕援軍を送る
□ disgruntled	〔形〕不満な
□ manage to V	〔熟〕何とかして V する
□ subdue	〔動〕征服する
□ puppet	〔名〕操り人形
□ revolt	〔動〕反乱を起こす
□ crush	〔動〕壊滅させる
□ utterly	〔副〕完全に
□ attest to	〔動〕立証する
□ glory	〔名〕栄光

第4章

Chapter 4

実戦模試

CLIMATE CHANGE AND WINE

1   Climate change models currently predict an average increase in global temperatures from 2°F to 11.5°F by the year 2100, depending on future usage levels of fossil fuels. Higher sea levels, extreme weather events, and reduced crop yields will accompany this temperature rise. Due to their sensitive nature, grapes grown for wine production can function as global indicators of future shifts in climate.

2   Grapes are a fruit that will ripen only on the vine, and wine grapes have a very small window in which they can be picked. Since it has been said that good wine is all in the grape, the timing of the harvest is crucial. When picked, grapes must contain an appropriate balance of sugar and acid quantities, and they must be at the peak of flavor and color. Grape varieties are therefore selected for particular climates based on their sugar to acid ratio, color, and flavor peaking at the same time. **A** As the climate of a region heats up, the optimal sugar to acid ratio occurs at a much earlier time, before the flavor and color reach optimal levels. **B** Increased heat also impacts these grapes in different ways. For example, higher temperatures produce more sugar in the fruit, and since sugar is converted to alcohol during the fermentation process, these wines would have higher levels of alcohol. **C** The quality of wine is also greatly affected by its phenolic compounds. **D** One key phenolic compound is known as tannin. In high concentrations, tannin can prove to be extremely bitter, but in small quantities it helps to cleanse the wine drinker's palate[1]. Unfortunately, in grapes grown in higher than usual temperatures, the production of tannin is inhibited.

3   With a fruit that is so sensitive to changes in climate, vineyards around the world are slowly beginning to prepare for a worst-case scenario. There have been calls for vineyards to simply pick up and move to locations a bit farther north so that the same grape varieties can be grown and the same wine produced. This, however, is not as easy as it seems. Such a move can prove to be prohibitively expensive; not only does the entire infrastructure need to be relocated, but new grapevines will also need to be planted. Since it takes five to six years for a vineyard to reach full production, this is not something that can be easily done. Of course, there is the question of the availability of land as well. Furthermore, the topography of the site can vary considerably depending on the

variety of grape—it is also extremely important to make planting choices on the microclimates within a particular site. Besides microclimate, there are issues of airflow, local pests and diseases, and natural irrigation considerations. In addition, the soil profile of locations only 10 miles away can be markedly different, and soil is responsible for imparting much of the flavor to the grapes. Finally, the peculiarities of any site need to be learned over time.

4　　Of course, new varieties of grapes could be developed that are more capable of flourishing in warmer climates, but the development of such varieties can take years. And after investing all of that time and energy, there is no guarantee that these new grape varieties will produce quality wines.

5　　Another approach is to try and extend the lifespan of vineyards that are slowly heating up by employing techniques designed to mitigate the effects of heat. Vineyard managers are considering installing overhead sprinkler and mist systems to lower temperatures near the grape vines. They are also planning to use shade cloth and to position leaves to protect individual bunches of grapes from the sun. These are costly procedures, but with such a sensitive crop, they can be worth the cost and effort. Of course, there is always the possibility of modifying the wine itself by removing some of the alcohol, adding acid, or altering the color or flavor, but these would harm the flavor profiles of the wines that consumers have come to rely upon.

1. Palate: An individual's sense of taste

1 What does the author imply about climate change in paragraph 1?

Ⓐ Higher sea levels will bring about increases in temperature.

Ⓑ Climate change models have a significant margin of error.

Ⓒ A decreased use of fossil fuels will help to restrict the amount of temperature increase.

Ⓓ Wine grapes may be the most effective indicators of climate change.

2 In stating in paragraph 2 that the wine grapes have "a very small window in which they can be picked" the author means that

Ⓐ a very unusual combination of weather conditions dictate when wine grapes can be picked

Ⓑ there is a very narrow period of time during which grapes can be harvested

Ⓒ the optimal commercial value of wine grapes exists for only a very short time

Ⓓ because wine grapes need to ripen on the vine, there is a limit to the amount of harvesting that can take place

3 According to paragraph 2, tannin in wine grapes

Ⓐ increases in concentration as temperature increases

Ⓑ can be a desired phenolic compound in small quantities

Ⓒ is extremely bitter when it has been inhibited by temperature

Ⓓ is often removed in order to increase the quality of the wine

4 Which of the following sentences below best expresses the essential information in the highlighted sentence in paragraph 3? Incorrect choices change the meaning in important ways or leave out essential information.

Ⓐ It has been suggested that in order to grow the same grapes and produce the same wine, vineyards should relocate to the north.

Ⓑ There have been phoned in requests for vineyards to move north so that they can grow the same grapes and create the same wine.

© Vineyards should be moved north so that they can grow grapes and produce the same wine.

ⓓ Others have demanded that vineyards move to the north if they guarantee that they will grow the same grapes and produce the same wine.

5 According to paragraph 3, all of the following are relocation concerns facing vineyard owners EXCEPT

Ⓐ the land features

Ⓑ the shipping of grapevines

Ⓒ costs

Ⓓ the availability of land

6 Why does the author mention soil in paragraph 3?

Ⓐ Because it can vary considerably within a relatively limited distance

Ⓑ Because of its weak association with the flavor of the grapes

Ⓒ Because it is a key consideration when evaluating irrigation needs

Ⓓ Because it is closely linked to the growth of the wine grapes

7 The word mitigate in paragraph 5 is closest in meaning to

Ⓐ intensify

Ⓑ transfer

Ⓒ lessen

Ⓓ eliminate

8 According to paragraph 5, what is one of the drawbacks of altering the wine once it has been produced?

Ⓐ It can be harmful to the consumers.

Ⓑ It requires a tremendous amount of effort.

Ⓒ It is an expensive process.

Ⓓ The consumers might be disappointed by the changes in flavor.

9 Look at the four squares [■] that indicate where the following sentence can be added to the passage.

Wine makers would then be forced to choose which of these qualities to sacrifice.

Where would the sentence best fit?

Ⓐ **A**
Ⓑ **B**
Ⓒ **C**
Ⓓ **D**

10 **Directions:** An introductory sentence for a brief summary of the passage is provided below. Complete the summary by selecting the THREE answer choices that express the most important ideas in the passage. Some answer choices do not belong in the summary because they express ideas that are not presented in the passage or are minor ideas in the passage. *This question is worth 2 points.*

Write your answer choices in the spaces where they belong. You can either write the letter of your choice or you can copy the sentence.

Climate change will have a significant effect on both wine grapes and vineyards.

-
-
-

Answer Choices

A It may be possible for vineyards to utilize techniques designed to mitigate the stress placed on the wine grapes due to increased temperatures.

B Replanting a vineyard is a very expensive process.

C Some vineyard owners would be reluctant to relocate because they are resistant to working with new varieties of wine grapes.

D Vineyards would find it quite difficult to relocate due to a variety of factors related to time and cost.

E Vineyard owners may find it best to change certain characteristics of the wine after it has been produced.

F Wine grapes are extremely sensitive to fluctuations in climate, and this can adversely affect the coordination of their peak color, flavor, and sugar to acid ratio.

GREEK POTTERY

1   In ancient Greece, pottery was indispensable, having been used for a wide variety of purposes, from transporting wine to serving as chamber pots. Despite its perceived fragile nature, pottery was significantly more durable than either wood or paper, and many earthenware vessels have been excavated across areas of former Greek influence. These excavations have led to important discoveries not only about their use, but also about ancient trade routes. Because the materials used to make, and the forms of, pottery varied from place to place, archeologists can understand how the ancient Greeks exchanged goods among themselves and with the outside world.

2   Greek pottery was often highly decorative, with excavated samples having a wide variety of themes and subjects painted on them. Although scenes from Greek mythology, literature, or history are common, it is not unusual to see simple geometric designs as well. Because these images are generally the only surviving form of ancient Greek painting, they offer invaluable insights into their everyday life and belief systems. In particular, an individual ceramic's motif can give researchers a clear indication of its age. This is because certain trends appeared at different times, as styles of art entered into or left popularity. For example, images of the sea or flowers were in vogue throughout the Bronze Age (around 3,000–1,100 BC) while geometric patterns were common during the Greek Dark Age (around 1,100–750 BC). With the conclusion of the Dark Age and the establishment of the polis system of government, people and animals were often painted alongside geometric patterns.

3   Because they're particularly striking, silhouetted images of people and animals are often associated with Greek pottery. This style emerged in the 7th century BC, and went through several different stages of development. At first, a black glaze was used on bright-colored clay. Found throughout the Mediterranean basin, the high-contrast between the background and foreground allowed for detailed depictions of bodies, armor, or clothing with the use of fine lines. Around 520 BC, the prevalent colors were reversed, and a bright reddish glaze was used to paint figures on black clay. Details were then added with a black glaze. This style was popular both within and outside Greece, and Athens was known as a famous production center. Examples of this style of pottery haven been found as

far away as Etruria, in central Italy. Finally, a third style of silhouetted images appeared about the same time as the red-figured paintings. This style featured a white background, with figures added with glazes of various colors. Because the contrast is less prominent, however, it seems that this style was less popular than the other two.

4　　　Some vases have the names of potters or studios inscribed on them. By examining their distribution, archaeologists can gain clues about the trade patterns of the time. For example, Rhodes, a naval power in the eastern Mediterranean, was famous for the production of amphorae during the Hellenistic period. These bottle-shaped earthenware containers were commonly used to store and transport wine, olive oil, or cereals via ship. Produced in Rhodes, they have been widely excavated, from Spain to the banks of the Euphrates River. Characterized by two handles bent at an acute angle, the amphorae of Rhodes were stamped with inscriptions of the studio that made them and the year they were produced. From these inscriptions, it is possible to determine the age of particular excavations, which has significant archaeological value.

5　　　In addition to storage and decoration, Greek pottery was also an indispensable part of Athenian democracy, the symbol of the Greek polis system. Specifically, pottery was used in ostrakismos, or ostracism. **A** Members of the voting public would use small pieces of pottery, called ostraca, to write the names of individuals that they would like expelled from the city. **B** When the tally of votes reached a certain amount, that person would be ostracized for ten years. **C** To date, more than ten thousand ostraca have been found within the ruins of Athens. **D** These artifacts are important sources of information about the history of the city, especially in the first half of the 5th century BC, as written records of the era are limited.

1 The word vessels in paragraph 1 is closest in meaning to

Ⓐ boats
Ⓑ containers
Ⓒ statues
Ⓓ tablets

2 Which of the following best expresses the essential information in the highlighted sentence in paragraph 2? Incorrect choices change the meaning in important ways or leave out essential information.

Ⓐ Not all Greek paintings that exist today can teach about ancient lifestyles and belief systems.
Ⓑ Archeologists use pottery more than paintings to understand ancient religious practices.
Ⓒ Pottery is an important indicator of everyday Greek culture, because no other form of painting from the time exists.
Ⓓ Ceramics with geometric designs have survived more than other styles, teaching people about Greek lifestyles.

3 The word motif in paragraph 2 is closest in meaning to

Ⓐ pattern
Ⓑ concept
Ⓒ structure
Ⓓ material

4 According to paragraph 2, what is true of pottery with floral designs?

Ⓐ They were popular in the Bronze Age.
Ⓑ It was seen during the latter part of ancient Greek history.
Ⓒ This style was most common after the Dark Age.
Ⓓ They were seen alongside pots with images of people.

5 Why does the author mention Etruria in paragraph 3?

  Ⓐ To show the popularity of a particular style of pottery

  Ⓑ To indicate where the pots were produced

  Ⓒ To give an example of a type of design

  Ⓓ To demonstrate how designs differed from place to place

6 According to paragraph 5, which of the following is true?

  Ⓐ Pottery was used to vote for politicians in ancient Athens.

  Ⓑ Ostraca were only used before the 5th century BC.

  Ⓒ Over ten thousand people have discovered ostraca.

  Ⓓ Those banished from Athens had to wait ten years before returning.

7 What can be inferred from paragraph 5?

  Ⓐ Only Athens used the system of ostraca.

  Ⓑ Early Greek history was written on pottery.

  Ⓒ Athens is representative of the Greek political system.

  Ⓓ People who made pottery were sometimes ostracized.

8 All of the following were mentioned as a way to determine a pot's age EXCEPT

  Ⓐ the type of glaze

  Ⓑ its contents

  Ⓒ inscriptions by its maker

  Ⓓ the design of its exterior

第4章 実戦模試

9 Look at the four squares [■] that indicate where the following sentence can be added to the passage.

This indicates that the practice was quite popular at the time.

Where would the sentence best fit?

- Ⓐ **A**
- Ⓑ **B**
- Ⓒ **C**
- Ⓓ **D**

10 **Directions:** An introductory sentence for a brief summary of the passage is provided below. Complete the summary by selecting the THREE answer choices that express the most important ideas of the passage. Some sentences do not belong because they express ideas that are not presented in the passage or are minor ideas in the passage. *This question is worth 2 points.*

Write your answer choices in the spaces where they belong. You can either write the letter of your choice or you can copy the sentence.

Archaeologists use many different techniques to understand ancient Greek culture.

- •
- •
- •

Answer Choices

A Greeks had a wide variety of uses for pottery, from holding wine and olive oil to serving as chamber pots.

B From the color of the clay to the inlayed motifs, scientists have found out important cultural data from excavated pots.

C In part, this is because these artifacts have proven to be longer lasting than many other materials.

D Naval powers, like Athens and Rhodes, were about to dominate the pottery trade at the time through the use of many ships.

E From even the smallest of fragments, pottery artifacts tell us about the birthplace of western culture, religion, and democracy.

F People didn't waste anything, and often cast votes using pieces of pottery.

COOPERATIVE BEHAVIOR

1   Early humans were able to accomplish an incredible feat: surviving in a world filled with huge predatory animals while armed with only the most rudimentary of tools and no appreciable physical weapons such as fangs or claws. It is often suggested that humans' survival was made possible by their clever minds and their aggressive tendencies. It may be however that, rather than self-interested aggression, the human trait of cooperation is what allowed us to survive—and thrive.

2   Studies of bonobos[1] and chimpanzees, humankind's closest living relatives, have revealed some of the characteristics of their cooperative behavior that may shed some light onto our own tendencies. First of all, cooperation in these primates is often based on mutual exchange. When a chimpanzee is given a gift by another chimpanzee, be it grooming or food, it is likely to return the favor at a later time. This reciprocal relationship tends to strengthen over time, to the benefit of both parties involved. Second, cooperation between primates is not dependent on direct kinship. **A** Studies have shown that some of the strongest non-sexual partnerships in primates exist between individuals that are not blood relatives. **B** Finally, cooperation may be based on a sense of compassion or empathy. **C** Primates, however, seem to show a specific caring for other primates. **D** In fact, studies have shown that primates will make choices that specifically benefit others.

3   When this last characteristic is taken to a higher level, it morphs into altruism. This trait can be observed in humans when they put their own lives in danger to save a stranger from a burning building. It can also be witnessed in primates when they defend other primates from predators, at the risk of injury or death to themselves. Primates and humans also have a strong tendency to ensure that rewards are shared in equal portions.

4   Despite these similarities, humans possess a few key differences that may have contributed to our becoming the dominant species on this planet. First of all, we have a much greater affinity towards cooperating with outsiders than a primate would. In the wild, most primates become extremely territorial when they encounter individuals outside of their own group. They are very likely to either attack such an individual, or at least to chase it out of their territory.

While humans certainly show a degree of suspicion of outsiders, they are much less likely to attack or chase away someone who does not belong to their group. Humans also show a greater awareness of and attachment to their own reputations. They place stock in how they and others are perceived and judged by their group. Naturally they tend to reward those with good reputations who exhibit positive actions, such as hard work, and to punish those with poor reputations who behave less favorably, such as those who shirk their duties. And perhaps the greatest difference of all is the ability of humans to cooperate on a level that would be unheard of by any of the primates. Humans can form huge groups of individuals that are organized in a hierarchical manner, groups that can generate incredibly complex outputs, ranging from the Pyramid of Khufu on the Giza Plateau to the International Space Station. While primates do acknowledge alpha leaders in their groups, these leaders do not command the group members when it comes to performing group tasks. Primates work in a much more egalitarian manner, meaning that the ability to create hierarchical groupings with commands being issued from the top down may have been one of the keys to our success as a species.

5　So, despite our physical limitations as a species, our ability to improve upon the cooperative traits of our primate relatives has helped us to achieve the dominance that we currently enjoy.

1. Bonobos: small chimpanzees found primarily in the Democratic Republic of Congo

1 What does the author imply about early humans in paragraph 1?

Ⓐ Their survival was at least somewhat unexpected.

Ⓑ They did not possess the same types of innate physical weaponry that they have today.

Ⓒ Their clever minds were the key to their survival.

Ⓓ Their use of tools allowed them to dominate the huge predatory animals of the time.

2 According to paragraph 2, what would chimpanzee A do after receiving some food from chimpanzee B?

Ⓐ Groom chimpanzee B at a later time

Ⓑ Share the food with other chimpanzees

Ⓒ Offer food to chimpanzee B at some point in the future

Ⓓ Return the food immediately

3 According to paragraph 2, what is one of the key motivating factors for cooperation in primates?

Ⓐ Mutual exchange

Ⓑ Sexual favors

Ⓒ Blood relations

Ⓓ Individual self interest

4 According to paragraph 2, what is true of primates in terms of caring for others?

Ⓐ They show a marked degree of indifference towards others.

Ⓑ The specific caring they show is unquestionably a result of empathy.

Ⓒ Kinship plays a very important role in the amount of caring exhibited.

Ⓓ The courses of action they select can often help others.

5 The word morphs in paragraph 3 is closest in meaning to

Ⓐ reverts

Ⓑ factors

Ⓒ redirects

Ⓓ transforms

6 The phrase place stock in in paragraph 4 is closest in meaning to

Ⓐ invest in

Ⓑ value

Ⓒ exaggerate

Ⓓ store

7 Why does the author mention the International Space Station in paragraph 4?

Ⓐ To give an example of a complex output that would take primates much longer to achieve

Ⓑ To provide a point of contrast for the Pyramid of Khufu

Ⓒ To show how humans have improved their technology

Ⓓ As an example of something created through a human-only level of cooperation

8 According to paragraph 4, what is true of primates in groups?

Ⓐ They will attack all primates with whom they do not share direct kinship.

Ⓑ Despite the presence of alpha leaders, they perform tasks in a democratic manner.

Ⓒ They will punish group members with poor reputations.

Ⓓ They sometimes show a surprising lack of suspicion of others when they are in groups.

9 Look at the four squares [■] that indicate where the following sentence can be added to the passage.

Most mammals, not just primates, respond in a helpful manner to the distress of others.

Where would the sentence best fit?

Ⓐ **A**
Ⓑ **B**
Ⓒ **C**
Ⓓ **D**

10 **Directions:** An introductory sentence for a brief summary of the passage is provided below. Complete the summary by selecting the THREE answer choices that express the most important ideas in the passage. Some sentences do not belong in the summary because they express ideas that are not presented in the passage or are minor ideas in the passage. *This question is worth 2 points.*

Write your answer choices in the spaces where they belong. You can either write the letter of your choice or you can copy the sentence.

The characteristic of cooperation has afforded humans distinct survival advantages.

-
-
-

Answer Choices

A Humans succeeded in nature despite not having the physical weapons to defend themselves against larger prey.

B Humans understand that positive actions lead to having a good reputation, which can be rewarded by their group.

C Kinship is not a determining factor in the cooperation between primates according to research.

D The reciprocal relationship between bonobos and chimpanzees strengthens over time.

E Humans are able to form large groups with clearly defined roles for its members.

F Improvement of cooperative traits has allowed humans to become the dominant species.

気候変動とワイン

本文訳

① 気候変動モデルによると、2100年までに地球の気温が将来における化石燃料の使用の程度によって華氏2度から11.5度の範囲で平均的に上昇すると現在予測されている。この気温上昇には、海面上昇、異常気象、そして作物生産の減少が伴うだろう。その影響を受けやすい性質のため、ワイン生産用に育てられたブドウは、将来の気候変動に対する世界規模の指標の働きをすることができるだろう。

② ブドウは木になっている時にしか熟さない果実であり、ワイン用のブドウを収穫できる機会は非常に少ない。良いワインはすべてブドウの中にあると言われている通り、収穫のタイミングが非常に重要である。ブドウは収穫される時、糖と酸の量の適切なバランスが含まれていなければならず、味と色が最高の状態でなければならない。したがって、ブドウの種類は糖と酸の割合、色、味が同時に最良になった時の状態にもとづいて、特定の気候に合わせて選ばれる。地域の気候が温暖化すると、味と色が最高の状態に達するはるか前に、糖と酸の割合が最適な状態になってしまう。温暖化によって、これらのブドウはまた違った影響を受ける。例えば、気温が上昇するとその果実により多くの糖が生産され、発酵の過程で糖はアルコールに変換されるため、これらのワインのアルコール度数は高くなる。ワインの質はフェノール化合物によっても大きく影響を受ける。重要なフェノール化合物の一つは、タンニンとして知られている。濃度が高いと、タンニンは極度に苦いことがあるが、少量ではワインを飲む人の味覚をすっきりさせることを助ける。残念ながら、通常よりも気温が高い状態で育ったブドウではタンニンの生産が妨げられてしまう。

③ 気候変動にこれほどまでにも敏感である果実を所有する世界中のブドウ園は次第に最悪の事態に備え始めている。同じ種類のブドウを育て、同じワインを生産できるようにブドウ園は単に荷物をまとめて、少し北の場所に移るべきだという声がある。しかしこれは思うほど簡単なことではない。そのような移動は手が出せないほど高額とわかる可能性がある。設備全体を移動する必要があるだけでなく、新しいブドウの木も植える必要がある。ブドウ園が十分に生産できる状態になるまで5〜6年かかるため、これは簡単にできることではない。もちろん、土地が入手可能かどうかという問題もある。さらに、ブドウの種類によって、その土地の地形調査が大いに異なることがある。また、植樹に関する選択は特定の場所内での小気候にもとづいて行うことが非常に重要である。小気候の他にも、風向き、その土地の害虫と病気、そして自然にできた灌漑の考慮という問題もある。加えて、たった10マイルしか離れていない場所の土壌断面は著しく異なることがあり、土壌はその味の多くをブドウに伝える

ことを担っている。最後に、いかなる場所においても、その特徴を時間をかけて学習する必要がある。

4　もちろん、より温暖な気候下で生育がより可能なブドウの新種を開発することはできるが、そのような新種の開発には何年もかかることがある。その時間とエネルギーをすべて投資した後、このような新種のブドウが質の高いワインを生産できる保証はない。

5　もう一つの方法は、熱の影響を抑えるように設計された技術を用いることで徐々に熱くなっているブドウ園の寿命を伸ばすよう試みることである。ブドウ園の管理者はブドウの木近くの気温を下げるために、頭上にスプリンクラーとミスト装置を設置することを考えている。彼らはまた日よけ用の布を使い、太陽から個々のブドウの房を守るために葉を置くことを計画している。これらは費用のかかる手段ではあるが、これほどにも敏感な作物を所有しているため、それらは費用と努力に見合うことがあるだろう。たしかに、アルコールをいくらか取り除く、酸を加える、または色や味を変えることでワイン自体を少し変化させることはいつでも可能ではあるが、これらは消費者が頼みにしてきたワインの味の印象を傷つけることになるだろう。

第4章 実戦模試

※ 11 点満点。配点：Q1 ～ Q9 は、各問 1 点。Q10 は、3 つ正解＝ 2 点、2 つ正解＝ 1 点、1 つ～ 0 正解＝ 0 点。解答は順不同で可です。

1. Ⓒ　　2. Ⓑ　　3. Ⓑ　　4. Ⓐ　　5. Ⓑ　　6. Ⓐ　　7. Ⓒ

8. Ⓓ　　9. Ⓑ

10. Climate change will have a significant effect on both wine grapes and vineyards.

- Ⓐ / It may be possible for vineyards to utilize techniques designed to mitigate the stress placed on the wine grapes due to increased temperatures.

- Ⓓ / Vineyards would find it quite difficult to relocate due to a variety of factors related to time and cost.

- Ⓕ / Wine grapes are extremely sensitive to fluctuations in climate, and this can adversely affect the coordination of their peak color, flavor, and sugar to acid ratio.

設問文の訳と解答・解説

1 正解　Ⓒ

第 1 パラグラフで筆者が気候変動に関して示唆していることは何か。

Ⓐ 海面上昇は気温上昇をもたらすだろう。

Ⓑ 気候変動モデルには大きな誤差の許容範囲がある。

Ⓒ 化石燃料の使用削減は気温上昇の値を制限することを助けるだろう。

Ⓓ ワイン用ブドウは気候変動に対する最も効果的な指標であるかもしれない。

解説　パッセージの内容から推測する問題。第 1 文に「2100 年までに地球の気温が将来における化石燃料の使用の程度によって華氏 2 度から 11.5 度の範囲で平均的に上昇すると現在予測されている」とあるので、Ⓒ が正解。Ⓓ は本文で "the most effective" とは述べられていないので不適。

2 正解　Ⓑ

第 2 パラグラフでワイン用のブドウには a very small window in which they can be picked があると述べながら、筆者が意味していることはどれか。

Ⓐ 通常では滅多にない気象条件の組み合わせがワイン用ブドウをいつ収穫できるかを決定する

Ⓑ ブドウを収穫できる期間は非常に短い

Ⓒ ワイン用ブドウの最良の商品価値は非常に短い期間しか存在しない

Ⓓ ワイン用ブドウは木になっている時に熟される必要があるため、収穫が行われる量には限りがある

> **解説**　パッセージの内容から推測する問題。第3文に「ブドウは収穫される時、糖と酸の量の適切なバランスが含まれていなければならず、味と色が最高の状態でなければならない」とあり、"a very small window" とは「非常に少ない機会」という意味なので、Ⓑ が正解。本文では収穫できる量ではなく、時期を指しているので、Ⓓ は一致しない。

3 正解　Ⓑ

第2パラグラフによると、ワイン用ブドウにあるタンニンは

Ⓐ 気温が上昇するにつれて濃度が高まる

Ⓑ 少量だと望ましいフェノール化合物であることがある

Ⓒ 気温によって（生成が）妨げられると非常に苦い

Ⓓ ワインの質を向上するために取り除かれることがよくある

> **解説**　パッセージの詳細に関する問題。第10文に「少量ではワインを飲む人の味覚をすっきりさせることを助ける」とあるので、Ⓑ が正解。同じ文で「濃度が高いと、タンニンは極度に苦い」とあり、気温が高いとタンニンの生産は妨げられるので、Ⓒ は不適。

4 正解　Ⓐ

第3パラグラフにあるハイライトされた文の重要な情報を最も適切に表現しているものを次のうちから選びなさい。間違った選択肢は、重要な意味に変更があるか、必要な情報を抜かしている。

Ⓐ 同じブドウを育て、同じワインを生産するため、ブドウ園は北に移転すべきだと提案されている。

Ⓑ ブドウ園が同じブドウを育て、同じワインを生産できるので、ブドウ園は北に移転するように電話で要望があった。

Ⓒ ブドウ園は同じブドウを育て、同じワインを生産できるので、ブドウ園を北に移転すべきである。

Ⓓ もしブドウ園が同じブドウを育て、同じワインを生産すると保証するならば、ブドウ園は北に移るべきだと他人が要求した。

文の言い換えの問題。電話による要望があったとは述べられていないので、⑧ は不適。⑥ は 本文の "There have been calls for ..." の部分が反映されていない。⑩ にある "if they guarantee that ..." の部分は本文にはないので不適。

5 **正解** Ⓑ

第3パラグラフによると、ブドウ園の所有者が直面している移転に関する懸念ではないものはどれか。

Ⓐ 土地の特徴
Ⓑ ワイン用ブドウの輸送
Ⓒ 費用
Ⓓ 土地入手の可能性

パッセージに記述のない事柄を選ぶ問題。Ⓒ に関しては第4文に、Ⓓ に関しては、第6文に記述がある。第8文に「風向き、その土地の害虫と病気、そして自然にできた灌漑の考慮という問題もある」とあり、次の文では土壌も考慮する必要があると述べられているので、Ⓐ は本文の内容と一致する。

6 **正解** Ⓐ

第3パラグラフで筆者はなぜ土壌に関して述べているのか。

Ⓐ 比較的限られた距離内でそれは非常に異なることがあるため
Ⓑ ブドウの味との弱い関連性のため
Ⓒ それは灌漑の必要性を評価する際に重要な考慮すべき事柄であるため
Ⓓ それはワイン用ブドウの生育と密接に関係しているため

パッセージの記述の意図についての問題。第3パラグラフではブドウ園が北に移転することの難しさについて説明している。第9文で「加えて、たった10マイルしか離れていない場所の土壌断面は著しく異なることがあり、土壌はその味の多くをブドウに伝えることを担っている」とあることから、移転の難しさをさらに説明しているので、筆者の意図としては Ⓐ が正解。Ⓑ は weak association（弱い関係性）が誤り。

7 正解　Ⓒ

第5パラグラフにある mitigate という単語に意味が最も近いのは

Ⓐ intensify（強化する）
Ⓑ transfer（移す）
Ⓒ lessen（減らす）
Ⓓ eliminate（除去する）

解説　語彙の問題。"mitigate"（軽減する）に最も近い意味をもつのは Ⓒ "lessen"。

8 正解　Ⓓ

第5パラグラフによると、一度生産された後にワインを変えることの欠点の一つは何か。

Ⓐ それは消費者にとって有害になることがある。
Ⓑ それは多大な努力を必要とする。
Ⓒ それは費用のかかる過程である。
Ⓓ 味が変化することで、消費者はがっかりするかもしれない。

解説　パッセージの詳細に関する問題。第5文に「消費者が頼みにしてきたワインの味の印象を傷つけることになるだろう」とあるので、Ⓓ が正解。

9 正解　Ⓑ

パッセージにある4つの四角［■］は、次の文を挿入できる箇所である。この文をどこに入れるのが最も適切か。

ワイン生産者はそれからこれらの性質のうちどれを犠牲にするのか選択を迫られるだろう。

解説　文挿入の問題。挿入文の "these qualities to sacrifice" がポイント。第2パラグラフの第5文に「地域の気候が温暖化すると、味と色が最高の状態に達するはるか前に、糖と酸の割合が最適な状態になってしまう」とあることから、these qualities = sugar to acid ratio, color and flavor だとわかり、Ⓑ に挿入文を加えることで意味がつながる。

10 **正解** A、D、F

下の文はパッセージ要約の導入文です。パッセージの中で述べられた最も重要な考えを選択肢から3つ選んで、要約を完成させなさい。選択肢の中には、本文中に書かれていないため、あるいは主要な考えでないために要約文にならないものが含まれています。この問題の配点は2点です。

空欄には答えの記号を書き入れても、文を書き写してもかまいません。

気候変動はワイン用ブドウとブドウ園両方に重大な影響をもたらすだろう。

A 気温上昇によってワイン用ブドウにもたらされたストレスを軽減するように設計された技術をブドウ園が用いることは可能かもしれない。

B ブドウ園を取り替えることは、非常に費用のかかる過程である。

C ブドウ園の所有者の中には、新種のワイン用ブドウを扱うことに反対しているため移転に抵抗がある人もいる。

D ブドウ園は時間と費用に関連するさまざまな要因のため移転するのがかなり困難であるとわかるだろう。

E ワインが生産された後、ブドウ園の所有者はワインの一定の特徴を変えることが最善であるとわかるかもしれない。

F ワイン用ブドウは気候の変化に極めて敏感であり、このことが最良の色、味、砂糖と酸の割合の協調に悪い影響をもたらすことがある。

> **解説** 要約完成の問題。A は第5パラグラフ、D は第3パラグラフ、F は第2パラグラフをそれぞれ参照のこと。B は主要な考えではない。移転については第3パラグラフで述べられているが、C は本文の内容と一致しない。ワイン自体を変化させることについては第5パラグラフで述べられているが、E は本文の内容と一致しない。

各パラグラフの語彙・表現

第 1 パラグラフ

☐ climate change	〔名〕	気候変動
☐ currently	〔副〕	現在
☐ predict	〔動〕	予測する
☐ average	〔形〕	平均的な
☐ global	〔形〕	地球の
☐ temperature	〔名〕	気温、温度
☐ depending on	〔熟〕	～によって
☐ usage	〔名〕	使用
☐ fossil	〔名〕	化石
☐ fuel	〔名〕	燃料
☐ extreme	〔形〕	極端な
☐ crop	〔名〕	作物
☐ yield	〔名〕	生産
☐ accompany	〔動〕	～に伴う
☐ due to	〔前〕	～が理由で
☐ sensitive	〔形〕	敏感な、繊細な
☐ nature	〔名〕	性質
☐ function	〔動〕	機能する、働く
☐ indicator	〔名〕	指標
☐ shift	〔名〕	転換

第 2 パラグラフ

☐ ripen	〔動〕	熟す
☐ vine	〔名〕	ブドウ
☐ window	〔名〕	機会
☐ pick	〔動〕	摘む、採る
☐ harvest	〔名〕	収穫
☐ crucial	〔形〕	重大な
☐ contain	〔動〕	含む
☐ appropriate	〔形〕	適切な
☐ acid	〔名〕	酸
☐ quantity	〔名〕	量
☐ flavor	〔名〕	風味

☐ variety	〔名〕	品種
☐ based on	〔熟〕	～にもとづいて
☐ ratio	〔名〕	比率
☐ region	〔名〕	地方
☐ optimal	〔形〕	最適な
☐ impact	〔動〕	影響を及ぼす
☐ convert	〔動〕	変換する
☐ fermentation	〔名〕	発酵
☐ affect	〔動〕	影響をあたえる
☐ phenolic	〔形〕	フェノールの
☐ compound	〔名〕	化合物
☐ concentration	〔名〕	濃度
☐ prove to be	〔動〕	～だと判明する
☐ cleanse	〔動〕	清める
☐ palate	〔名〕	味覚
☐ unfortunately	〔副〕	残念なことに
☐ inhibit	〔動〕	妨げる

第 **3** パラグラフ

☐ vineyard	〔名〕	ブドウ畑
☐ prepare for	〔動〕	～に備える
☐ pick up	〔動〕	荷物をまとめる、片付ける
☐ so that	〔熟〕	～するように
☐ prohibitively	〔副〕	手が出ないほどに
☐ entire	〔形〕	全体の
☐ infrastructure	〔名〕	設備
☐ relocate	〔動〕	移転する
☐ availability	〔名〕	利用可能性
☐ as well	〔熟〕	～も
☐ furthermore	〔副〕	さらに、その上
☐ topography	〔名〕	地形調査
☐ vary	〔動〕	異なる
☐ considerably	〔副〕	相当に
☐ microclimate	〔名〕	小気候
☐ pest	〔名〕	害虫
☐ disease	〔名〕	病気

□ irrigation	〔名〕灌漑
□ in addition	〔熟〕さらに、その上
□ soil	〔名〕土壌
□ profile	〔名〕断面
□ markedly	〔副〕著しく
□ be responsible for	〔熟〕～の要因になる
□ impart	〔動〕加える、添える
□ peculiarity	〔名〕特徴

第 4 パラグラフ

□ develop	〔動〕開発する
□ be capable of ～ ing	〔熟〕V できる
□ flourish	〔動〕繁殖する
□ invest	〔動〕投資する
□ guarantee	〔名〕保証
□ quality	〔形〕上質の、高級な

第 5 パラグラフ

□ extend	〔動〕延ばす
□ lifespan	〔名〕寿命
□ employ	〔動〕使う
□ mitigate	〔動〕軽減する
□ install	〔動〕取り付ける
□ overhead	〔形〕頭上の
□ lower	〔動〕下げる
□ bunch	〔名〕房
□ costly	〔形〕高価な
□ procedure	〔名〕手段
□ be worth	〔熟〕～の価値がある
□ effort	〔名〕努力
□ possibility	〔名〕可能性
□ modify	〔動〕（部分的に）変更する
□ remove	〔動〕除去する
□ alter	〔動〕変える
□ harm	〔動〕害を与える
□ come to V	〔熟〕V するようになる
□ rely upon	〔動〕依存する、当てにする

第4章　実戦模試

ギリシャの陶器

本文訳

1 古代ギリシャでは陶器は欠かせないもので、ワインの輸送から便器まで、さまざまな目的で使われていた。陶器は壊れやすい性質というイメージがあるが、木材や紙よりもはるかに丈夫で、多くの陶器の容器がかつてギリシャの影響下にあった地域で発掘されてきた。これらの発掘作業は陶器がどのように使われていたかだけでなく、古代の貿易ルートに関する重要な発見につながってきた。陶器を作るのに使われた材料と、陶器の形態が場所によって異なるので、考古学者たちは古代ギリシャ人たちがどのようにして自分たち同士や自分たちの外の世界と物品をやり取りしたのかを理解することができるのである。

2 ギリシャの陶器は多くの場合、かなり装飾的で、発掘されたサンプルには多岐にわたるテーマや題材が描かれている。ギリシャの神話や文学、歴史の場面が一般的だが、単純な幾何学模様が見られることも珍しくない。これらの絵図は一般的に古代ギリシャ絵画で現存している唯一のもので、古代ギリシャ人たちの普段の生活と信仰の体系について貴重な洞察をもたらしてくれる。特に、個々の陶器の模様のおかげで、研究者たちは年代が明確に読み取れる。その理由は時代によって特定の傾向があり、芸術のスタイルにも流行り廃りがあったからである。たとえば、海や花の絵図は青銅器時代（紀元前 3000 年から紀元前 1100 年頃）に流行していて、幾何学模様は暗黒時代（紀元前 1100 年から紀元前 750 年頃）に広く使われていた。暗黒時代の終了とポリス制度の確立にともなって、人や動物が幾何学模様と一緒に描かれることが多くなった。

3 人々や動物のシルエットの模様は特に印象的で、ギリシャの陶器といえばよく連想されるものである。このスタイルは紀元前 7 世紀に現れ、数段階の発展を遂げた。最初は黒の釉薬が明るく色づけられた粘土の上に使われていた。地中海盆地全域で見つかり、背景と前景の強めのコントラストは細かい線を使って体や鎧、衣服を詳細に描写することを可能にした。紀元前 520 年頃に、支配的な色が一変し、明るい赤めの釉薬が使われて図像が黒の粘土の上に描かれた。そのあと黒の釉薬を使って詳細が加えられた。このスタイルはギリシャ内外で広まっていて、アテネはその生産の有名な中心地としてよく知られていた。このような陶器のスタイルの例は、遠くはイタリアのエトルリアでも発見されている。最後に、シルエットで描かれた絵図の第 3 のスタイルが赤絵式の絵図と同じ時期に出現した。このスタイルは白い背景が特徴で、図像がさまざまな色の釉薬とともに加えられている。しかし、コントラストがそれほどはっきりとはしていないので、このスタイルは他の 2 つに比べてあまり人気ではな

かったようだ。

4　つぼの中にはその陶器の作成者や制作場の名前が刻まれているものもある。それらの分布を調べることで考古学者たちはその当時の貿易のパターンの見当をつけることができる。例えば、東地中海の海軍国であったロドス島はヘレニズム時代の間、アンフォラの生産で有名だった。これらのボトル状の陶器の容器はワインやオリーブオイル、または穀物を貯蔵したり船で運んだりするのに広く使われていた。ロドス島で作られたその容器はスペインからユーフラテス川の川岸に至るまで広範囲の地域で発掘されてきた。急な角度で曲がった2つの取手を特徴としていて、ロドス島のアンフォラにはそれらの製作所と製造年の刻印が押されていた。これらの刻印から、その発掘物の年代を測定することが可能で、それは顕著な考古学的価値がある。

5　貯蔵と装飾に加えて、ギリシャの陶器はギリシャのポリス制度のシンボルであるアテネの民主主義制度にとって欠かせないものだった。特に、陶器は「オストラキスモス」、つまり陶片追放において使われた。選挙権を持つ民衆はオストラカと呼ばれる陶器の小片を使って、都市から追放してほしい人の名前を書いたのである。投票の得点がある量に達すると、その人は10年間追放された。今日まで、1万を超えるオストラカがアテネの遺跡内で見つかっている。これらの人工物はその都市の歴史についての重要な情報源である。紀元前5世紀の前半については特にそうで、それはその時代の記録が限られているからである。

第4章　実戦模試

※ 11 点満点。配点：Q1 ～ Q9 は、各問 1 点。Q10 は、3 つ正解＝ 2 点、2 つ正解＝ 1 点、1 つ～ 0 正解＝ 0 点。解答は順不同で可です。

1. Ⓑ　　2. Ⓒ　　3. Ⓐ　　4. Ⓐ　　5. Ⓐ　　6. Ⓓ　　7. Ⓒ

8. Ⓑ　　9. Ⓓ

10. Archaeologists use many different techniques to understand ancient Greek culture.

- Ⓑ / From the color of the clay to the inlayed motifs, scientists have gleaned important cultural data from excavated pots.

- Ⓒ / In part, this is because these artifacts have proven to be longer lasting than many other materials.

- Ⓔ / From even the smallest of shards, pottery artifacts tell us about the birthplace of western culture, religion, and democracy.

設問文の訳と解答・解説

1 正解 Ⓑ

第 1 パラグラフの vessels という単語に意味が一番近いのは

Ⓐ boats （ボート）
Ⓑ **containers** （容器）
Ⓒ statues （像）
Ⓓ tablets （板）

解説　語彙の問題。"vessel" は「大型の船舶」という意味と「容器・入れ物」という意味がある。もちろんここでは後者の意味である。なお、Ⓓ の "tablet" は普段私たちが使っている「タブレット」という意味もあるが、歴史の文章では「文字を書いたりするための板」という意味で使われる。"clay tablet"（粘土板）は TOEFL では頻出であるので必ず覚えておきたい。

2 正解　Ⓒ

以下のうち、第2パラグラフのハイライトされた文の重要な情報を最もよく表現しているものはどれか。間違いの選択肢では意味に重大な変更があるか、重要な情報が省かれている。

Ⓐ 今日存在するすべてのギリシャの絵画が古代の生活様式や信仰の体系について教えてくれるわけではない。

Ⓑ 考古学者たちは古代の宗教的営みを理解するために絵画よりも陶器をよく用いる。

Ⓒ 陶器は日常的なギリシャ文化を示す重要なものであり、その理由はその当時の絵画が他の形で残っていないからである。

Ⓓ 幾何学模様の陶磁器は他の様式のものよりもよく後世に残り、人々にギリシャの生活様式を伝えている。

解説　文の言い換えの問題。ハイライトされた箇所をよく読んで、要点を把握する必要がある。本文では陶器が唯一の現存する絵画の形式であると述べており、さらにそのおかげで日常生活と信仰についてわかるといったことが書いてある。正解の Ⓒ は "only surviving form ..." を "no other form of painting ... exists" に言い換えていることに気付くことができれば容易に選ぶことができる。

3 正解　Ⓐ

第2パラグラフの motif という単語に意味が一番近いのは

Ⓐ **pattern**（模様）
Ⓑ concept（概念）
Ⓒ structure（構造）
Ⓓ material（材料）

解説　語彙の問題。日本語で「モチーフ」という言葉を聞いたことがある人もいるかもしれない。その場合は「主題」という意味だが、"motif" には「模様」という意味もある。

4 正解　Ⓐ

第2パラグラフによると、花のデザインの陶器について正しいものはどれか。

Ⓐ それらは青銅器時代によく普及していた。
Ⓑ 古代ギリシャの歴史の後半部分で見られた。
Ⓒ この様式は暗黒時代以降、もっとも一般的であった。
Ⓓ 人々の絵を描いた入れ物とともに見られた。

パッセージの詳細に関する問題。"floral" が「花柄の・花模様の」という意味であることを知っているかが重要である。それをもとに花に関する記述を探すと、第6文に images of the sea or flowers were in vogue throughout the Bronze Age とある。よって Ⓐ が正解。

5 正解 Ⓐ
筆者が第3パラグラフでエトルリアについて言及しているのはなぜか。

Ⓐ 陶器のある様式の人気を示すため
Ⓑ どこで入れ物が作られたか示すため
Ⓒ あるタイプのデザインについて例を示すため
Ⓓ デザインが場所によってどのように異なっていたかを例証するため

パッセージの記述の意図についての問題。"Etruria" が出てくる英文の手前で "This style was popular ..." と書かれており、アテネが生産地として有名であったことが説明されている。その流れを受けて、"as far away as Etruria"（遠くはエトルリアまで）と言っているので Ⓐ が正解である。

6 正解 Ⓓ
第5パラグラフによれば、以下のうちどれが正しいか。

Ⓐ 陶器は古代アテネで政治家に賛成票を投じるために使われた。
Ⓑ オストラカが使われたのは紀元前5世紀よりも前の時期だけである。
Ⓒ 1万人を超える人々がオストラカを発見した。
Ⓓ アテネから追放された人たちは戻るまでに10年間待たなければいけなかった。

パッセージの詳細に関する問題。第4文の "that person would be ostracized for ten years" が根拠になる。「10年間追放された」ということは戻るまでに10年間待ったということである。なお、Ⓒ の1万という数字は発見されたオストラカの数であり、発見した人の人数ではない。ひっかからないように注意したい。

292

7 正解 Ⓒ

第5パラグラフから何が推測できるか。

Ⓐ アテネ人だけがオストラカの制度を使った。

Ⓑ 初期のギリシャの歴史は陶器の上に書かれた。

Ⓒ アテネはギリシャの政治制度の代表例である。

Ⓓ 陶器を作った人々は時折追放された。

> 解説　パッセージの内容から推測する問題。パラグラフの冒頭に "Athenian democracy"（アテネの民主主義制度）が出てきて、それについて "the symbol of the Greek polis system"（ギリシャのポリス制度の象徴）と説明されているので、Ⓒ が正解。

8 正解 Ⓑ

入れ物の年代を測定する方法として述べられていないのは

Ⓐ 釉薬の種類

Ⓑ 中身

Ⓒ 製作者による刻印

Ⓓ 外面のデザイン

> 解説　パッセージに記述のない事柄を選ぶ問題。釉薬については第3パラグラフ、刻印については第4パラグラフ、外面のデザインについては第3パラグラフと第4パラグラフの両方で言及がある。しかし Ⓑ については一切触れられていない。

9 正解 Ⓓ

パッセージにある4つの四角［■］は、次の文を挿入できる箇所である。この文をどこに入れるのが最も適切か。

これはその慣習が当時かなり広まっていたことを示している。

> 解説　文挿入の問題。"This" は何を指すのが最も適当か、を考える。そのためには、「その慣習がかなり広まっていた」という記述とつながる英文を探す必要がある。営みの内容は陶片追放である。そしてこれについては第4文 "... for ten years" の部分まで説明が続いている。陶片追放が行われていたことの証拠はもちろんオストラカと呼ばれる陶片が存在していることである。したがって Ⓓ に挿入するのが適切である。

下の文はパッセージ要約の導入文です。パッセージの中で述べられた最も重要な考えを選択肢から３つ選んで、要約を完成させなさい。文の中には、本文中に書かれていないため、あるいは主要な考えでないために答えとして適切でないものが含まれています。この問題の配点は２点です。

空欄には答えの記号を書き入れても、文を書き写してもかまいません。

考古学者たちは古代ギリシャの文化を理解するためにさまざまな種類の技術を用いる。

A　ギリシャ人たちは陶器をさまざまな用途で使っていた。その範囲はワインとオリーブオイルを入れておくことから、便器として使用することにまで及ぶ。

B　粘土の色から、表面に描かれた模様まで、科学者たちは発掘された入れ物から重要な文化に関するデータを少しずつ収集してきた。

C　部分的な理由として、これらの人工物が他の材質よりも耐久性があるとわかったということがある。

D　アテネやロドス島といった海軍国は多くの船を用いて当時の陶器貿易を占有しようとしていた。

E　最も小さい破片からでも、陶器の遺物は西洋の文化、宗教、民主主義の発祥地について教えてくれる。

F　人々は何も無駄にはしなかったし、よく陶器の破片を用いて投票をした。

解説　要約完成の問題。この文章は陶器の発見のおかげで古代ギリシャについて色々なことがわかってきたということ、陶器が現存する唯一のものであることが述べられている。また、陶器から文化がわかる例として、陶器の小片であるオストラカが陶片追放について情報を提供してくれることが説明されている。

各パラグラフの語彙・表現

第 **1** パラグラフ

☐ pottery	〔名〕	陶器
☐ ancient	〔形〕	古代の
☐ indispensable	〔形〕	欠かせない
☐ a variety of	〔熟〕	様々な〜
☐ purpose	〔名〕	目的
☐ transport	〔動〕	運ぶ
☐ serve	〔動〕	機能する
☐ chamber pot	〔名〕	便器
☐ despite	〔前〕	〜にも関わらず
☐ perceived	〔形〕	認知された
☐ fragile	〔形〕	壊れやすい
☐ nature	〔名〕	性質
☐ significantly	〔副〕	著しく
☐ durable	〔形〕	耐久性がある、長持ちする
☐ earthenware	〔名〕	土器、陶器
☐ vessel	〔名〕	容器
☐ excavate	〔動〕	発掘する
☐ former	〔形〕	かつての、以前の
☐ excavation	〔名〕	発掘
☐ lead to	〔動〕	〜につながる、引き起こす
☐ material	〔名〕	材料
☐ vary	〔動〕	異なる
☐ archeologist	〔名〕	考古学者
☐ exchange	〔動〕	交換する

第 **2** パラグラフ

☐ highly	〔副〕	非常に
☐ decorative	〔形〕	装飾的な
☐ subject	〔名〕	題材
☐ mythology	〔名〕	神話
☐ literature	〔名〕	文学
☐ common	〔形〕	一般的な
☐ geometric	〔形〕	幾何学の

☐ as well	〔熟〕~も	
☐ invaluable	〔形〕非常に貴重な	
☐ insight	〔名〕洞察	
☐ in particular	〔副〕特に	
☐ ceramic	〔形〕陶器	
☐ motif	〔名〕模様、モチーフ	
☐ indication	〔名〕示すもの、指標	
☐ trend	〔名〕傾向	
☐ vogue	〔名〕流行、人気	
☐ conclusion	〔名〕終結	
☐ establishment	〔名〕確立、設立	
☐ alongside	〔前〕~の横に	

第 3 パラグラフ

☐ particularly	〔副〕特に	
☐ striking	〔形〕印象的な、目立つ	
☐ silhouetted	〔形〕シルエットのある	
☐ associate A with B	〔熟〕AとBを関連づける	
☐ emerge	〔動〕現れる	
☐ go through	〔動〕経験する、経る	
☐ glaze	〔名〕光沢、釉薬	
☐ bright-colored	〔形〕鮮やかな色の	
☐ clay	〔名〕粘土	
☐ Mediterranean	〔形〕地中海の	
☐ basin	〔名〕盆地	
☐ foreground	〔名〕前景	
☐ allow for	〔動〕~を可能にする	
☐ detailed	〔形〕詳細な	
☐ depiction	〔名〕描写	
☐ armor	〔名〕鎧	
☐ fine	〔形〕細かな	
☐ prevalent	〔形〕支配的な	
☐ reverse	〔動〕逆転する	
☐ reddish	〔形〕赤っぽい	
☐ figure	〔名〕人物	
☐ feature	〔動〕~を特徴とする	
☐ prominent	〔形〕はっきりとした	

第 **4** パラグラフ

□ vase	〔名〕つぼ
□ inscribe	〔動〕刻む
□ examine	〔動〕調べる
□ distribution	〔名〕分布
□ gain	〔動〕得る
□ clue	〔名〕手がかり
□ naval	〔形〕海軍の
□ power	〔名〕強国
□ Hellenistic	〔形〕ヘレニズムの
□ store	〔動〕蓄える
□ cereal	〔名〕穀物
□ via	〔前〕（手段として）～によって
□ bank	〔名〕川岸、土手
□ characterize	〔動〕特徴付ける
□ bend	〔動〕曲げる
□ acute	〔形〕急な
□ inscription	〔名〕刻印
□ determine	〔動〕測定する
□ significant	〔形〕重大な

第 **5** パラグラフ

□ in addition to	〔熟〕～に加えて
□ storage	〔名〕貯蔵
□ specifically	〔副〕特に、具体的に
□ ostracism	〔名〕陶片追放
□ vote	〔動〕投票する
□ public	〔名〕民衆
□ expel	〔動〕追放する
□ tally	〔名〕得点、得票
□ ostracize	〔動〕追放する
□ to date	〔熟〕現在まで
□ ruin	〔名〕廃墟
□ artifact	〔名〕人工物、遺物
□ source	〔名〕源

協力行動

本文訳

① 原始人は驚くべき偉業を達成することができた。その偉業とは、道具の中でも最も原始的なものだけでしか武装せず、牙やかぎつめなどの目立った肉体的武器を持たずに巨大な捕食動物であふれている世界を生き延びてきたことである。人間の賢い知性と攻撃的な傾向が人間の生存を可能にしたと示唆されることはよくある。しかし利己的な攻撃性ではなく、人間の特徴である協力性によって、私たちは生き延び、そして繁栄することができたかもしれない。

② 人類に最も近い、生存しているボノボとチンパンジーの研究によって、彼らの協力行動の特徴がいくらか明らかとなった。そして、それは私たち自身の傾向を知る手掛かりとなるかもしれない。まず初めに、これら霊長類で見られる協力は、相互交換にもとづいていることが多い。チンパンジーがもう一匹のチンパンジーに贈り物をもらうと、それが毛づくろいまたは食べ物であっても、おそらく後でそのお返しをするだろう。この互恵関係は、関係する両者の利益となるように、時とともに強化される傾向にある。第二に、霊長類同士の協力は直接的な血縁関係に左右されない。霊長類に見られる性的ではない最も強い協力関係が血縁関係ではない個体間で存在することが研究によって明らかになっている。最後に、協力は思いやりまたは共感にもとづくかもしれない。しかし、霊長類は他の霊長類に対し特別な思いやりを表すように思われる。実際に、研究によると霊長類はとりわけ他者の利益となる選択をすることがあるとわかっている。

③ この最後の特徴がさらに高い次元へ移行すると、それは利他主義へと変容する。この特性は人間が自らの命を危険にさらしてでも、見知らぬ人を燃え盛る建物から救う時に見られることがある。霊長類がけがまたは死の危険を自ら冒してでも、捕食動物から他の霊長類を守る時に、それは霊長類においても目撃されることがある。また、霊長類と人間には報酬を平等に分けられるように確保する強い傾向もある。

④ これらの類似点にもかかわらず、人間にはこの惑星で私たちが支配的な種となった一因であるかもしれない重要な違いがいくつかある。最初に、私たちは霊長類よりもよそ者と協力することに対して好感をはるかに抱いている。野生では、ほとんどの霊長類は自分たちの集団の外にいる個体と遭遇すると縄張り意識が極めて強くなる。かなり高い可能性で霊長類はそのような個体を攻撃するか、少なくとも自分たちの縄張りから追い払うだろう。人間はよそ者に対してある程度の警戒心を確かに見せるが、自分たちの集団に属さない人を攻撃したり、追い払ったりする可能性は、はるかに低いだろう。人間はまた自分自身の評判に対して意識がより強く、より多くの愛着を持っ

ている。彼らと他者が自分の集団によってどのように見られ、判断されているかを大
事にする。当然のことながら、人間は勤勉などの良い行いを示す良い評判を持つ人々
に報酬を与え、義務を果たすことを怠るなどのより好ましくない行動をする悪い評判
を持つ人々を罰する傾向がある。中でも最も大きな違いは、どの霊長類でも聞かれる
ことがないほどの水準で人間が協力できる能力かもしれない。人間は個人による階層
的に組織化された巨大な集団を形成することができ、ギザ台地にあるクフのピラミッ
ドから国際宇宙ステーションに至るまで驚くほどに複雑な生産物を作り出すことがで
きる。霊長類は集団の中で第 1 位のリーダーを確かに認める一方、これらのリーダー
は集団作業となると、集団のメンバーに指令を出さない。霊長類ははるかに平和主義
的な方法で働く。つまり上から下へ出される指令を用いて、階層的に集団を作り出す
能力は、種としての私たちの成功の鍵の一つであったかもしれない。

5　したがって、種としての私たちの肉体的な制限にもかかわらず、私たちの親戚で
ある霊長類が持つ協力的な特徴をより良いものに改善できる私たちの能力は、現在私
たちが享受している支配を得ることを助けてきたのである。

※ 11 点満点。配点：Q1 〜 Q9 は、各問 1 点。Q10 は、3 つ正解＝ 2 点、2 つ正解＝ 1 点、1 つ〜 0 正解＝ 0 点。解答は順不同で可です。

1. Ⓐ　　2. Ⓒ　　3. Ⓐ　　4. Ⓓ　　5. Ⓓ　　6. Ⓑ　　7. Ⓓ

8. Ⓑ　　9. Ⓒ

10. The characteristic of cooperation has afforded humans distinct survival advantages.

- B / Humans understand that positive actions lead to having a good reputation, which can be rewarded by their group.
- E / Humans are able to form large groups with clearly defined roles for its members.
- F / Improvement of cooperative traits has allowed humans to become the dominant species.

設問文の訳と解答・解説

1 正解 Ⓐ

第 1 パラフラグで筆者が原始人に関して示唆していることはどれか。

Ⓐ 彼らの生存は少なくとも若干予期せぬことだった。

Ⓑ 彼らは現在持っているのと同じ種類の生まれつき備わった肉体的な武器を所有していなかった。

Ⓒ 彼らの賢い知性が生存の鍵であった。

Ⓓ 彼らが道具を使用することで、その当時の巨大な捕食動物を彼らが支配することができた。

解説　パッセージの内容から推測する問題。第 1 文に「道具の中でも最も原始的なものだけでしか武装せず、牙やかぎつめなどの目立った肉体的武器を持たずに巨大な捕食動物であふれている世界を生き延びてきた」とあり、それを「驚くべき偉業」と述べていることから、その生存は少なくとも多少予期せぬことだったと言える。第 2 文に「人間の賢い知性と攻撃的な傾向が人間の生存を可能にした」とあるが、これは筆者の意見ではないため Ⓒ は不適。

2 正解　Ⓒ

第 2 パラグラフによると、チンパンジー A はチンパンジー B から食べ物をいくらか受け取った後何をするだろうか。

Ⓐ 後でチンパンジー B に毛づくろいをする

Ⓑ 他のチンパンジーと食べ物を分け合う

Ⓒ いつか後でチンパンジー B に食べ物を提供する

Ⓓ すぐにその食べ物を返す

解説　パッセージの詳細に関する問題。第 3 文に "When a chimpanzee is given a gift by another chimpanzee, be it grooming or food, it is likely to return the favor at a later time."（チンパンジーがもう一匹のチンパンジーに贈り物をもらうと、それが毛づくろいまたは食べ物であっても、おそらく後でそのお返しをするだろう）とあるので Ⓒ が正解。他の物や行為でお返しをするとは述べられていないため Ⓐ は不適。

3 正解　Ⓐ

第 2 パラグラフによると、霊長類に見られる協力の重要な動機付け要因の一つはどれか。

Ⓐ 相互交換

Ⓑ 性的な好意

Ⓒ 血縁関係

Ⓓ 個体の自己利益

解説　パッセージの詳細に関する問題。第 2 文に "cooperation in these primates is often based on mutual exchange"（これら霊長類で見られる協力は、相互交換にもとづいていることが多い）とあるので、正解は Ⓐ 。第 6 文に「霊長類に見られる性的ではない最も強い協力関係は血縁関係ではない個体間で存在する」とあるため Ⓒ は不適。

4 正解　Ⓓ

第 2 パラグラフによると、他者に対する優しさに関して霊長類について正しいものはどれか。

Ⓐ 彼らは他者に対して著しいほどの無関心を示す。

Ⓑ 彼らが示す特定の優しさは疑いなく共感の結果である。

Ⓒ 親族関係は示された優しさの度合いにおいて非常に重要な役割を果たす。

Ⓓ 彼らが選択する一連の行動は他者を助けることがよくある。

パッセージの詳細に関する問題。第7文に "cooperation may be based on a sense of compassion or empathy." とあるが、ここでは "may"（かもしれない）が使われているため、Ⓑ の "unquestionably"（疑いなく）とは一致しない。第9文に "primates will make choices that specifically benefit others."（霊長類はとりわけ他者の利益となる選択をする）とあるため Ⓓ が正解。

5 正解　Ⓓ

第3パラグラフにある morphs という単語に意味が最も近いのは

Ⓐ reverts（戻る）
Ⓑ factors（要因として考慮する）
Ⓒ redirects（別の方向に向ける）
Ⓓ **transforms**（変える）

解説　語彙の問題。第1文にある前置詞の "into" は、（〜になる）という変化を表す時に用いられるので、Ⓓ の "transforms"（変える）は into とつながり、（〜へと変わる）という意味になる。

6 正解　Ⓑ

第4パラグラフにある place stock in という語句に意味が最も近いのは

Ⓐ invest in（投資する）
Ⓑ **value**（価値を置く）
Ⓒ exaggerate（誇張する）
Ⓓ store（蓄える）

解説　語彙の問題。"stock" は「信用、評価」の意味があるため、"place stock in" は「価値を置く、重視する」という意味になる。

7 正解　Ⓓ

第4パラグラフで筆者はなぜ国際宇宙ステーションに関して述べているのか。

Ⓐ 霊長類ならば達成するのにはるかに長い時間がかかる複雑な生産物の一例を挙げるため
Ⓑ クフのピラミッドとの比較点を提示するため
Ⓒ 人間が技術をどのように改善したかを示すため
Ⓓ 人間だけが持つ協力の水準で作られた物の一例として

解説　パッセージの記述の意図についての問題。人間は霊長類と異なり「個人による階層的に組織化された巨大な集団を形成することができ、ギザ台地にあるクフのピラミッドから国際宇宙ステーションに至るまで驚くほどに複雑な生産物を作り出すことができる」と第10文にあることから、人間しか達することのできない協力の水準の具体例として挙げられている。

8 正解　Ⓑ

第4パラグラフによると、集団にいる霊長類に関して正しいものはどれか。

Ⓐ 彼らは直接に親族関係を持たないすべての霊長類を攻撃するものである。
Ⓑ 第1位のリーダーが存在するにもかかわらず、彼らは民主主義的な方法で作業を行う。
Ⓒ 集団の中で悪い評判を持つメンバーを罰する。
Ⓓ 彼らは集団にいる時、他者に対して驚くほど疑いを見せないことがある。

解説　パッセージの詳細に関する問題。第11文に「霊長類は集団の中で第1位のリーダーを確かに認める」とあるが、次の文で "Primates work in a much more egalitarian manner"（霊長類ははるかに平和主義的な方法で働く）とある。この "egalitarian manner" は Ⓑ の "democratic manner"（民主主義的な方法）とほぼ同義語としてみなすことができる。

9 正解　Ⓒ

パッセージにある4つの四角［■］は、次の文を挿入できる箇所である。この文をどこに入れるのが最も適切か。

霊長類だけでなく、ほとんどの哺乳類は他者の苦痛に対して親切に反応する。

解説　文挿入の問題。第8文の "however" がポイント。ここで "however"（けれども）が使われているのは、前の文とは異なる点があることを示すためだが、文意からして第7文とはつながらない。挿入文を Ⓒ に入れることで、意味がつながる。

10 **正解** B、E、F

下の文はパッセージ要約の導入文です。パッセージの中で述べられた最も重要な考えを選択肢から３つ選んで、要約を完成させなさい。選択肢の中には、本文中に書かれていないため、あるいは主要な考えでないために要約文にならないものが含まれています。この問題の配点は２点です。

空欄には答えの記号を書き入れても、文を書き写してもかまいません。

協力的な特徴は人間に明確な生存上の利点を与えた。

A 人間は、より大きな獲物から身を守るための身体的な武器を持っていないにもかかわらず自然界で成功した。

B 人間は、良い行いが評判を高めることにつながり、それが自分たちの集団によって報いられる可能性があることを理解している。

C 血縁関係は研究によると霊長類間の協力における決定的な要因ではない。

D ボノボとチンパンジー間の相互関係は時間をかけて強くなる。

E 人間はメンバーの役割が明確に定義された大きなグループを形成できる。

F 協力的な特徴の改善によって人間は支配的な種になった。

解説 要約完成の問題。B は第４パラグラフ第７文から第８文と、E は第４パラグラフ後半と、F は第５パラグラフの内容とそれぞれ一致する。A は第１パラグラフ第２文の内容とほぼ一致するが、導入文ほど重要な内容ではないので不適。C は第２パラグラフ第６文の内容と同じだが、人間についての記述ではないのでパッセージの主要な考えではない。D は第２パラグラフ第４文の内容に近いように思われるかもしれないが、異なる種の間ではなくあくまでも同じ種の中での相互関係に言及しているので誤り。

各パラグラフの語彙・表現

第 **1** パラグラフ

☐ cooperative	〔形〕	協力的な
☐ accomplish	〔動〕	達成する、成し遂げる
☐ incredible	〔形〕	信じられない
☐ feat	〔名〕	功績
☐ filled with	〔熟〕	～でいっぱいの
☐ huge	〔形〕	巨大な
☐ predatory	〔形〕	捕食性の
☐ armed with	〔熟〕	～で武装した
☐ rudimentary	〔形〕	原始的な
☐ appreciable	〔形〕	目立った
☐ physical	〔形〕	身体的な
☐ weapon	〔名〕	武器
☐ fang	〔名〕	牙
☐ claw	〔名〕	かぎつめ
☐ suggest	〔動〕	示唆する
☐ clever	〔形〕	賢い
☐ mind	〔名〕	知性
☐ aggressive	〔形〕	攻撃的な
☐ tendency	〔名〕	傾向
☐ self-interested	〔形〕	利己的な
☐ aggression	〔名〕	攻撃性
☐ trait	〔名〕	特徴
☐ thrive	〔動〕	繁栄する

第 **2** パラグラフ

☐ close	〔形〕	近い、類似した
☐ relative	〔名〕	親戚
☐ reveal	〔動〕	明らかにする
☐ characteristic	〔名〕	特徴
☐ shed light onto	〔熟〕	～を解明する
☐ primate	〔名〕	霊長類
☐ be based on	〔熟〕	～にもとづいている

第4章

実戦模試

☐ mutual	〔形〕	相互の
☐ be it	〔熟〕	～だろうと
☐ grooming	〔名〕	毛づくろい
☐ be likely to V	〔熟〕	V する可能性がある
☐ favor	〔名〕	親切、好意
☐ reciprocal	〔形〕	相互の
☐ tend to V	〔熟〕	V する傾向がある
☐ strengthen	〔動〕	強化する
☐ benefit	〔名〕	利益
☐ party	〔名〕	関係者、当事者
☐ involved	〔形〕	関連する
☐ dependent	〔形〕	依存している
☐ kinship	〔名〕	親族関係
☐ study	〔名〕	研究
☐ compassion	〔名〕	同情心
☐ empathy	〔名〕	共感
☐ distress	〔名〕	苦悩、苦痛
☐ caring	〔名〕	思いやり
☐ specifically	〔副〕	特に

第 3 パラグラフ

☐ morph into	〔動〕	～へと姿を変える
☐ altruism	〔名〕	利他主義
☐ observe	〔動〕	観察する
☐ put ~ in danger	〔熟〕	～を危険にさらす
☐ stranger	〔名〕	見知らぬ人
☐ burn	〔動〕	燃える
☐ witness	〔動〕	目撃する
☐ defend	〔動〕	守る
☐ predator	〔名〕	捕食動物
☐ at the risk of	〔熟〕	～の危険をおかして
☐ injury	〔名〕	怪我
☐ ensure	〔動〕	確実にする、保証する
☐ reward	〔名〕	報酬
☐ share	〔動〕	共有する
☐ portion	〔名〕	分け前

第 4 パラグラフ

☐ despite	〔前〕	~にも関わらず
☐ possess	〔動〕	所有する
☐ contribute to	〔動〕	~の要因になる
☐ dominant	〔形〕	支配的な
☐ species	〔名〕	（動植物の）種
☐ planet	〔名〕	惑星
☐ affinity	〔名〕	好感
☐ extremely	〔副〕	極端に
☐ territorial	〔形〕	縄張り意識が強い
☐ encounter	〔動〕	である
☐ at least	〔熟〕	少なくとも
☐ attachment	〔名〕	愛着、固執
☐ reputation	〔名〕	評判
☐ place stock in	〔熟〕	~を重視する
☐ perceive	〔動〕	認識する
☐ judge	〔動〕	評価する
☐ naturally	〔副〕	当然のことながら
☐ those	〔名〕	人々
☐ exhibit	〔動〕	示す
☐ hard work	〔名〕	努力
☐ punish	〔動〕	罰する
☐ behave	〔動〕	振る舞う、行動する
☐ favorably	〔副〕	好意的に
☐ shirk	〔動〕	避ける
☐ duty	〔名〕	義務
☐ organize	〔動〕	組織する
☐ hierarchical	〔形〕	階層的な
☐ generate	〔動〕	作り出す
☐ range from A to B	〔熟〕	A から B に及ぶ
☐ acknowledge	〔動〕	認識する
☐ alpha	〔形〕	（群れの中で）第 1 位の
☐ command	〔動〕	命令する
☐ when it comes to ~	〔熟〕	~のことになると
☐ egalitarian	〔形〕	平和主義的な

実 戦 模 試 2　　Passage 1

DATA AND GROUP DYNAMICS IN THE 21ST CENTURY

1　　Our social systems are rapidly becoming much more complex and interconnected as the population continues to grow and countries create business and economic connections that transcend national boundaries. Our ability to handle this complexity is being stretched to its limit as growth continues to accelerate. We are in dire need of a significant upgrade to our social planning systems and greater development of techniques that can deal with such a sophisticated set of information. Fortunately, digital modeling that is based on the filtering and sorting of metadata may provide the key to our current dilemma.

2　　In today's world, nearly every individual who lives in a modern society creates a "digital road map" based on his or her computer and technology usage. While there is no doubt that these particular data could easily be misused if they were to fall into the wrong hands, they can also be used to extract vital information about the functioning of a particular society. Telephone calls, texting, the use of social media, and in-person conversations can all be tracked through the Internet and via GPS data. These data points can help us to analyze social interaction patterns. GPS data can also be used to track the movement of individuals. Finally, credit card data can be used to analyze purchasing patterns. Taken together, these three data sets (interaction, movement, and purchasing) represent the flow of information and products between individuals, and they can help us determine the functioning of society as a whole.

3　　Studies have confirmed that "idea flow" (i.e., the combination of the aforementioned three data sets) is critical to the creativity and productivity of a society. Groups that have been isolated (i.e., those with low to no idea flow) can rapidly grow stagnant. Conversely, groups or societies with high idea flow, which involves interaction both within and outside of the group, have exhibited increased productivity, creativity, and even lifespans. These benefits are found not only in humans but also in many other types of social species—it is critical to the health of all types of societies.

4　　Idea flow can be broken down into two components: engagement and exploration. **A** Engagement describes the regular interaction of individuals within a particular group, and it has been determined that engagement is directly proportional to productivity. **B** Exploration, on the other hand, quantifies the amount and type of ideas that are brought into the group from the outside. **C** Through the analysis of these two components, it has been shown that the most effective groups are those that maintain a healthy balance of engagement and exploration. **D** In other words, the group members need to bring in outside ideas and then discuss them as a group as well as to be motivated to seek outside solutions following these in-house exchanges.

5　　　As alluded to earlier, a group that focuses solely on engagement will eventually begin to recycle old ideas in a type of feedback loop, a cycle that will merely repeat itself. This situation is often referred to as an "echo chamber" because the only sound heard is that of the participants' own voices. Innovation will stagnate, and creativity will suffer tremendously under these conditions. In contrast, a group that engages merely in exploration will find itself with a plethora of orphaned ideas that have never been presented to the other group members nor discussed in a meaningful manner.

6　　　For those wishing to improve the productivity, creativity, and innovation of a group or society, it is important to determine the type of imbalance that exists in terms of engagement and exploration. Once the data has been analyzed and the type of imbalance has been identified, the deficient component should be nurtured. Since both engagement and exploration require a degree of trust to be effective, it is best to incentivize the group members to increase the type of behavior that is lacking. By achieving a better balance, a group will be able to maximize its potential.

1 The word dire in paragraph 1 is closest in meaning to

   Ⓐ critical

   Ⓑ horrible

   Ⓒ moderate

   Ⓓ rapid

2 Why does the author mention the digital road map in paragraph 2?

   Ⓐ To indicate that our movements and actions can be tracked and recorded

   Ⓑ In order to show that our use of GPS data allows us to find locations quite easily

   Ⓒ To show that our desire for social interaction makes it easier for us to be located by others

   Ⓓ To emphasize that physical maps are no longer necessary in a modern society

3 According to paragraph 2, all of the following are types of data used to determine the functioning of a society EXCEPT

   Ⓐ face-to-face conversations

   Ⓑ the movement of individuals

   Ⓒ cash purchases

   Ⓓ text messages

4 According to paragraphs 2 and 3, what is idea flow?

   Ⓐ A combination of three sets of random social data

   Ⓑ The number and quality of ideas that flow in and out of a society

   Ⓒ The analysis of a group's Internet data

   Ⓓ A measure of a society's purchasing, movement, and interaction levels

5 According to paragraph 3, what can be inferred about idea flow?

  Ⓐ Low idea flow can be set by increasing the isolation of a group.
  Ⓑ It is responsible for all forms of art.
  Ⓒ It is beneficial to at least certain types of animals.
  Ⓓ It is only moderately associated with longevity.

6 The word orphaned in paragraph 5 is closest in meaning to

  Ⓐ foreign
  Ⓑ unique
  Ⓒ valued
  Ⓓ abandoned

7 According to the information in paragraph 6, an imbalance of engagement and exploration should be corrected by

  Ⓐ increasing both components of idea flow to their maximum levels
  Ⓑ using data to identify the type of imbalance that exists
  Ⓒ deemphasizing trust in favor of group incentives
  Ⓓ first achieving the group's potential

8 Which of the following sentences below best expresses the essential information in the highlighted sentence in paragraph 6? Incorrect choices change the meaning in important ways or leave out essential information.

  Ⓐ Incentivizing the group will lead to an increase in both engagement and exploration.
  Ⓑ After identifying the characteristic that is lacking, the group should alter its behavior to minimize the other characteristic.
  Ⓒ Trust in group members should be fostered so that either exploration or engagement can be increased.
  Ⓓ In order to increase trust, both engagement and exploration need to be incentivized so that the group members can improve their behavior.

9 Look at the four squares [■] that indicate where the following sentence can be added to the passage.

This particular measure is an excellent indicator of innovation and creativity.

Where would the sentence best fit?

(A) **A**
(B) **B**
(C) **C**
(D) **D**

10 Directions: An introductory sentence for a brief summary of the passage is provided below. Complete the summary by selecting the THREE answer choices that express the most important ideas in the passage. Some sentences do not belong in the summary because they express ideas that are not presented in the passage or are minor ideas in the passage. *This question is worth 2 points.*

Write your answer choices in the spaces where they belong. You can either write the letter of your choice or you can copy the sentence.

A society that is both creative and productive needs to strike the right balance of idea flow.

-
-
-

Answer Choices

A Engagement describes the communication of ideas within a group, whereas exploration describes the information that flows between groups.

B Societies that demonstrate high idea flow have greater life spans according to research.

C A successful group can create equilibrium between engagement and exploration.

D Groups that have been isolated show greater evidence of growth.

E Digital modeling helps researchers understand how and where people spend money.

F Stagnation occurs when a group is unsuccessful in importing new ideas from outside the group.

SEPSIS

1　　As the 10th leading cause of death in the US, sepsis claims between 200,000 and 250,000 lives on an annual basis. It is also the top cause of death for patients in the intensive care units of US hospitals. Researchers are clear on many of the details associated with this ailment, but there are still several important factors that remain to be clarified.

2　　Sepsis usually begins as a bacterial infection, although the infection can also be caused by a virus, fungus, or parasite. It has been determined that approximately half of these infections originate in the lungs. Initially, the body behaves as it would with any normal infection: by firing up the immune system after it has noted the presence of an invading pathogen. The immune cells release cytokine, a signaling protein, into the bloodstream, but for some unknown reason, far more cytokine and other inflammatory molecules than normal are released. The presence of this increased concentration of immune molecules causes a dangerous drop in blood pressure, and the fluid component of the blood begins to leak into the surrounding tissues. This loss of fluid causes the remaining portion of the blood still in the blood vessels to form clots, and these clots clog the smaller vessels. These clogged vessels prevent oxygen from reaching vital organs, which, in turn, throws the heart and the other organs into a panic. Once this cascade of reactions has reached this state, it becomes extremely difficult for medical personnel to raise the blood pressure to safe levels.

3　　Normal treatment of sepsis involves administering intravenous fluids and drugs to the patient in an effort to raise the blood pressure, combined with antibiotics or antivirals to deal with the pathogen that was the original source of infection. **A** For patients with early-stage sepsis, the mortality rate can hover around 30%; for severe sepsis, it can reach 50%; and for septic shock, the final stage of the condition, it can reach 80%. **B** For every hour that treatment is delayed, the mortality rate increases by 6%. **C** Since the four key symptoms of early-stage sepsis (an unusually low or high body temperature, unusually low or high white blood cell counts, accelerated breathing, and increased heart rate) mimic those of other diseases, this condition is often misdiagnosed, or, at the very least, the correct diagnosis is critically delayed. **D**

4　　Several drugs that had been used to treat sepsis were taken off the market after it was discovered that they were not effective or had worsened the condition of patients. In addition, the testing of several promising drugs has been discontinued after they too were found to be no more effective than placebos[1]. The problems with these drugs stem from the fact that their efficacy was measured on mice, the immune systems of which behave very differently than do those of human subjects. Additionally, sepsis can affect people in very different ways, so a "one-size-fits-all" treatment will not work for every patient.

5　　Fortunately, there are several new promising treatments currently under development. The first works by targeting endotoxin in the blood of patients suffering from either severe sepsis or septic shock. Endotoxin is a molecule that is released by dying bacteria, and it can be responsible for triggering the sepsis cascade. In this treatment method, the patient's blood is passed through a filtration device where it is cleansed of endotoxins before being returned to the patient's body. While this form of therapy will most likely be made available to health care facilities, it is only capable of helping a portion of sepsis patients. The second new treatment method is much more controversial because of its potential danger. Although it is widely accepted that sepsis is brought on by an exaggerated immune response, one group of researchers contends that recent findings seem to indicate an inconsistency in this response. They believe that after the initial accelerated response, the immune system actually begins to break down. If this is indeed the case, it may be helpful to actually stimulate the immune system once the patient's condition begins to worsen. If they are mistaken, however, this treatment will actually bring about the patient's accelerated death. Not surprisingly, there is a considerable amount of additional testing that must take place before this second form of therapy enters clinical trials.

1. Placebos: Substances with no medical benefits that are used in medical trials to provide a control by which to test the effectiveness of the medicine being studied

1 According to paragraph 2, which of the following is true of sepsis?

 Ⓐ The body's initial reaction to the infection is abnormal.
 Ⓑ Although it is not caused exclusively by viruses, roughly 50% of cases start in the lungs.
 Ⓒ The pathogen that causes this infection is difficult for the body to identify.
 Ⓓ It is almost never caused by a parasite.

2 The phrase firing up in paragraph 2 is closest in meaning to

 Ⓐ stimulating
 Ⓑ quitting
 Ⓒ sterilizing
 Ⓓ limiting

3 According to paragraph 3, what can be implied about the four symptoms associated with early-stage sepsis?

 Ⓐ They occur in a specific order.
 Ⓑ They are difficult to identify.
 Ⓒ They are not particularly unusual.
 Ⓓ Their absence is what leads to misdiagnosis.

4 The word mimic in paragraph 3 is closest in meaning to

 Ⓐ adapt
 Ⓑ resemble
 Ⓒ minimize
 Ⓓ fortify

5 The phrase stem from in paragraph 4 is closest in meaning to

  (A) depend on
  (B) deviate from
  (C) arise from
  (D) build on

6 According to the information presented in paragraph 4, all of the following are true of the ineffective sepsis drugs EXCEPT

  (A) They were tested on the wrong types of immune systems.
  (B) Once their effectiveness has been improved, they will be reintroduced.
  (C) Some of them had actually harmed rather than helped patients.
  (D) Some had actually reached market before their development was halted.

7 What is a key principle of the first treatment method described in paragraph 5?

  (A) It focuses on a molecule in the blood of all sepsis patients.
  (B) It aims to remove bacteria that release endotoxin.
  (C) It attempts to prevent sepsis from reaching the septic shock stage.
  (D) It removes harmful substances from the patients' blood.

8 In paragraph 5, the author mentions the additional testing that is needed for the second treatment method in order to

  (A) highlight the stricter protocols put in place since the failure of the earlier drugs
  (B) help the reader understand the deadly nature of this condition
  (C) show that the author does not believe that this treatment method will be effective
  (D) emphasize the extra risks associated with this particular treatment

第4章 実戦模試

9 Look at the four squares [■] that indicate where the following sentence can be added to the passage.

Timing is extremely critical.

Where would the sentence best fit?

(A) **A**

(B) **B**

(C) **C**

(D) **D**

10 **Directions:** An introductory sentence for a brief summary of the passage is provided below. Complete the summary by selecting the THREE answer choices that express the most important ideas in the passage. Some answer choices do not belong in the summary because they express ideas that are not presented in the passage or are minor ideas in the passage. *This question is worth 2 points.*

Write your answer choices in the spaces where they belong. You can either write the letter of your choice or you can copy the sentence.

Sepsis is a serious disease that causes great concern to healthcare professionals.

-
-
-

Answer Choices

A Raising the blood pressure of patients is one of the key considerations when treating this condition.

B It is an extremely deadly disease that can be difficult to diagnose.

C Some treatment methods were found to have actually worsened the condition of patients.

D Sepsis is caused by a variety of pathogens and involves the hyperactivity of the immune system.

E Several drugs have been shown to be useless or even harmful, but new treatments may prove to be effective.

F The use of antibiotics does not help patients suffering from this ailment.

CULTURE ACCRETION¹

1　　It is easy to see why the impression has grown that *Homo sapiens* is far superior to the premodern human. While it always is possible to speculate about the significance of changes in the size or form of the skull of a prehistoric human, it is much more convincing to judge modern humans by their works. With the appearance of *Homo sapiens* in postglacial Europe, there was first a gradual and then a rapid advance in material culture. Following the Mousterian period came the Solutrian and Aurignacian culture periods during which stone implements were perfected. Prehistoric art, which first appeared in the Aurignacian, reached its peak during the Magdalenian period. Everyone has seen pictures of the engravings and colored cave paintings of the splendid Magdalenian artists of some 15,000 years ago. Then, somewhere east of Suez in about 5000 B.C., the great changes of the Neolithic or New Stone Age commenced. But all these great advances in material culture do not necessarily prove that *Homo sapiens* was born with superiority over his predecessors (even though he may have been). One also must weigh the important influence of what anthropologists call culture accretion.

2　　Anthropologists of the nineteenth century, in their enthusiasm for the theory proposed so convincingly by Darwin, tended to attribute all of man's progress during prehistoric times to evolution. Today's anthropologists likewise are convinced that humans, like the lower animals, somehow evolved to their present status, but they also recognize the importance of culture accretion in the process. According to this concept, our progress in late prehistoric eras is more impressive to us than that of earlier times simply because we were able to build upon our earlier inventions and experiences. Writing, at the dawn of history, dramatizes this, for then it became possible for a local inventor to communicate an important new idea to another part of the world where someone could advance his or her discovery a step further. But even before the invention of writing, a new force which greatly facilitated communication and human progress appeared. This was stable group life. In the migratory hunting societies of previous ages, there was relatively little community life. This new factor appeared quite suddenly in the Neolithic or New Stone Age.

3　　Five great Neolithic inventions brought about such changes in our manner of living that they sometimes are described as constituting a new-age revolution.

Certainly they are as important as those which produced the Industrial Revolution in historic times. The period is named after the first and possibly the least important of these inventions, a method of polishing flint implements. The other great inventions or discoveries were agriculture, animal husbandry, pottery, and weaving. A little thought will show the significance of these innovations that provided the foundations of our own society. When we learned to domesticate animals and to cultivate the fields for the first time, we had a larger and a more steady supply of food. Furthermore, it became not only possible but necessary to settle down in one locality. Pottery enabled inhabitants to boil and fry food, thus not only reducing the tremendous waste of meat products but also permitting the cooking of new grain and vegetable foods. Weaving provided cloth for clothing, thus reducing the demand for animal hides. **A** It also aided in providing nets used in fishing. **B** These, for example, helped to make one unusual type of Neolithic community life possible, the Lake Dwellings. **C** With less emphasis upon brawn, the aged and the physically weak also now were able to make a contribution to society. **D**

4　　Inventions of the Neolithic period in the eastern Mediterranean also helped to speed up the diffusion of this new advanced culture into Europe. With dugout boats propelled by poles, paddles, oars, and sails, the transmission of new ideas and products moved infinitely faster than in the days when man afoot was the messenger. As a result, the Neolithic Revolution was in full swing in Southern Europe about 4000 B.C.

第4章

実戦模試

1. Accretion: Growth or increase in size by gradual external addition, fusion, or inclusion.

1 According to paragraph 1, which of the following is probably true of Magdalenian artists?

(A) Magdalenian artists painted pictures on the walls of caves about 15,000 years ago.

(B) Magdalenian artists colored their engravings.

(C) Magdalenian artists reached their peak in the Mousterian period.

(D) Magdalenian artists invented stone implements.

2 The word commenced in paragraph 1 is closest in meaning to

(A) came to an end

(B) encountered

(C) began

(D) conserved

3 Which of the following statements is NOT true according to the information in paragraph 2?

(A) Darwin's theory was embraced by anthropologists in the nineteenth century.

(B) Anthropologists of the nineteenth century believed that evolution was the only reason for man's progress.

(C) The theory of culture accretion was widely accepted in the 1800s.

(D) The establishment of stable community life preceded the invention of writing.

4 The word facilitated in paragraph 2 is closest in meaning to

(A) promoted

(B) accumulated

(C) disrupted

(D) diminished

5 Which of the following is considered the least important Neolithic invention according to paragraph 3?

Ⓐ Weaving
Ⓑ Animal husbandry
Ⓒ Agriculture
Ⓓ A method of polishing flint implements

6 It can be inferred from paragraph 3 that prior to the invention of pottery

Ⓐ leftover meat products were discarded immediately
Ⓑ man stored plenty of meat for future use
Ⓒ boiled and fried food were commonly served
Ⓓ only new grain and vegetable foods were cultivated

7 Why does the author mention dugout boats propelled by poles, paddles, oars, and sails in paragraph 4?

Ⓐ To emphasize similarities between the inventions which spread throughout the Mediterranean region
Ⓑ To make a comparison between the inventions that allowed the faster transmission of messages
Ⓒ To provide an example of an invention that helped facilitate the quick diffusion of the Neolithic Revolution
Ⓓ To explain the origin of a Southern European invention

8 According to paragraph 4, where did the Neolithic Revolution reach its peak?

Ⓐ Babylonia
Ⓑ Egypt
Ⓒ Southern Europe
Ⓓ Eastern Mediterranean

9 Look at the four squares [■] that indicate where the following sentence could be added to the passage.

With less time devoted to getting food, the gifted persons in the various types of Neolithic communities for the first time could specialize and so contribute to even greater cultural advancements.

Where would the sentence best fit?

ⒶA
ⒷB
ⒸC
ⒹD

10 **Directions:** An introductory sentence for a brief summary of the passage is provided below. Complete the summary by selecting the THREE answer choices that express the most important ideas in the passage. Some sentences do not belong in the summary because they express ideas that are not presented in the passage or are minor ideas in the passage. *This question is worth 2 points.*

Write your answer choices in the spaces where they belong. You can either write the letter of your choice or you can copy the sentence.

This passage discusses the early stages of modern man's advancements.

-
-
-

Answer Choices

A　Modern anthropologists attribute the development of *Homo sapiens* to evolution and culture accretion.

B　The artists of the Magdalenian period painted caves.

C　The Industrial Revolution of the 1800s was as important as the Neolithic Revolution.

D　The Neolithic Age signaled the beginning of humankind's cultural advancement.

E　The inventions made during the Neolithic period greatly facilitated the development of community life.

F　Prior to the Neolithic Revolution, man traveled on foot to convey ideas and products to faraway localities.

第4章

実戦模試

21 世紀におけるデータと集団力学

本文訳

1 私たちの社会システムは、人口が増加し続け、国が国境を越えるビジネス及び経済のつながりを作るにつれて、急速にはるかに複雑になり、そして互いにつながってきている。成長が加速し続けるにつれて、この複雑さに対応する私たちの能力は、限界にまで及んでいる。このような非常に複雑な情報に対処するために、私たちの社会計画システムの大幅な改善と技術のさらなる発展を私たちは緊急に必要としている。幸いなことに、メタデータのフィルターリングと分類にもとづくデジタルモデリングが、私たちの今のジレンマを解決する鍵を与えてくれるかもしれない。

2 今日の世界では、近代社会に住むほぼすべての人がコンピューターと技術の使用にもとづいて「デジタル道路地図」を作成している。もしこれら特定のデータが誤った手に渡ってしまったら、簡単に悪用されてしまうことは間違いないのだが、それらは特定の社会の機能に関する重要な情報を引き出すためにも使うことができる。電話、携帯メール、ソーシャルメディアの利用、対面での会話すべてをインターネット及びGPS データを通して追跡することができる。これらのデータ点は、社会的な関わりのパターンを私たちが分析することを助ける。GPS データは個人の動きを追跡することにも使うことができる。最後に、クレジットカードのデータは購入パターンを分析するために使うことができる。一緒にまとめると、これら 3 つのデータ（関わり、動き、購入）は、個人間の情報と商品の流れを表し、それらは社会全体の働きを私たちが定めるための手助けをすることができる。

3 「アイデアの流れ」（すなわち、前述の 3 つのデータの組み合わせ）は、社会の創造性と生産性にとって重要であることが研究で確認されている。孤立している集団（すなわち、アイデアの流れが少ない、または全くない集団）では、急速に発展が衰えてしまうことがある。逆に、アイデアの流れが多い集団や社会では、その集団内と外両方との関わりがあり、生産性、創造性、そして寿命さえも向上したと示されている。これらの利点は、人間だけでなく、他の多くの社会的な種でも見られる。つまり、それはあらゆる種類の社会の健康に不可欠である。

4 アイデアの流れは関与と探究の 2 つの部分に分けることができる。関与は特定の集団内における個人同士の定期的な関わりを説明し、関与は生産性と正比例していることが確認されている。一方、探究は外からその集団にもたらされたアイデアの量と種類を数量化する。これら 2 つの部分の分析を通して、最も有能な集団は、関与と探究の健康的なバランスを保っている集団であることが明らかになっている。言い換えると、その集団のメンバーは外の考えを持ち込み、それから集団としてそのアイ

デアについて話し合う必要がある。これら集団内での交換に続いて、外に解決策を求めるように動機付けされることも同様に必要である。

⑤　前に言及したように、関与だけに集中している集団は、やがて単に同じことを繰り返すサイクルである一種のフィードバックループにおいて古い考えを再利用し始めるだろう。この状況は、唯一聞こえる音が参加者自身の声だけなので、「エコー室」と言われることがよくある。これらの状況では、革新は停滞し、創造性は大いに損なわれるだろう。比べてみると、探究のみ行っている集団は、見捨てられた多くのアイデアであふれているとわかるだろう。それらのアイデアは、集団の他メンバーに決して提示されず、意味のある形で話し合われることがないだろう。

⑥　集団、社会の生産性、創造性、そして革新を向上したいと望む人々は、関与と探究に関して存在する不均衡の種類を定めることが重要である。データを分析し、不均衡の種類を特定したら、足りない部分を補うべきである。関与と探究両方とも効果を発揮するには、ある程度の信頼を必要とすることから、欠けている行動を増やすよう集団のメンバーに奨励することが最善である。より良いバランスを得ることで、集団はその可能性を最大限に発揮することができるだろう。

※ 11 点満点。配点：Q1 ～ Q9 は、各問 1 点。Q10 は、3 つ正解＝ 2 点、2 つ正解＝ 1 点、1 つ～ 0 正解＝ 0 点。解答は順不同で可です。

1. Ⓐ   2. Ⓐ   3. Ⓒ   4. Ⓓ   5. Ⓒ   6. Ⓓ   7. Ⓑ

8. Ⓒ   9. Ⓒ

10. A society that is both creative and productive needs to strike the right balance of idea flow.

- Ⓐ / Engagement describes the communication of ideas within a group, whereas exploration describes the information that flows between groups.
- Ⓒ / A successful group can create equilibrium between engagement and exploration.
- Ⓕ / Stagnation occurs when a group is unsuccessful in importing new ideas from outside the group.

設問文の訳と解答・解説

1 正解　Ⓐ

第 1 パラグラフにある dire という単語に意味が最も近いのは

Ⓐ critical（緊要な）

Ⓑ horrible（おそろしい）

Ⓒ moderate（穏やかな）

Ⓓ rapid（急速な）

> 解説　語彙の問題。"dire"（緊急の）に最も近い意味をもつのは Ⓐ "critical"。

2 正解　Ⓐ

第 2 パラグラフでなぜ筆者はデジタル道路地図について述べているのか。

Ⓐ 私たちの動きと行動を追跡し、記録することができることを示すため

Ⓑ 私たちが GPS のデータを用いることで、場所をかなり簡単に見つけることが可能になることを明らかにするため

Ⓒ 社会的関わりへの私たちの欲求により、他人が私たちの居場所をより容易に特定できるようになることを明らかにするため

Ⓓ 印刷された地図は近代社会ではもはや必要ないことを強調するため

解説　パッセージの記述の意図についての問題。第２文に「それらは特定の社会の機能に関する重要な情報を引き出すためにも使うことができる」とあり、この「それら」は "these particular data"（これらの特定のデータ）を指している。「デジタル道路地図」はこれらのデータにもとづいて作成され、第５文にあるように、「個人の動きを追跡すること」にも使われるため、Ⓐ が正解だとわかる。

3 正解　Ⓒ

第２パラグラフによると、社会の機能を定めるために使われるデータの種類ではないものはどれか。

Ⓐ 対面での会話
Ⓑ 個人の動き
Ⓒ 現金での購入
Ⓓ 携帯メール

解説　パッセージに記述のない事柄を選ぶ問題。第３文に Ⓐ Ⓓ は記述がある。Ⓑ は第５文に記述がある。Ⓒ は「現金」ではなく、第６文に「クレジットカードのデータ」とあるため、本文には記述がない。

4 正解　Ⓓ

第２パラグラフ、第３パラグラフによると、アイデアの流れとは何か。

Ⓐ 無作為の社会的データの３つのセットの組み合せ
Ⓑ 社会の流れ込み、社会から流れ出るアイデアの数と質
Ⓒ 集団のインターネットのデータの分析
Ⓓ 社会の購入、動き、関わりの測定

解説　パッセージの詳細に関する問題。第３パラグラフの第１文に "idea flow" (i.e., the combination of the aforementioned three data sets) "「アイデアの流れ」（すなわち、前述の３つのデータの組み合わせ）とあり、この "the aforementioned three data sets" とは、第２パラグラフの第７文に「これら３つのデータ（関わり、動き、購入）」とあるので、Ⓓ が正解。

5 正解 Ⓒ

第3パラグラフによると、アイデアの流れに関して推測できることは何か。

Ⓐ アイデアの少ない流れは、集団がより孤立していくことで固定されることがある。

Ⓑ それはあらゆる形態の芸術の源である。

Ⓒ それは少なくともある種の動物にとっては利点がある。

Ⓓ それは長寿と中程度しか関連がない。

> 解説　パッセージの内容から推測する問題。第4文に "These benefits are found not only in humans but also in many other types of social species"（これらの利点は、人間だけでなく、他の多くの社会的な種でも見られる）とあるため、Ⓒ が正解。第3文に「寿命さえも向上した」とあり、"idea flow" と長寿は関係があるように思われるが、Ⓓ は "only moderately associated"（中程度しか関係がない）とあるため、文意と一致しない。

6 正解 Ⓓ

第5パラグラフにある orphaned という単語に意味が最も近いのは何か。

Ⓐ foreign（外国の）

Ⓑ unique（独特な）

Ⓒ valued（価値のある）

Ⓓ abandoned（見捨てられた）

> 解説　語彙の問題。"orphaned"（見捨てられた）に最も近い意味をもつのは Ⓓ "abandoned"。

7 正解 Ⓑ

第6パラグラフにある情報によると、関与と探究の不均衡は何によって是正されるべきか。

Ⓐ アイデアの流れの両方の部分を最大限に増やすこと

Ⓑ データを用いて存在する不均衡の種類を特定すること

Ⓒ 集団の報奨のために信頼をあまり重視しないこと

Ⓓ 最初に集団の可能性を達成すること

> 解説　パッセージの詳細に関する問題。第2文に「データを分析し、不均衡の種類を特定したら、足りない部分を補うべきである」とあるため、Ⓑ が正解。

8 正解 Ⓒ

第6パラグラフにあるハイライトされた文の重要な情報を最も適切に表現しているものを次のうちから選びなさい。間違った選択肢は、重要な意味に変更があるか、必要な情報を抜かしている。

Ⓐ 集団に動機付けすることで関与と探究両方とも増えることになるだろう。
Ⓑ 欠けている特徴を特定した後、その集団はもう一方の特徴を最小限にするためにその行動を変えるべきである。
Ⓒ 探究と関与どちらかを増やすことができるように、集団のメンバー間の信頼を促進すべきである。
Ⓓ 信頼を増やすために、関与と探究両方ともその集団メンバーが態度を向上できるように奨励される必要がある。

解説　文の言い換えの問題。本文には「欠けている行動を増やす」とあることから、Ⓓ の「態度を向上できるように…」の部分が本文の内容と一致しない。同様に Ⓐ も「関与と探究両方とも増える」とあるため、本文の内容と一致しない。Ⓑ は本文の「ある程度の信頼を必要とする」という部分が反映されていない。

9 正解 Ⓒ

パッセージにある4つの四角［■］は、次の文を挿入できる箇所である。この文をどこに入れるのが最も適切か。

この特定の数量は革新と創造性の素晴らしい指標である。

解説　文挿入の問題。挿入文の"This particular measure"（この特定の測定）が単数になっていることから、engagement（関与）または exploration（探究）どちらかを指していることが推測できる。第2文に「関与は生産性と正比例している」とあるので、Ⓑ に挿入文を入れても意味がつながらない。一方 exploration は第3文でその説明があるだけなので、挿入文を Ⓒ に入れることで、意味がつながる。

10 正解 Ⓐ、Ⓒ、Ⓕ

下の文はパッセージ要約の導入文です。パッセージの中で述べられた最も重要な考えを選択肢から3つ選んで、要約を完成させなさい。選択肢の中には、本文中に書かれていないため、あるいは主要な考えでないために要約文にならないものが含まれています。この問題の配点は2点です。

空欄には答えの記号を書き入れても、文を書き写してもかまいません。

創造的で生産的な社会はアイデアの流れの適切なバランスを取る必要がある。

- A　関与は集団内のアイデアの伝達を表すが、探求はグループ間を流れる情報を表す。
- B　研究によると、アイデアの流れが多い社会ほど寿命が長い。
- C　成功した集団は関与と探求の間に均衡関係を生み出すことができる。
- D　孤立された集団はより大きな成長の形跡を示す。
- E　デジタルモデリングは人々がお金を使う方法と場所を研究者が理解するのに役立つ。
- F　停滞は集団が外部から新しいアイデアを持ち込むことに失敗した時に発生する。

> **解説**　要約完成の問題。A は第4パラグラフ第2文から第3文と、C 第4パラグラフ最後から2文目と、F は第5パラグラフ第1文から第3文の内容とそれぞれ一致する。B は第3パラグラフ第3文の内容と一致するが、主要な考えではない。D は第3パラグラフ第2文の内容と矛盾するので誤り。デジタルモデリングは第1パラグラフ最終文で言及されているが、E の内容とは一致しない。

 各パラグラフの語彙・表現

第 **1** パラグラフ

□ interconnected	〔形〕	相互に関連した
□ transcend	〔動〕	超える
□ boundary	〔名〕	境界
□ handle	〔動〕	処理する
□ complexity	〔名〕	複雑さ
□ stretch	〔動〕	引き伸ばす
□ accelerate	〔動〕	加速する
□ dire	〔形〕	差し迫った
□ significant	〔形〕	重大な
□ deal with	〔動〕	～に対処する
□ sophisticated	〔形〕	極めて複雑な
□ fortunately	〔副〕	幸運にも
□ be based on	〔熟〕	～にもとづいている
□ sort	〔動〕	分類する

☐ **current**	〔形〕	現在の
☐ **dilemma**	〔名〕	ジレンマ、板ばさみ

第 **2** パラグラフ

☐ **nearly**	〔副〕	ほとんど
☐ **while**	〔接〕	～だが
☐ **there is no doubt that**	〔熟〕	～であることに疑いの余地はない
☐ **misuse**	〔動〕	乱用する
☐ **fall into the wrong hands**	〔熟〕	悪者の手に渡る
☐ **extract**	〔動〕	引き出す
☐ **vital**	〔形〕	重要な
☐ **functioning**	〔名〕	機能
☐ **text**	〔動〕	携帯メールを送る
☐ **in-person**	〔形〕	直接の
☐ **track**	〔動〕	追跡する
☐ **via**	〔前〕	（手段として）～によって
☐ **analyze**	〔動〕	分析する
☐ **interaction**	〔名〕	やりとり、関わり
☐ **purchase**	〔動〕	購入する
☐ **represent**	〔動〕	表す
☐ **determine**	〔動〕	決定づける
☐ **as a whole**	〔熟〕	総じて

第 **3** パラグラフ

☐ **confirm**	〔動〕	裏付ける
☐ **aforementioned**	〔形〕	前述の
☐ **critical**	〔形〕	重大な
☐ **productivity**	〔名〕	生産性
☐ **isolated**	〔形〕	孤立した
☐ **stagnant**	〔形〕	停滞した
☐ **conversely**	〔副〕	逆に
☐ **involve**	〔動〕	伴う
☐ **exhibit**	〔動〕	示す
☐ **lifespan**	〔名〕	寿命
☐ **benefit**	〔名〕	利点

第 **4** パラグラフ

☐ **break down A into B**	〔熟〕	A を B に分ける

□ component	〔名〕構成要素
□ engagement	〔名〕関与
□ exploration	〔名〕探求
□ describe	〔動〕描写する、説明する
□ regular	〔形〕定期的な
□ proportional	〔形〕正比例している
□ quantify	〔動〕数量化する
□ maintain	〔動〕維持する
□ A as well as B	〔熟〕Bと同様にAも
□ seek	〔動〕求める
□ following	〔前〕～に続いて
□ in-house	〔形〕内部での

第 5 パラグラフ

□ allude	〔動〕言及する
□ solely	〔副〕～だけ
□ eventually	〔副〕最終的に
□ refer to A as B	〔熟〕AをBとみなす
□ participant	〔名〕参加者
□ stagnate	〔動〕停滞する
□ tremendously	〔副〕途方もなく
□ in contrast	〔熟〕対照的に
□ engage in	〔動〕～に従事する
□ merely	〔副〕～だけ
□ a plethora of	〔熟〕多くの
□ orphan	〔動〕見捨てる
□ meaningful	〔形〕意義のある

第 6 パラグラフ

□ in terms of	〔熟〕～の点で
□ identify	〔動〕特定する
□ deficient	〔形〕足りない
□ nurture	〔動〕はぐくむ
□ require	〔動〕必要とする
□ a degree of	〔熟〕ある程度の～
□ incentivize	〔動〕動機付けする
□ maximize	〔動〕最大化する

実戦模試 2 Passage 2 解答と解説

敗血症

本文訳

1　米国で死因第10位として、敗血症は年間に20万から25万人の命を奪う。敗血症はまた米国の病院の集中治療棟の患者の死因第1位である。研究者の間ではこの病気に関する多くの詳細について見解が一致しているが、いまだに解明されていない重要事項がいくつかある。

2　敗血症の感染はウイルス、菌、寄生虫によって起きることもあるが、通常は細菌感染として始まる。これらの感染の約半分が肺から始まるとわかっている。最初、体は普通に感染した時と同じ反応をする。つまり、侵入してきた病原体の存在に気付き免疫システムを作動させるのである。免疫細胞は伝達たんぱく質であるサイトカインを血中に放出する。しかし理由はわかっていないが、通常よりもはるかに多くのサイトカインと他の炎症分子が放出されてしまう。このように免疫分子の濃度が高まると、血圧が危険なほど低下し、血液の液体成分が周辺の組織へと漏れ始める。このように液体が失われることで、血管中の残りの血液に塊ができ、それがより細い血管を詰まらせる。このように血管が詰まると、酸素が重要な臓器に届かなくなり、次に心臓と他の臓器がパニックに陥る。いったんこのカスケード反応がこの状態にまで達してしまうと、医療スタッフが血圧を安全なレベルまで引き上げることは非常に困難となる。

3　通常の敗血症の治療では、もともとの感染源である病原体に対処するために抗生物質または抗ウイルス剤を投与するとともに、血圧を上げるために患者に静脈内輸液と静注薬物を投与する。初期の敗血症の患者の致死率は30パーセント前後を行き来し、重度の敗血症では50パーセントまで達することがある。この症状の最終段階である敗血症ショックでは80パーセントまで達することがある。治療が一時間遅れるごとに、致死率は6パーセント上昇する。初期の敗血症の4つの重要な症状（異常なほどに低いまたは高い体温、異常なほどに少ないまたは多い白血球の数、速い呼吸、心拍数の増加）は他の病気の症状と似ているため、この症状は誤診断されることがよくある。または、少なくとも正しい診断を下すのが極めて遅れてしまう。

4　敗血症の治療に使われていた薬のうちいくつかは、効き目がない、または患者の症状を悪化させることが判明した後、それらは市場から撤収された。さらに効果があると期待されていた薬の試験がそれらもまた偽薬と同様に効き目がないとわかった後中止となった。これらの薬の問題はその効き目が人間の免疫システムと異なる働きをするマウスで測定されていたという事実から生じた。さらに、敗血症は全く違った形で人々に影響を及ぼすため「すべての人に当てはまる」治療法はすべての患者に効くというわけではない。

5 幸いなことに、効き目が期待されている現在開発中の新しい治療法がいくつか存在する。最初の治療法は重症の敗血症または敗血症ショックを患っている患者の血中の内毒素を狙うことで作用する。内毒素は死にかけている細菌から放出される分子であり、敗血症カスケード反応を引き起こす原因になりうる。この治療法では患者の血液はろ過装置を通り、患者の体内に戻される前に内毒素が取り除かれる。この治療法はおそらく医療機関で利用可能となるだろうが、敗血症患者の一部しか助けることができない。2番目の新しい治療法は、その潜在的な危険性から、はるかに意見の分かれるものである。敗血症は免疫反応が過剰に働くことで起きると幅広く理解されているが、研究者のあるグループは最近の研究結果がこの反応に矛盾があると示しているようだと主張している。彼らは最初の加速した反応の後、免疫システムは実際に崩壊し始めると信じている。もしこれが実際にそうであったなら、患者の容態が悪化し始めたら、実際に免疫システムを刺激することが助けになるかもしれない。しかし、もし彼らが間違っていたら、この治療法は実際に患者の死を早めることになる。当然のことながら、この2番目の治療法が臨床試験に入る前に相当量の追加試験を行わなければならない。

正解一覧

※ 11 点満点。配点：Q1 ～ Q9 は、各問 1 点。Q10 は、3 つ正解＝ 2 点、2 つ正解＝ 1 点、1 つ～ 0 正解＝ 0 点。解答は順不同で可です。
1. Ⓑ　　2. Ⓐ　　3. Ⓒ　　4. Ⓑ　　5. Ⓒ　　6. Ⓑ　　7. Ⓓ
8. Ⓓ　　9. Ⓑ
10. Sepsis is a serious disease that causes great concern to healthcare professionals.
- Ⓑ / It is an extremely deadly disease that can be difficult to diagnose.
- Ⓓ / Sepsis is caused by a variety of pathogens and involves the hyperactivity of the immune system.
- Ⓔ / Several drugs have been shown to be useless or even harmful, but new treatments may prove to be effective.

設問文の訳と解答・解説

1 正解　Ⓑ

第 2 パラグラフによると、敗血症に関して正しいものはどれか。

Ⓐ その感染への身体反応は正常ではない。
Ⓑ それはウイルスだけによって引き起こされるのではないが、約 50 パーセントの症例が肺から始まる。
Ⓒ この感染を引き起こす病原体を体が識別するのは難しい。
Ⓓ 病原体によってそれが引き起こされることはほとんどない。

解説 パッセージの詳細に関する問題。第 1 ～ 2 文に「敗血症の感染はウイルス、菌、寄生虫によって起きることもあるが、通常は細菌感染として始まる。これらの感染の約半分が肺から始まるとわかっている」とあるため、Ⓑ が正解。同じ文から Ⓓ は不適とわかる。第 3 文から Ⓐ Ⓒ が不適とわかる。

2 正解　Ⓐ

第 2 パラグラフにある firing up という語句に意味が最も近いのは

Ⓐ stimulating（刺激する）
Ⓑ quitting（辞める）
Ⓒ sterilizing（消毒する）
Ⓓ limiting（制限する）

解説 語彙の問題。"firing up"（活性化する）に最も近い意味をもつのは Ⓐ "stimulating"。

3 正解 Ⓒ
　第3パラグラフによると、初期の敗血症に関連する4つの症状について推測できることは何か。

Ⓐ それらは特定の順番で発生する。
Ⓑ それらは識別するのが難しい。
Ⓒ それらは特にめずらしいことではない。
Ⓓ それらがないと、誤った診断につながる。

解説 パッセージの内容から推測する問題。第4文に「初期の敗血症の4つの重要な症状…は他の病気の症状と似ている」とあるため、Ⓒ が正解。

4 正解 Ⓑ
　第3パラグラフにある mimic という単語に意味が最も近いのは

Ⓐ adapt（適応する）
Ⓑ **resemble**（似る）
Ⓒ minimize（最小化する）
Ⓓ fortify（強化する）

解説 語彙の問題。"mimic"（似る）に最も近い意味をもつのは Ⓑ "resemble"。

5 正解 Ⓒ
　第4パラグラフにある stem from という語句に意味が最も近いのは

Ⓐ depend on（～を頼る）
Ⓑ deviate from（～から外れる）
Ⓒ **arise from**（～から起きる）
Ⓓ build on（～の上に築く）

解説 語彙の問題。"stem from"（～から生じる）に最も近い意味をもつのは Ⓒ "arise from"。

6 正解　Ⓑ

第 4 パラグラフに提示された情報によると、敗血症の効果のない薬に関して正しくないものを選びなさい。

Ⓐ それらは間違った種類の免疫システムに対して試験が行われた。

Ⓑ それらの効果が改善されると、再び導入されるだろう。

Ⓒ それらの中には、患者を助けるよりも実際に害を与えたものもあった。

Ⓓ それらの中には、開発が中止される前に、実際に市場に出回ったものもあった。

解説 パッセージに記述のない事柄を選ぶ問題。Ⓐ は第 3 文、Ⓒ と Ⓓ は第 1 文に述べられている。

7 正解　Ⓓ

第 5 パラグラフで説明された最初の治療方法の重要な原則は何か。

Ⓐ それはすべての敗血症の患者の血液中の分子に集中している。

Ⓑ それは内毒素を放出する細菌を取り除くことを目的としている。

Ⓒ それは敗血症が敗血症ショックの段階に達することを防ごうとしている。

Ⓓ それは患者の血液から有害物質を取り除く。

解説 パッセージの詳細に関する問題。第 4 文に「患者の血液はろ過装置を通り、患者の体内に戻される前に内毒素が取り除かれる」とあるため、Ⓓ が正解。第 5 文を見ると、「敗血症患者の一部しか助けることができない」とあるため、Ⓐ は不適。この治療法は細菌ではなく、"endotoxin"（内毒素）を取り除くので、Ⓑ は不適。

8 正解　Ⓓ

第 5 パラグラフで筆者は 2 番目の治療法のために必要な追加の試験について述べているのは何のためか。

Ⓐ その以前の薬の失敗以降導入されたより厳しい手続きを強調するため

Ⓑ 読者にこの症状の致命的な特性を理解してもらうのを助けるため

Ⓒ この治療法が効果的になると筆者が信じていないことを示すため

Ⓓ この特定の治療に関連するさらなるリスクを強調するため

解説 パッセージの記述の意図についての問題。追加の試験の必要性に関しては第 11 文で述べられている。その前文に「もし彼らが間違っていたら、この治療法は実際に患者の死を早めることになる」とあることから、Ⓓ が正解だとわかる。

9 正解 B

パッセージにある4つの四角［■］は、次の文を挿入できる箇所である。この文をどこに入れるのが最も適切か。

タイミングが非常に重要である。

解説　文挿入の問題。第2文で敗血症の重症度と高い致死率について述べられていて、第3文で「治療が一時間遅れるごとに、致死率は6パーセント上昇する」とタイミングの重要性の具体例を述べていることから、 B に挿入文を入れると意味がつながる。

10 正解 B、D、E

下の文はパッセージ要約の導入文です。パッセージの中で述べられた最も重要な考えを選択肢から3つ選んで、要約を完成させなさい。選択肢の中には、本文中に書かれていないため、あるいは主要な考えでないために要約文にならないものが含まれています。この問題の配点は2点です。

空欄には答えの記号を書き入れても、文を書き写してもかまいません。

敗血症は医療専門家に多大な懸念をもたらす深刻な病気である。

A　この症状を治療するときに、患者の血圧を上げることは重要な考慮すべきことのうちの一つである。
B　それは診断が難しいことがある非常に致死率の高い病気である。
C　治療法の中には実際に患者の容態を悪化させたことが判明したものもある。
D　敗血症はさまざまな病原体によって引き起こされ、免疫システムの過剰活動を伴う。
E　いくつかの薬は効果がない、または有害でさえあると明らかになったが、新しい治療は効果的だと証明されるかもしれない。
F　抗生物質の使用は、この病気で苦しむ患者の助けにならない。

解説　要約完成の問題。 B は第3パラグラフ、 D は第2パラグラフ、 E は第4、5パラグラフにそれぞれ述べられている。 A は主要な考えではない。 C は "treatment methods" ではなく、第4パラグラフの第1文に "drugs" とあるので、不適。 F は第3パラグラフの第1文に抗生物質を投与すると述べられていることから、不適。

各パラグラフの語彙・表現

第 1 パラグラフ

□ sepsis	〔名〕敗血症
□ leading	〔形〕主要な
□ claim	〔動〕(命を)奪う
□ on a ~ basis	〔熟〕~ごとに
□ annual	〔形〕毎年の
□ patient	〔名〕患者
□ intensive care unit	〔名〕集中治療室
□ detail	〔名〕詳細
□ associate A with B	〔熟〕AとBを関連づける
□ ailment	〔名〕病気
□ factor	〔名〕要因

第 2 パラグラフ

□ bacterial	〔形〕細菌の
□ infection	〔名〕感染
□ virus	〔名〕ウイルス
□ fungus	〔名〕菌
□ parasite	〔名〕寄生虫
□ determine	〔動〕特定する
□ approximately	〔副〕約、およそ
□ originate	〔動〕始まる
□ lung	〔名〕肺
□ initially	〔副〕最初に
□ fire up	〔動〕作動させる
□ immune	〔形〕免疫の
□ note	〔動〕気づく
□ presence	〔名〕存在
□ invade	〔動〕侵入する
□ pathogen	〔名〕病原体
□ cell	〔名〕細胞
□ cytokine	〔名〕サイトカイン
□ bloodstream	〔名〕血流
□ inflammatory	〔形〕炎症の

☐ molecule	〔名〕	分子
☐ blood pressure	〔名〕	血圧
☐ fluid	〔名〕	液体
☐ component	〔名〕	構成要素
☐ leak	〔動〕	漏れる
☐ tissue	〔名〕	組織
☐ remaining	〔形〕	残りの
☐ portion	〔名〕	部分
☐ vessel	〔名〕	管
☐ clot	〔名〕	塊
☐ clog	〔動〕	詰まらせる
☐ vital	〔形〕	重要な
☐ organ	〔名〕	臓器
☐ in turn	〔熟〕	その次に
☐ cascade	〔名〕	連続
☐ extremely	〔副〕	極端に
☐ personnel	〔名〕	職員

第 **3** パラグラフ

☐ treatment	〔名〕	治療
☐ involve	〔動〕	伴う
☐ administer	〔動〕	投与する
☐ intravenous	〔形〕	静脈内の
☐ antibiotics	〔名〕	抗生物質
☐ antivirals	〔名〕	抗ウイルス剤
☐ deal with	〔動〕	～に対処する
☐ source	〔名〕	源、原因
☐ mortality rate	〔名〕	致死率
☐ hover	〔動〕	［数値が］それほど変わらない
☐ symptom	〔名〕	症状
☐ count	〔名〕	数
☐ accelerate	〔動〕	加速させる
☐ heart rate	〔名〕	心拍数
☐ mimic	〔動〕	～に似る
☐ disease	〔名〕	病気
☐ misdiagnose	〔動〕	誤診をする

□ critically	〔副〕	極めて

第 4 パラグラフ

□ effective	〔形〕	効果的な
□ in addition	〔熟〕	さらに、その上
□ promising	〔形〕	有望な
□ placebo	〔名〕	偽薬
□ stem from	〔動〕	〜に由来する
□ efficacy	〔名〕	効き目
□ subject	〔名〕	被験者
□ additionally	〔副〕	さらに、その上
□ affect	〔動〕	影響を与える

第 5 パラグラフ

□ endotoxin	〔名〕	内毒素
□ suffer from	〔動〕	〜に苦しむ
□ release	〔動〕	放出する
□ be responsible for	〔熟〕	〜の要因になる
□ trigger	〔動〕	引き起こす
□ filtration	〔名〕	ろ過
□ device	〔名〕	装置
□ cleanse	〔動〕	取り除く
□ therapy	〔名〕	治療法
□ facility	〔名〕	施設
□ controversial	〔形〕	意見の分かれる
□ bring on	〔動〕	もたらす
□ exaggerated	〔形〕	過剰な
□ contend	〔動〕	論争する
□ finding	〔名〕	発見
□ indicate	〔動〕	示す
□ inconsistency	〔名〕	矛盾
□ be the case	〔熟〕	当てはまる
□ stimulate	〔動〕	刺激する
□ mistaken	〔形〕	誤った
□ bring about	〔動〕	もたらす
□ considerable	〔形〕	相当な
□ clinical trial	〔名〕	臨床試験

文化成長

本文訳

1　ホモサピエンスが旧人類よりずっと優れているという印象が出来上がったのかを知るのは容易である。先史時代の人類の頭蓋骨の大きさや形の変化の意味をあれこれ推測してみることも可能であるとはいえ、人類が生み出したもので判断を下した方がより説得力をもっている。氷河期が終わったあと、ヨーロッパでホモサピエンスが登場したことにより、物質的文化において、最初はゆるやかな、その後は急速な進歩があったのである。ムスティエ期のあとにソリュートレ文化期とオーリニャック文化期が続き、その間に石器が完成した。オーリニャック文化期の中で出現した先史時代の芸術はマドレーヌ期の間に頂点に達した。約1万5,000年前のマドレーヌ期の卓越した芸術家による彫刻画と着色の施された洞窟絵画を誰もが写真で見たことがあるだろう。それから、紀元前約5000年にスエズ東方のどこかで、新石器時代の大きな変化が突然始まった。しかしながら、物質文化におけるこれらのすべての偉大な進歩は、ホモサピエンスが、祖先より優れた特質をもって生まれてきたことを必ずしも証明するわけではない（もちろん、そうであった［優れた特質をもって生まれてきた］可能性もあるが）。人類学者が文化成長と呼んでいる重要な影響をも考慮に入れなければならないのである。

2　19世紀の人類学者は、ダーウィンが提示した説得力のある理論に対する熱狂から、先史時代における人類の進歩のすべてを進化によるものとする傾向があった。今日の人類学者も、下等動物と同様に、人類がともかくも現在のような地位に進化したことを確信してはいるが、彼らはまた進化の過程において文化成長が果す役割の重要性を認めている。この考え方によれば、先史時代後期の人類の進歩がその祖先の進歩より見事なものにみえるのは、単に先史時代後期の人類がその祖先の発明や経験の基礎の上に立って成長することができるからである、ということになる。歴史の夜明けに文字をもったことは、このことを如実に物語る。というのは、文字のおかげで、ある地方の発明者が世界の別の場所に重要な新しい考えを伝達することが可能になり、そこで誰かがその発明をさらに一歩進めることができたからである。しかし、文字の発明の前に情報伝達と人類の進歩を大きく促すような新しい力がすでに出現していた。それは安定した集団生活だった。旧来の移住を伴う狩猟社会においては、比較的小さな単位での共同生活しか存在しなかった。この新しい要素は新石器時代においてまったく突然に出現したものなのである。

3　5つの偉大な新石器時代の発明が人類の生活方法に大きな変化をもたらしたので、これらの発明は時に新時代の革命を作り出したものと言われている。確かに、こ

れらの発明は、有史時代の産業革命を生み出した発明と同じくらい重要である。［新石器時代という］この時代の名称は、最初のそして、ことによると、これらの発明の中で一番重要度の低い発明である石器を磨く方法から名づけられている。他の偉大な発明あるいは発見は農耕、牧畜、土器、機織りだった。少し考えただけでも、私たち自身の社会の土台を提供したこれらの発明・発見の重要性がわかるだろう。動物を家畜化し、畑を耕すことを初めて学んだ時、人類はより多くの、またより安定した食料供給を手にすることができた。さらに、一箇所に定住することが可能になっただけでなく、不可欠なことになった。土器の出現により、居住者たちは食料を煮たり、炒めたりすることができるようになり、その結果として肉のひどい無駄使いが減らされただけでなく、新たな穀物と野菜も調理できるようになった。織物は衣服のための布地を提供し、結果として動物の皮に対する需要を減らした。魚を捕る際に使われる網を作るのにも役立ったのである。例えば、これらのことが、珍しいタイプの新石器時代の社会生活、すなわち湖畔居住に役立ったのである。また、力仕事ばかりではなくなったので、老人や体の弱い人でもいまや社会に貢献することができるようになった。

④　東地中海における新石器時代の諸発明は、ヨーロッパ中にこの新しい高度な文化の普及を加速させることにも役立った。棹、パドル、オール、帆によって進む丸太舟によって、新しい考え方と物の伝達は徒歩で移動する人類が伝達役であったときとは比べものにならないほど早く広まった。結果として、新石器革命は、紀元前4000年頃に南ヨーロッパで最高潮に達したのである。

※ 11 点満点。配点：Q1 ～ Q9 は、各問 1 点。Q10 は、3 つ正解＝2 点、2 つ正解＝1 点、1 つ～ 0 正解＝0 点。解答は順不同で可です。

1. Ⓐ   2. Ⓒ   3. Ⓒ   4. Ⓐ   5. Ⓓ   6. Ⓐ   7. Ⓒ
8. Ⓒ   9. Ⓒ

10. This passage discusses the early stages of modern man's advancements.

- Ⓐ / Modern anthropologists attribute the development of *Homo sapiens* to evolution and culture accretion.
- Ⓓ / The Neolithic Age signaled the beginning of humankind's cultural advancement.
- Ⓔ / The inventions made during the Neolithic period greatly facilitated the development of community life.

設問文の訳と解答・解説

1 正解　Ⓐ

第 1 パラグラフによると、次のどれがマドレーヌ期の芸術家に当てはまると考えられるか。

Ⓐ マドレーヌ期の芸術家は約 1 万 5,000 年前に洞窟の壁に絵を描いた。
Ⓑ マドレーヌ期の芸術家は彫刻画に着色した。
Ⓒ マドレーヌ期の芸術家はムスティエ期に頂点に達した。
Ⓓ マドレーヌ期の芸術家は石器を発明した。

解説　パッセージの詳細に関する問題。第 6 文に "Everyone has seen pictures of the engravings and colored cave paintings of the splendid Magdalenian artists of some 15,000 years ago"（約 1 万 5,000 年前のマドレーヌ期の卓越した芸術家による彫刻画と着色の施された洞窟絵画を誰もが写真で見たことがあるだろう）とある。「彫刻画に着色した」とは書かれていないので、Ⓑ は不適。Ⓒ については、第 5 文に「マドレーヌ期の間に頂点に達した」とあるので不適。さらに第 4 文に「ムスティエ期のあとにソリュートレ文化期とオーリニャック文化期が続き、その間に石器が完成した」とあるが、これらはマドレーヌ期に先行する時期なので、Ⓓ もまた当てはまらない。

2 正解　Ⓒ

第 1 パラグラフの単語 commenced の意味に一番近いのは

Ⓐ came to an end（終わりになった）
Ⓑ encountered（偶然出会った）
Ⓒ **began**（始まった）
Ⓓ conserved（保存した）

> **解説**　語彙の問題。"commenced"（始まった）に一番近い意味をもつのは "began" になる。

3 正解　Ⓒ

第 2 パラグラフの情報によれば、次のうち正しくないのはどれか。

Ⓐ ダーウィンの説は 19 世紀の人類学者によって歓迎された。
Ⓑ 19 世紀の人類学者は進化が人類の進歩の唯一の理由と考えていた。
Ⓒ 文化成長という考え方は 1800 年代に広く受け入れられていた。
Ⓓ 安定した集団生活の確立は文字の発明に先立って起きた。

> **解説**　パッセージに記述のない事柄を選ぶ問題。第 1 文に「19 世紀の人類学者には進化のみが、先史時代の人類の文化成長の理由だと考える傾向があった」とあるので、Ⓑ は正しい。したがって、正しくないのは Ⓒ。Ⓐ については、第 1 文に「ダーウィンが提示した［進化］理論に対する熱狂」とあるので、正しい。Ⓓ については、第 5、6 文の記述から集団生活が文字の発明の前に起こったことがわかる。

4 正解　Ⓐ

第 2 パラグラフの単語 facilitated の意味に一番近いのは

Ⓐ **promoted**（促進した）
Ⓑ accumulated（蓄積した）
Ⓒ disrupted（混乱させた）
Ⓓ diminished（少なくした）

> **解説**　語彙の問題。"facilitated"（促進した）に一番近い意味をもつのは "promoted" になる。

5 正解 D

第3パラグラフによれば、新石器時代の発明の中で最も重要度が低いと考えられるのは次のうちのどれか。

A 機織り
B 牧畜
C 農耕
D 石器を磨く方法

解説 パッセージの詳細に関する問題。第3文に "the least important of these inventions, a method of polishing flint implements"（これらの発明の中で一番重要度の低い発明である石器を磨く方法）とある。

6 正解 A

第3パラグラフから推測できることは、土器の発明の以前は

A 残った肉はすぐに捨てられた
B 人類は将来使用するためにたくさんの肉を貯蔵した
C 煮たり、炒めたりした料理が一般的に食事として出された
D 新たな穀物と野菜のみが栽培された

解説 パッセージの内容から推測する問題。第8文に、"Pottery enabled inhabbitants to boil and fry food, thus not only reducing the tremendous waste of meat products ..."（土器の出現により、居住者たちは食料を煮たり、炒めたりすることができるようになり、その結果として肉のひどい無駄使いが減らされた）とある。

7 正解 C

筆者が第4パラグラフで棹、パドル、オール、帆によって進む丸太舟について触れているのはなぜか。

A 地中海地域に広まった諸発明の類似性を強調するため
B より迅速なメッセージの伝達を可能にした諸発明を比較するため
C 新石器革命の迅速な普及を促進するのに役立った発明の例を示すため
D 南ヨーロッパの発明の起源を説明するため

解説　パッセージの記述の意図についての問題。第 1 文の "Inventions of the Neolithic period in the eastern Mediterranean" に、"dugout boats propelled by poles, paddles, oars, and sails" は含まれると考えてよい。したがって、「棹、パドル、オール、帆によって進む丸太舟」は、「新石器革命の迅速な普及を促進するのに役立った発明の一例」を挙げたものと考えることができる。

8 正解　Ⓒ

第 4 パラグラフによれば、新石器革命はどこで頂点に達したか。

Ⓐ バビロニア
Ⓑ エジプト
Ⓒ 南ヨーロッパ
Ⓓ 東地中海

解説　パッセージの詳細に関する問題。最終文に "the Neolithic Revolution was in full swing in Southern Europe about 4000 B.C."（新石器革命は、紀元前 4000 年頃に南ヨーロッパで最高潮に達した）とある。

9 正解　Ⓒ

パッセージにある 4 つの四角 [■] は、次の文を挿入できる箇所である。この文をどこに入れるのが最も適切か。

食料獲得に必要な時間が減少したことにより、新石器時代の社会の有能な人々は初めて専業化を行い、より発達した文化の躍進に貢献した。

解説　文挿入の問題。"Weaving"（機織り）の発明 → "fishing net"（漁網）の供給 → 湖畔居住は一連した意味の流れなので、Ⓐ と Ⓑ は不可。第 12 文の初めに挿入文と同じ "With less ..." で始まる文があり、文中に "also"（～も）があることで、正解 Ⓒ が導かれる。"the gifted persons"（才能のある人々）と "the aged and the physically weak"（老人や体の弱い人）が対比となっていることにも注意。

10 正解 A、D、E

下の文はパッセージ要約の導入文です。パッセージの中で述べられた最も重要な考えを選択肢から3つ選んで、要約を完成させなさい。選択肢の中には、本文中に書かれていないため、あるいは主要な考えでないために要約文にならないものが含まれています。この問題の配点は2点です。

空欄には答えの記号を書き入れても、文を書き写してもかまいません。

この文章は現生人類の初期段階における進歩について述べている。

A 現代の人類学者はホモサピエンスの進歩は進化と文化成長の結果と考えている。

B マドレーヌ期の芸術家は洞窟に絵を描いた。

C 1800年代の産業革命は新石器革命と同じぐらい重要であった。

D 新石器時代は人類文化の進歩の始まりを告げている。

E 新石器時代になされた発明は社会生活の進展を大いに促進した。

F 新石器革命以前、人類は遠方への思想や物品の伝達を徒歩で行った。

解説 要約完成の問題。A は第2パラグラフの中心になる考え。B は "minor idea"（主要な考えでない）と考えられる。C は "The Neolithic inventions are as important as those which produced the Industrial Revolution"（新石器時代の発明は産業革命を生み出した発明と同じぐらい重要）なら正しい表現になる。したがって、"ideas that are not presented in the passage"（本文中に書かれていない考え）と考えられる。D は第1パラグラフの中心になる考え。E は第3パラグラフの中心になる考え。F は "minor idea" と考えられる。

各パラグラフの語彙・表現

第 **1** パラグラフ

☐ accretion	〔名〕増大
☐ impression	〔名〕印象
☐ superior	〔形〕優れた
☐ premodern	〔形〕前近代の
☐ speculate	〔動〕推測する
☐ significance	〔名〕意義、意味
☐ skull	〔名〕頭蓋骨
☐ convincing	〔形〕説得力のある
☐ appearance	〔名〕出現
☐ postglacial	〔形〕後氷期の
☐ gradual	〔形〕ゆるやかな
☐ advance	〔名〕進歩
☐ material	〔形〕物質的な
☐ following	〔前〕～の後に
☐ implement	〔名〕道具
☐ engraving	〔名〕彫刻
☐ splendid	〔形〕見事な
☐ commence	〔動〕始まる
☐ not necessarily	〔熟〕必ずしも～ない
☐ prove	〔動〕証明する
☐ superiority	〔名〕優位性
☐ predecessor	〔名〕先祖、前任者
☐ anthropologist	〔名〕人類学者

第 **2** パラグラフ

☐ enthusiasm	〔名〕熱意
☐ theory	〔名〕説
☐ propose	〔動〕提唱する
☐ convincingly	〔副〕納得できるように
☐ tend to V	〔熟〕V する傾向がある
☐ attribute A to B	〔熟〕A の原因を B と考える
☐ progress	〔名〕進歩
☐ prehistoric	〔形〕先史の、有史以前の

351

☐ evolution	〔名〕	進化
☐ likewise	〔副〕	同様に
☐ be convinced	〔熟〕	確信している
☐ somehow	〔副〕	どうにかして
☐ evolve	〔動〕	進化する
☐ present	〔形〕	現在の
☐ status	〔名〕	地位
☐ recognize	〔動〕	認識する
☐ impressive	〔形〕	印象的な、見事な
☐ invention	〔名〕	発明
☐ dawn	〔名〕	夜明け
☐ dramatize	〔動〕	劇的にする
☐ communicate	〔動〕	伝える
☐ facilitate	〔動〕	促進する
☐ stable	〔形〕	安定した
☐ migratory	〔形〕	移住の
☐ previous	〔形〕	以前の
☐ relatively	〔副〕	比較的に
☐ factor	〔名〕	要因
☐ Neolithic	〔形〕	新石器の

第 3 パラグラフ

☐ bring about	〔動〕	もたらす
☐ describe	〔動〕	描写する
☐ constitute	〔動〕	構成する
☐ revolution	〔名〕	革命
☐ name A after B	〔熟〕	B にちなんで A を名付ける
☐ polish	〔動〕	磨く、研ぐ
☐ flint	〔名〕	火打石
☐ implement	〔名〕	道具
☐ agriculture	〔名〕	農業
☐ animal husbandry	〔名〕	畜産
☐ pottery	〔名〕	土器
☐ weaving	〔名〕	機織り
☐ innovation	〔名〕	確信
☐ foundation	〔名〕	基礎

□ domesticate	〔動〕家畜化する
□ cultivate	〔動〕耕す
□ steady	〔形〕安定した
□ supply	〔名〕供給
□ furthermore	〔副〕さらに、その上
□ settle down	〔動〕定住する
□ locality	〔名〕場所
□ enable O to V	〔熟〕O が V することを可能にする
□ inhabitant	〔名〕居住者
□ reduce	〔動〕減らす
□ tremendous	〔形〕ものすごい
□ waste	〔名〕ゴミ
□ permit	〔動〕可能にする
□ grain	〔名〕穀物
□ demand	〔名〕需要
□ animal hide	〔名〕動物の皮
□ aid	〔動〕役立つ
□ emphasis	〔名〕強調
□ brawn	〔名〕筋力
□ physically	〔副〕身体的に
□ contribution	〔名〕貢献

第 4 パラグラフ

□ the Mediterranean	〔名〕地中海
□ diffusion	〔名〕普及
□ advanced	〔形〕高度な
□ dugout boat	〔名〕丸太舟
□ propel	〔動〕推進する
□ paddle	〔名〕かい、（カヌー用の）パドル
□ oar	〔名〕（ボート側面の）オール
□ sail	〔名〕帆
□ transmission	〔名〕伝達
□ infinitely	〔副〕非常に
□ afoot	〔形〕徒歩で
□ in full swing	〔熟〕最高潮で

SUPERHABITABLE WORLDS

1   In the last twenty years, researchers have identified over 1800 exoplanets, or planets that orbit stars other than our own. By some estimates, these 1800 are only a small fraction of the more than 100 billion estimated exoplanets in our galaxy alone. Nevertheless, these identified exoplanets have provided critical evidence in our search for other habitable planets.

2   There is an orbital range around our sun within which life could possibly exist. Known as the "habitable zone," the water of any planet located inside of this bandwidth would boil away, while the water of any planet outside of this zone would freeze solid. For many years, it was thought that the Earth was smack dab in the middle of this zone, but recent research indicates that this was more likely the case about 3.5 billion years ago. Since that time, the zone has been shifting outwards as the sun burns through its hydrogen fuel, raising its core temperature. The Earth now lies closer to the inner portion of this belt, and the belt will actually move outside of the Earth's orbit in about 1.7 billion years, ending life on our planet as we know it. Evidence of this shift can be seen when we examine life in the Carboniferous period (350–300 million years ago). During this time, oxygen levels were much higher than they are today, and the Earth supported megafauna and megaflora life forms that would be unable to survive in today's less habitable climate.

3   Since the Earth is not as ideally habitable as had been previously thought, a search is underway for exoplanets with even better conditions, so-called "superhabitable" planets. Once researchers were freed from the assumption that they needed to search for Earth's twin, they began to reconsider the optimal size of the planet and of the star. Since our star, the sun, has a lifespan of roughly 10 billion years, it would seem logical to try to find a star with a longer lifespan. Two classes of stars have been considered as possible candidates: K dwarf stars and M dwarf stars. The former have lifespans in the tens of billions of years, while the latter can live for hundreds of billions of years. K dwarfs are smaller than our sun and would produce a type of light that was shifted more towards the infrared portion of the spectrum, but that would still support photosynthesis. Their habitable zones would be closer than that of our sun but would still be located at a safe enough distance. M dwarf stars are even smaller but with the

354

same wavelength of light as the K dwarfs, yet their habitable zones may be so close that any potentially habitable planet may find itself subject to flares or other harmful effects.

4　　**A** With a K dwarf as its light source, our Earth would not fare so well. **B** The internal heat of the Earth drives plate tectonics and volcanism, both of which are responsible for transferring carbon dioxide to the atmosphere. **C** Rain, in turn, forces the CO_2 back to the Earth's surface, completing the cycle. **D** With a weaker K dwarf in place of the sun, the Earth's interior temperature would cool to the point that plate tectonics would cease. With no active plate tectonics, the rain would gradually wash enough of the CO_2 out of the atmosphere to negate the greenhouse effect, eventually freezing all of the surface water on the planet. Additionally, a cool interior temperature would lead to the solidification of Earth's molten core. Since the Earth's magnetic field depends on the dynamo effect produced by the convection of the molten core, the field would be destroyed, and cosmic radiation would be able to penetrate our atmosphere, causing irreparable harm to life on the surface.

5　　If, however, the super-Earth were twice the mass of our planet, the interior temperature would be able to be maintained for as long as the K dwarf continued to provide light, and these problems could be averted. So why not go even larger? At a mass three to five times that of the Earth's, a super-Earth would unfortunately be too massive for plate tectonics to occur. So, a doubly massive super-Earth orbiting a K dwarf would combine to produce a much more ideal super-habitable planet. It would not, however, look exactly like the Earth that we have come to know. First of all, a more massive planet would have a greater surface gravity. This, in turn, would produce a thicker atmosphere, higher rates of erosion (with subsequently flatter topography[1]), and shallower oceans with smaller islands in lieu of the massive continents we currently have.

6　　Since it has been shown that this particular super-Earth and K dwarf combination is statistically more likely to occur in our galaxy than our solar system's Earth and sun combination, researchers are hopeful that they will be able to find just such a planet orbiting just such a star sometime in the future.

1. Topography: The description of surface shapes and features

1 According to paragraph 1, what could be said of exoplanets?

   Ⓐ They are proving helpful as we attempt to locate planets other than our own that can support life.

   Ⓑ Only 1800 of them are capable of being discovered.

   Ⓒ The majority of them would be considered habitable.

   Ⓓ Their discovery has inspired us to search for other habitable planets.

2 The word bandwidth in paragraph 2 is closest in meaning to

   Ⓐ thickness

   Ⓑ temperature

   Ⓒ range

   Ⓓ site

3 Which of the following can be inferred from paragraph 3 about early searches for habitable planets?

   Ⓐ They had focused on a goal that was impossible to achieve.

   Ⓑ They had been aimed at the same types of exoplanets that are currently being considered.

   Ⓒ They were limited by an unnecessarily narrow set of parameters.

   Ⓓ They were mistakenly directed towards uninhabitable planets.

4 In paragraph 3, why does the author discuss M dwarf stars when considering alternatives to our sun?

   Ⓐ To show that they would be a perfect alternative

   Ⓑ To provide an example of a star that produces the wrong type of light needed to support life

   Ⓒ To show that they are being considered but have at least one significant shortcoming

   Ⓓ To show that although they are not perfect they are better than any other type of star

5 According to paragraph 4, all of the following would happen if our sun
    were replaced with a K dwarf star EXCEPT

    Ⓐ cosmic radiation would damage life on Earth
    Ⓑ all of the water would freeze
    Ⓒ the convection of the molten core would intensify
    Ⓓ the greenhouse effect would be canceled out

6 The word averted in paragraph 5 is closest in meaning to

    Ⓐ accumulated
    Ⓑ bypassed
    Ⓒ exacerbated
    Ⓓ banned

7 According to paragraph 5, which of the following would NOT be true of a
    doubly massive super-Earth?

    Ⓐ It would have both massive continents and smaller islands.
    Ⓑ It would have smaller mountain ranges.
    Ⓒ It would be surrounded by a much denser atmosphere.
    Ⓓ It would have stronger gravity.

8 Which of the following sentences below best expresses the essential
    information in the highlighted sentence in paragraph 6? Incorrect choices
    change the meaning in important ways or leave out essential information.

    Ⓐ Researchers expect to find a super-Earth and K dwarf combination in
        our galaxy because of the statistical improbability of an Earth and sun
        combination occurring.
    Ⓑ The high likelihood of a super-Earth and K dwarf star combination in our
        galaxy makes scientists hope that they can find such a combination before
        locating an Earth and sun combination.
    Ⓒ Scientists believe that they will be able to find a super-Earth and K dwarf
        pairing in our galaxy due to the higher probability of such a combination
        occurring compared to an Earth and sun pairing.
    Ⓓ Statistics aside, researchers have an innate hope that they will find a super-
        Earth and K dwarf combination in the near future rather than an Earth and
        sun combination.

9 Look at the four squares [■] that indicate where the following sentence can be added to the passage.

Our climate is dependent on several key factors, one of which is plate tectonics.

Where would the sentence best fit?

Ⓐ **A**
Ⓑ **B**
Ⓒ **C**
Ⓓ **D**

10 **Directions:** An introductory sentence for a brief summary of the passage is provided below. Complete the summary by selecting the THREE answer choices that express the most important ideas in the passage. Some sentences do not belong in the summary because they express ideas that are not presented in the passage or are minor ideas in the passage. *This question is worth 2 points.*

Write your answer choices in the spaces where they belong. You can either write the letter of your choice or you can copy the sentence.

Superhabitable worlds are exoplanets which need to have optimal conditions in order to support life.

-
-
-

Answer Choices

A The cycle of carbon dioxide transfer from the atmosphere to the surface is an essential component for life to exist on Earth.

B Recent research demonstrates that Earth lies toward the inner portion of the habitable zone.

C There is an orbital range around a star within which life could possibly exist.

D K dwarf stars produce light that could support photosynthesis.

E The identified exoplanets can provide essential information in helping us in finding other habitable planets.

F The ratio in size between an exoplanet and a K dwarf star need to be just right for life to survive.

GOTHIC ARCHITECTURE

1   Originating in France, Gothic architecture enjoyed its first period of popularity from the twelfth to the sixteenth centuries. It has been revived several times since, but has never been as widely utilized as it was during its initial run of nearly 400 years. At first, the term "Gothic" was not applied to the style and only later became used, ironically, as a pejorative description by individuals hoping to bring back the classical style of architecture that was attracting a following near the beginning of the Renaissance. Created so as to associate the style with the "Goths," the term immediately generated rude and barbaric connotations.

2   Today, Gothic architecture can be seen in surviving churches as well as secular buildings, many of which have been designated as World Heritage Sites by UNESCO. Important characteristics of this style include the use of flying buttresses, pointed arches, and ribbed vaults, all of which were stylistically appropriate for churches which aimed to create images of sweeping heights (pointing towards heaven) and God's omnipotence.

3   The high, often narrow arches with their high windows stood out in stark contrast to the small apertures common in Romanesque architecture, the predecessor to the Gothic style. ◼A These arches also allowed for the channeling of weight onto the columns at a much steeper angle, which, in turn, permitted the building of much higher vaults than were previously possible. The ribbed vault common to Gothic architecture also allowed for rectangular and irregularly shaped designs to be more easily roofed, which was a departure from the semi-circular vault found in Romanesque buildings. ◼B The previously mentioned flying buttresses arched from the vault across the roof and were connected to large buttress piers located well beyond the external wall. These piers were often capped with pinnacles, statues, or the like, which created a greater downward thrust that was designed to counteract the outward thrust generated from the vault and buttress arch. ◼C The walls were able to be much thinner, the ceilings much higher, and there was a vast increase in the amount of natural light illuminating the interior. ◼D Additionally, the higher arches permitted the use of much larger windows which helped to popularize the use of larger and sometimes narrative stained glass windows.

4   Of course Gothic architecture was not without its regional differences,

one of which, the availability of materials, was independent of culture. The land in France and Britain was replete with limestone, although France had the wider variety in grades and quality. Britain also had reserves of certain types of sandstone and marble. Italy, although rich in marble, often used brick for buildings and reserved its stone for fortifications. Germany, Poland, Holland, and several of the Baltic States lacked locally available stone, so they became masters of building with brick. In addition to variations in materials, the variety of cultural influences was especially notable in cathedral construction.

5　A distinctive feature of English cathedrals was their extreme length, with an emphasis, naturally, on horizontal lines. Another key point was the variability in their style owing to the fact that different parts of the cathedrals were often built at different times, sometimes hundreds of years apart. They therefore were less cohesive than their French counterparts, although the interior and exterior stonework was very often decorated with wonderful carvings.

6　French cathedrals were of a much more uniform style, which focused on verticality. They were more compact and less sprawling than their English counterparts. The façade of each cathedral, known as the West Front, contained three portals, topped by a rose window, and two large towers. The English cathedrals, on the other hand, were often devoid of towers, although they sometimes copied the French style in this regard.

7　In Italy, the defining characteristic of cathedrals would undoubtedly be their use of polychrome decoration both internally and externally. This use of color created distinctions between architectural features rather than a blending or unity. The layout of the cathedrals was usually symmetrical and relatively simple with few columns that were spaced widely apart. Also, although stained glass windows did exist in these cathedrals, the preferred narrative medium was the fresco.

8　Finally, the cathedrals of Germany were known for their massive towers and spires, many of which were never completed. The façade was similar to the French style, but due to the size of the towers would often create a compressed appearance. Another distinctive quality was the width and openness of the interior.

9　Although the Gothic style has enjoyed a pseudo-revival in the late twentieth and early twenty-first centuries, the degree to which it will regain its earlier popularity remains to be seen.

1 According to paragraph 1, which of the following is true of the term Gothic architecture?

Ⓐ It is used to describe a style of rude and barbarically designed buildings.

Ⓑ It originated with the Goths, and later spread to France.

Ⓒ It has no connection to the group from which its name is derived.

Ⓓ It is used exclusively to describe churches built from the twelfth to the sixteenth centuries.

2 The word secular in paragraph 2 is closest in meaning to

Ⓐ public

Ⓑ spiritual

Ⓒ private

Ⓓ nonreligious

3 According to paragraph 3, which of the following was one of the advantages of the Gothic style?

Ⓐ The vaults were higher due to the mechanical advantages offered by the pointed arches.

Ⓑ The use of semi-circular vaults allowed for rectangular designs to be more easily roofed.

Ⓒ It promoted the building of stronger, bulkier walls.

Ⓓ The buttresses permitted more light to enter the structure.

4 According to paragraph 3, in comparison to the Romanesque style, Gothic architecture possessed all of the following characteristics EXCEPT

Ⓐ walls that were less thick

Ⓑ improved exterior illumination

Ⓒ more sizable windows

Ⓓ ceilings that were more towering

5 Why does the author mention limestone in France and Britain in paragraph 4?

(A) To point out that building with limestone yielded higher quality results than constructing with brick or marble.

(B) To indicate that limestone was scarce in both France and Britain.

(C) To compare the quantity of stone available in France and Britain to that available in other parts of Europe.

(D) To illustrate that the materials used in construction were dependent upon the locally available stone.

6 The phrase replete with in paragraph 4 is closest in meaning to

(A) surrounded by

(B) abundant in

(C) deficient in

(D) complete with

7 Which of the following was true regarding the building materials used in Gothic architectural structures?

(A) The English possessed a limited number of natural stone reserves.

(B) Germans built with brick for pragmatic reasons.

(C) The French were limited in their choices of limestone.

(D) The Italians utilized brick due to a lack of viable alternatives.

8 Select the TWO answer choices that what could be said of German Gothic-style cathedrals according to paragraph 8. *To receive credit, you must select TWO answers.*

(A) The West Front was identical to that of French cathedrals.

(B) The façade often appeared compressed in comparison to those on French cathedrals.

(C) For some reason, construction had been halted on many of the towers.

(D) The outside of the structure created a feeling of width.

9 Look at the four squares [■] that indicate where the following sentence could be added to the passage.

Collectively, these changes altered the structure of churches, and secular buildings for that matter, in significant ways.

Where would the sentence best fit?

Ⓐ **A**
Ⓑ **B**
Ⓒ **C**
Ⓓ **D**

10 **Directions:** An introductory sentence for a brief summary of the passage is provided below. Complete the summary by selecting the THREE answer choices that express the most important ideas in the passage. Some sentences do not belong in the summary because they express ideas that are not presented in the passage or are minor ideas in the passage. *This question is worth 2 points.*

Write your answer choices in the spaces where they belong. You can either write the letter of your choice or you can copy the sentence.

Despite some regional differences, the main characteristics of Gothic architecture were consistent throughout Europe.

-
-
-

Answer Choices

A Tall narrow arches and high windows were often employed in Gothic constructions.

B Gothic structures generally had much higher vaults than their predecessors.

C The construction materials used in Gothic architecture depended heavily on local supply.

D Interior spaces were often well-lit due to increased use of higher ceilings and larger windows.

E English cathedrals in the Gothic style were not as cohesive as their French counterparts since sections of the English cathedrals were built at different times.

F Although stained glass was used in Italian cathedrals, the preferred method of narrative medium was the fresco.

THE ORIGIN OF SPECIES

1   Charles Darwin was 22 years old when he sailed from Great Britain aboard the HMS *Beagle* in December 1831. The primary mission of the voyage was to chart poorly known stretches of the South American coastline. While the ship's crew surveyed the coast, Darwin spent most of his time on shore, observing and collecting thousands of specimens of the exotic and diverse fauna and flora of South America.

2   Darwin noted that plants and animals on the continent had definite South American characteristics, very distinct from those of Europe. That in itself may not have been surprising. But Darwin also noted that the plants and animals in temperate regions of South America were more closely related to species living in tropical regions of that continent than to species in temperate regions of Europe. Furthermore, the South American fossils that Darwin found, though clearly different from modern species, were distinctly South American in their resemblance to the living plants and animals of that continent.

3   The geographical distribution of species perplexed Darwin. Especially puzzling to him was the fauna of the Galapagos, islands of relatively recent volcanic origin. Most of the animal species in the Galapagos live nowhere else in the world, although they resemble species living in the South American mainland. It was as though the islands had been colonized by plants and animals that had strayed from the South American mainland and then diversified on the different islands.

4   Soon after returning to Great Britain in 1836, Darwin started reassessing all that he had observed during the voyage of the *Beagle*. He began to perceive the origin of species and adaptation to the environment as closely related processes. **A** It occurred to him that a new species could arise from an ancestral form by gradual adaptations to a different environment. **B** For example, if a geographical barrier—such as a channel separating oceanic islands—isolates two populations of a single species, the populations would diverge more and more in appearance as they adapted to local environmental conditions. **C** From studies made years after Darwin's voyage, biologists have concluded that this is what happened to the Galapagos finches. **D** Among the differences between the finches are their beaks, which are adapted to the specific food available on their home islands.

5　　　By the early 1840s Darwin had worked out the major features of his theory of natural selection as the mechanism of evolution. However, he had not yet published his ideas. He was in poor health and rarely left home. In 1844, Darwin wrote a long essay on the origin of species and natural selection. Realizing the importance of his work, he asked his wife to publish the essay if he died before writing a more thorough dissertation on evolution. Evolutionary thinking was emerging in many areas by this time, but Darwin was reluctant to introduce his theory publicly. Apparently, he anticipated the uproar it would cause. While he procrastinated, he continued to compile evidence in support of his theory. His friend and colleague Charles Lyell, not yet convinced of evolution himself, nevertheless advised Darwin to publish on the subject before someone else came to the same conclusions and published first.

6　　　In June 1858, Lyell's prediction came true. Darwin received a letter from Alfred Wallace, a young British naturalist working in the East Indies. The letter was accompanied by a manuscript in which Wallace developed a theory of natural selection essentially identical to Darwin's. Wallace asked Darwin to evaluate the paper and forward it to Lyell if it merited publication. Darwin complied, writing to Lyell: "Your words have come true with a vengeance . . . I never saw a more striking coincidence . . . so all my originality, whatever it may amount to, will be smashed." Lyell and a colleague presented Wallace's paper, along with extracts from Darwin's unpublished 1844 essay, to the Linnean Society of London on July 1, 1858. Darwin quickly finished *The Origin of Species* and published it the next year. Although Wallace wrote up his ideas for publication first, Darwin developed and supported the theory of natural selection so much more extensively than Wallace that he is known as the main author. Darwin's notebooks also prove that he formulated his theory 15 years before reading Wallace's manuscript.

1 According to paragraph 1, the *Beagle* sailed to South America in order to

(A) complete the discovery of the coast of South America

(B) develop a better understanding of the little known geology of South America

(C) observe the nature of South America

(D) map the shoreline of the continent

2 The phrase fauna and flora in paragraph 1 is closest in meaning to

(A) animals

(B) plants

(C) birds

(D) living organisms

3 Based on the information in paragraphs 3 and 4, it can be inferred that

(A) geographical barriers are the sole cause of the development of new species

(B) differences are seen in animals of a species depending on which island of the Galapagos they live in

(C) adaptation to the environment was more important than the origin of species in Darwin's theories

(D) the process of adaptation and evolution that occurred on the Galapagos was quite different from what happened in the rest of South America

4 According to paragraph 4, Galapagos finches have different beaks so that

(A) they can eat different kinds of food and so do not compete with each other

(B) they can live on whichever island is best for them

(C) they can eat the food of the particular island where they live

(D) their appearances can diverge

5 The word mechanism in paragraph 5 is closest in meaning to

Ⓐ process
Ⓑ theory
Ⓒ adaptation
Ⓓ hypothesis

6 According to paragraph 5, it appears that Darwin delayed publication of his theories because

Ⓐ his friend Lyell was not yet convinced of evolution
Ⓑ he was in poor health and rarely left home
Ⓒ he felt he did not yet have enough evidence
Ⓓ he feared how the public would react

7 The word compile in paragraph 5 is closest in meaning to

Ⓐ search for
Ⓑ find
Ⓒ gather together
Ⓓ examine

8 Which of the sentences below best expresses the essential information in the highlighted sentence in paragraph 6? Incorrect choices change the meaning in important ways or leave out essential information.

Ⓐ Darwin would like to smash Wallace for his originality, even though Lyell had predicted this would happen.
Ⓑ Wallace's theory resembles his own, and that he himself will get no credit.
Ⓒ As predicted, Lyell has gotten revenge on Darwin, and physical violence could result.
Ⓓ Because Darwin's ideas are not original, Lyell will get all the praise.

9 Look at the four squares [■] that indicate where the following sentence could be added to the passage.

This hypothesis for the origin of species predicted that over many generations, the two populations could become dissimilar enough to be designated separate species.

Where would the sentence best fit?

Ⓐ A
Ⓑ B
Ⓒ C
Ⓓ D

10 **Directions:** An introductory sentence for a brief summary of the passage is provided below. Complete the summary by selecting the THREE answer choices that express the most important ideas in the passage. Some sentences do not belong in the summary because they express ideas that are not presented in the passage or are minor ideas in the passage. *This question is worth 2 points.*

Write your answer choices in the spaces where they belong. You can either write the letter of your choice or you can copy the sentence.

Charles Darwin developed his theory of natural selection and the origin of species during the 1800s.

-
-
-

Answer Choices

A Darwin sailed for South America at the age of 22 and there observed many strange plants and animals which perplexed him for the rest of his life.

B The primary original evidence for the theory came from observations of the plant and animal life of South America, especially the Galapagos Islands.

C Scientists have concluded from studies of finches on the Galapagos Islands that Darwin's theories were correct.

D Alfred Wallace, a British naturalist working in the East Indies, published his ideas before Darwin.

E After returning from South America Darwin developed the theory, but delayed publication for a long time.

F Prodded by the realization that someone else had come up with the same ideas, Darwin quickly published *The Origin of Species*.

スーパーハビタブル・ワールド

本文訳

1 過去 20 年間で、研究者は 1,800 個を超える太陽系外惑星、すなわちわれわれ自身の恒星（太陽）以外を回る惑星を確認している。ある推定によると、これら 1,800 個の惑星は、わが銀河系だけでもおよそ 1,000 億個を超える太陽系外惑星のほんの一部にすぎない。それでもなお、これらの確認された太陽系外惑星は、ほかの居住可能な惑星をわれわれが探すうえで決定的な証拠を提供してくれている。

2 生命が存在できる可能性のある、太陽の周りの軌道範囲がある。「ハビタブル・ゾーン（habitable zone）」として知られており、このバンド幅の内側に位置するどの惑星の水も蒸発するが、一方このゾーンの外側にあるどの惑星の水も凍結する。長年、地球がこのゾーンのちょうど真ん中に位置すると考えられていたが、最近の調査は、およそ 35 億年前にそのような状況であった可能性が高いことを示している。その時点から、太陽が水素を燃料として燃焼しながらその中核の温度を上昇させるにつれ、ゾーンは外側に向かって移動している。地球は今日このベルトの内側部分に近いところに位置しており、およそ 17 億年でベルトは地球の軌道の外側へ事実上移動し、われわれが知っているように地球上の生命を終わらせるであろう。このような移動の証拠は、石炭紀（3 億 5 千～ 3 億年前）の生命を調べると見ることができる。この時期、酸素の濃度は今日よりずっと高く、地球は大型動物相および大型植物相の生命体を養っていたが、それらは、今日の生息しにくい気候では生き延びることができないだろう。

3 地球が以前考えられていたほど理想的な住居ではないことから、「スーパーハビタブル（superhabitable）」惑星と呼ばれるさらによい条件の太陽系外惑星の探査が進められている。地球によく似た惑星を探さなくてはならないという思い込みがいったんなくなると、研究者は惑星と恒星の適切なサイズについて見直し始めた。われわれの恒星である太陽がおよそ 100 億年の寿命なので、より長い寿命を持つ恒星を探そうとするのは理にかなっているように思える。2 つの型の恒星が可能性のある候補として考えられている。それは、K 型矮星と M 型矮星である。前者は数百億年の寿命を持ち、一方後者は数千億年存在することができる。K 型矮星はわれわれの太陽よりも小さく、スペクトルの赤外領域へとさらに移行してきたタイプの光を出すが、それでもなお光合成を支える。K 型矮星のハビタブル・ゾーンはわれわれの太陽のハビタブル・ゾーンと比べてより接近しているが、なお安全な距離を保って位置している。M 型矮星はさらに小さいものの K 型矮星の光と同じ波長を持つが、そのハビタブル・ゾーンは接近しすぎているために、生物が暮らせる可能性のあるどの惑星もフレアやほかの有害な影響にさらされるかもしれない。

4　K 型矮星が光の源の場合、われわれの地球はうまく機能しないだろう。地球内部の熱がプレート・テクトニクスと火山活動の原動力となっており、両者は二酸化炭素を大気圏に送る役目を果たしている。次に、雨が CO_2 を地球の表面にもどし、サイクルは完了する。より弱い K 型矮星が太陽の代わりとなる場合、地球内部の温度はプレート・テクトニクスが止まってしまうほど冷えるだろう。プレート・テクトニクスが活動しなくなると、雨は徐々に温室効果を無効にするほど CO_2 を大気圏から取り除いてしまい、最終的に地表のすべての水が凍結することになる。さらに、冷えた内部の温度が地球の溶融状態の核の凝固を引き起こす。地球の磁場は、溶融状態の核の対流によって生み出されるダイナモ効果に依存しているため、磁場が損なわれ、宇宙放射線が地球の大気圏を突き抜けることが可能になり、地表の生物に回復不可能な害を及ぼすだろう。

5　しかし、もしスーパー・アース（巨大地球型惑星）が地球の 2 倍の質量であったら、K 型矮星が光を供給し続ける限り内部の温度は維持されて、これらの問題は回避できるだろう。それならば、もっと大型ではどうだろうか。地球の質量の 3 〜 5 倍では、残念ながらスーパー・アースはあまりに大きすぎてプレート・テクトニクスが生じなくなってしまう。したがって、K 型矮星を回る 2 倍の質量のスーパー・アースという組み合わせで、はるかにより理想的なスーパーハビタブル惑星が生まれる。しかしそれは、われわれがこれまで知っている地球と似ているわけではない。まず、質量が大きい惑星ほど、より大きな表面重力を持つ。このことから、大気圏は厚くなり、浸食率が上がり（その後より平たんな地形となる）、今日のような大きな大陸の代わりに小さい島々をともなう浅めの海となるだろう。

6　スーパー・アースと K 型矮星という特定の組み合わせは、われわれの太陽系においての地球と太陽の組み合わせよりも、わが銀河系において存在する可能性が統計的に高いことがわかっているため、研究者は、将来いつの日か、まさにそうした恒星を回っているまさにそのような惑星を発見することができることを望んでいる。

※ 11 点満点。配点：Q1 ～ Q9 は、各問 1 点。Q10 は、3 つ正解＝ 2 点、2 つ正解＝ 1 点、1 つ～ 0 正解＝ 0 点。解答は順不同で可です。

1. Ⓐ   2. Ⓒ   3. Ⓒ   4. Ⓒ   5. Ⓒ   6. Ⓑ   7. Ⓐ
8. Ⓒ   9. Ⓑ

10. Superhabitable worlds are exoplanets which need to have optimal conditions in order to support life.

- Ⓒ / There is an orbital range around a star within which life could possibly exist.
- Ⓓ / K dwarf stars produce light that could support photosynthesis.
- Ⓕ / The ratio in size between an exoplanet and a K dwarf star need to be just right for life to survive.

設問文の訳と解答・解説

1 正解 Ⓐ

第 1 パラグラフによると、太陽系外惑星について何が言えるか。

Ⓐ 生命を養うことができるわれわれ自身の星（地球）以外の惑星を探そうとする際に役立っている。

Ⓑ 太陽系外惑星のうち 1,800 個のみが発見されうる。

Ⓒ 太陽系外惑星の大多数は居住可能と考えられるだろう。

Ⓓ 太陽系外惑星の発見は、ほかの居住可能な惑星の探求へわれわれを駆り立ててきた。

解説 パッセージの詳細に関する問題。第 3 文に「これらの確認された太陽系外惑星は、ほかの居住可能な惑星をわれわれが探すうえで決定的な証拠を提供してくれている」とあるため、Ⓐ が正解。

2 正解 Ⓒ

第 2 パラグラフの単語 bandwidth の意味に最も近いのは

Ⓐ thickness（厚さ）

Ⓑ temperature（温度）

Ⓒ **range**（範囲）

Ⓓ site（場所）

解説　語彙の問題。"bandwidth"（バンド幅、帯域幅）に最も近い意味をもつのは Ⓒ "range"。

3 正解　Ⓒ

居住可能な惑星の初期の探査について、第 3 パラグラフから推測できることは次のどれか。

Ⓐ 達成するのが不可能な目標に焦点を合わせていた。
Ⓑ 現在考えられているものと同じタイプの太陽系外惑星を目指していた。
Ⓒ 不必要に狭められた一連の要因に制限されていた。
Ⓓ 誤って居住不可能な惑星へ向けて進められた。

解説　パッセージの内容から推測する問題。第 2 文に「地球によく似た惑星を探さなくてはならないという思い込みがいったんなくなると、研究者は惑星と恒星の適切なサイズについて見直し始めた」とあるので、Ⓒ が正解。"parameter"とは何かを決める際に必要とされる範囲を指すので、地球とよく似た惑星を探すことが Ⓒ の「不必要に狭められた一連の要因」と一致する。

4 正解　Ⓒ

第 3 パラグラフで、なぜ筆者は、われわれの太陽の代わりとなるものを考える際に M 型矮星について述べているのか。

Ⓐ 完璧な代わりとなることを示すため
Ⓑ 生命を養うために適さないタイプの光を出す恒星の例を示すため
Ⓒ 代わりとなるものとして考えられてはいるが少なくとも一つの大きな欠点があることを示すため
Ⓓ 完璧ではないもののほかのタイプの恒星より優れていることを示すため

解説　パッセージの記述の意図についての問題。第 4 文に「2 つの型の恒星が可能性のある候補として考えられている」とあり、M 型矮星がその一つとして挙げられている。しかし、第 8 文で M 型矮星の「ハビタブル・ゾーンは接近しすぎている」ため、生物にとって有害な影響があるかもしれないと述べられていることから Ⓒ が正解だとわかる。K 型と M 型矮星が発する光は光合成を支えるとあり、生命を支えるのに適しているので Ⓑ は不適。

5 正解 C

第4パラグラフによると、われわれの太陽が K 型矮星に代わった場合に起こることとして述べられていないのは

A 宇宙放射線が地上の生命に損傷を与える

B 水がすべて凍る

C 溶融状態の核の対流が強まる

D 温室効果が消える

解説 パッセージに記述のない事柄を選ぶ問題。K 型矮星が太陽の代わりとなると、第5文に「雨は徐々に温室効果を無効にするほど CO_2 を大気圏から取り除いてしまい、最終的に地表のすべての水が凍結することになる」とあるので、B D は本文に記述がある。A は第7文に宇宙放射線は「地表の生物に回復不可能な害を及ぼすだろう」と記述がある。

6 正解 B

第5パラグラフの単語 averted の意味に最も近いのは

A accumulated（蓄積された）

B bypassed（迂回された）

C exacerbated（悪化させられた）

D banned（禁止された）

解説 語彙の問題。"averted"（回避された）に最も近い意味をもつのは B "bypassed"。

7 正解 A

第5パラグラフによると、2倍の質量のスーパー・アースでないものは次のどれか。

A 大きな大陸と小さい島の両方がある。

B より小さな山脈がある。

C よりいっそう濃い大気圏に囲まれる。

D より強い重力がある。

> **解説**　パッセージに記述のない事柄を選ぶ問題。第 6 文に「より大きな表面重力を持つ」とあるので、Ⓓ は本文に記述がある。第 7 文に Ⓒ は「大気圏は厚くなり」と記述があり、Ⓑ は「平たんな地形となる」と記述がある。同じ文に「大きな大陸の代わりに小さい島々をともなう浅めの海となるだろう」とあるので、Ⓐ は本文の内容と一致しない。

8 正解　Ⓒ

第 6 パラグラフのハイライトされた文の重要な情報を最も適切に表現しているのは以下のどの文か。不正解の選択肢は重要な点で意味を変えているか重要な情報が欠けている。

Ⓐ 地球と太陽の組み合わせが存在する可能性は統計的に低いため、研究者は、われわれの銀河系でスーパー・アースと K 型矮星の組み合わせを発見することを期待している。

Ⓑ われわれの銀河系でスーパー・アースと K 型矮星の組み合わせが存在する可能性が高いことから、科学者は、地球と太陽の組み合わせを見つける前にこのような組み合わせを発見できることを望んでいる。

Ⓒ 地球と太陽の組み合わせに比べ、スーパー・アースと K 型矮星の組み合わせが存在する可能性が高いため、科学者は、われわれの銀河系でこのような組み合わせを発見することができるだろうと信じている。

Ⓓ 統計的な数字とは別に、科学者は、地球と太陽の組み合わせよりも、スーパー・アースと K 型矮星の組み合わせを近い将来発見することを元来望んでいる。

> **解説**　文の言い換えの問題。地球と太陽の組み合わせの確率とスーパー・アースと K 型矮星の組み合わせの確率を比較し、後者の方が高いという本文の内容が選択肢に反映されているかがポイント。Ⓐ は「地球と太陽の組み合わせが存在する可能性は統計的に低いため」という箇所が本文の内容と一致しない。Ⓑ は「地球と太陽の組み合わせを見つける前に」という箇所が本文では述べられていない。

9 正解　Ⓑ

パッセージにある 4 つの四角 [■] は、次の文を挿入できる箇所である。この文をどこに入れるのが最も適切か。

地球の気候はいくつかの重要な要因に依存しているが、その一つはプレート・テクトニクスである。

文挿入の問題。挿入文に"our climate"とあることから、地球における現在の気候とプレート・テクトニクスの関係が後の文で説明されることが推測できる。第2文に「地球内部の熱がプレート・テクトニクスと火山活動の原動力となっており、両者は二酸化炭素を大気圏に送る役目を果たしている」とあることから、Ⓑが正解だとわかる。第4文にもプレート・テクトニクスに関する記述はあるが、現在の気候との関係ではなく、「K型矮星が太陽の代わりとなる場合」なので、Ⓓは不適。

10 正解 Ⓒ、Ⓓ、Ⓕ

下の文はパッセージ要約の導入文です。パッセージの中で述べられた最も重要な考えを選択肢から3つ選んで、要約を完成させなさい。選択肢の中には、本文中に書かれていないため、あるいは主要な考えでないために要約文にならないものが含まれています。この問題の配点は2点です。

空欄には答えの記号を書き入れても、文を書き写してもかまいません。

スーパーハビタブル・ワールドとは、生命を維持するために最適な条件を持つ必要のある太陽系外惑星だ。

Ⓐ 二酸化炭素が大気から地表へと移動するサイクルは地球に生命が存在するために不可欠な要素だ。

Ⓑ 最近の研究では、地球がハビタブル・ゾーンの内側部分寄りに存在することが示されている。

Ⓒ 恒星の周りには生命が存在可能な軌道範囲がある。

Ⓓ K型矮星は光合成を維持可能な光を作り出す。

Ⓔ 確認された太陽系外惑星は他の居住可能な惑星を見つけるのに役立つ重要な情報を提供する可能性がある。

Ⓕ 太陽系外惑星とK型矮星の大きさの比率は、生命が生き残るためにちょうど良い必要がある。

要約完成の問題。Ⓒは第2パラグラフ第1文から第2文の内容と一致し、「ハビタブル」の意味を説明している。Ⓓは第3パラグラフ第6文と一致し、スーパーハビタブル惑星が存在する恒星の候補としてK型矮星の特徴について記述している。Ⓕは第5パラグラフ第3文から第4文の内容と一致し、K型矮星がスーパーハビタブル惑星を持つ条件についての説明となっている。Ⓐは第4パラグラフと、Ⓑは第2パラグラフ第5文と一致するが、導入文の内容との関連が薄く、パッセージの主要な考えではない。Ⓔは第1パラグラフ第3文の内容とほぼ同じだが、スーパーハビタブル惑星について重要な情報を示していないので不適。

各パラグラフの語彙・表現

第 **1** パラグラフ

☐ **identify**	〔動〕確認する
☐ **exoplanet**	〔名〕太陽系外惑星
☐ **planet**	〔名〕惑星
☐ **orbit**	〔動〕（軌道に乗って）回る
☐ **other than**	〔熟〕～以外
☐ **estimate**	〔動〕推定する
☐ **a fraction of**	〔熟〕一部分の～
☐ **galaxy**	〔名〕銀河系
☐ **nevertheless**	〔副〕それにもかかわらず
☐ **critical**	〔形〕決定的な
☐ **evidence**	〔名〕証拠
☐ **habitable**	〔形〕住むことができる

第 **2** パラグラフ

☐ **range**	〔名〕範囲
☐ **exist**	〔動〕存在する
☐ **located**	〔形〕～に存在する
☐ **bandwidth**	〔名〕バンド幅
☐ **freeze solid**	〔動〕凍結する
☐ **smack dab**	〔副〕ちょうど
☐ **indicate**	〔動〕示す
☐ **shift**	〔動〕移動する
☐ **hydrogen**	〔名〕水素
☐ **fuel**	〔名〕燃料
☐ **core**	〔名〕核
☐ **inner**	〔形〕内部の
☐ **portion**	〔名〕部分
☐ **Carboniferous period**	〔名〕石炭紀
☐ **megafauna**	〔名〕大型動物相
☐ **megaflora**	〔名〕大型植物相
☐ **life form**	〔名〕生命体

第 **3** パラグラフ

☐ **ideally**	〔副〕理想的に

☐ previously	〔副〕	以前に
☐ underway	〔形〕	進行中の
☐ so-called	〔形〕	いわゆる
☐ free from	〔熟〕	～がない、～を免れている
☐ assumption	〔名〕	思い込み、臆説
☐ twin	〔名〕	双子
☐ reconsider	〔動〕	再考する
☐ optimal	〔形〕	適切な
☐ lifespan	〔名〕	寿命
☐ roughly	〔副〕	大まかに
☐ candidate	〔名〕	候補
☐ dwarf	〔名〕	矮星
☐ infrared	〔形〕	赤外線の
☐ spectrum	〔名〕	領域
☐ photosynthesis	〔名〕	光合成
☐ wavelength	〔名〕	波長
☐ subject to	〔熟〕	～にさらされて
☐ flare	〔名〕	フレア

第 4 パラグラフ

☐ source	〔名〕	源
☐ fare	〔動〕	やっていく
☐ internal	〔形〕	内部の
☐ drive	〔動〕	稼働させる
☐ plate tectonics	〔名〕	プレート・テクトニクス
☐ volcanism	〔名〕	火山活動
☐ transfer	〔動〕	運ぶ、移す
☐ carbon dioxide	〔名〕	二酸化炭素
☐ atmosphere	〔名〕	大気圏
☐ in turn	〔熟〕	次に
☐ surface	〔名〕	表面
☐ in place of	〔熟〕	～の代わりに
☐ interior	〔形〕	内部の
☐ cease	〔動〕	止む、停止する
☐ negate	〔動〕	無効にする
☐ greenhouse effect	〔名〕	温室効果

☐ eventually	〔副〕最終的に
☐ lead to	〔動〕～につながる、～を引き起こす
☐ solidification	〔名〕凝固
☐ molten	〔形〕溶融状態の
☐ magnetic	〔形〕磁気の
☐ depend on	〔動〕～に依存する
☐ dynamo	〔名〕ダイナモ
☐ convection	〔名〕対流
☐ cosmic	〔形〕宇宙の
☐ radiation	〔名〕放射線
☐ penetrate	〔動〕突き抜ける
☐ irreparable	〔形〕回復不可能な
☐ harm	〔名〕害

第 **5** パラグラフ

☐ mass	〔名〕質量
☐ maintain	〔動〕維持する
☐ avert	〔動〕回避する
☐ unfortunately	〔副〕残念なことに
☐ massive	〔形〕巨大な
☐ combine	〔動〕結びつく
☐ ideal	〔形〕理想的な
☐ gravity	〔名〕重力
☐ thick	〔形〕分厚い
☐ rate	〔名〕率
☐ erosion	〔名〕浸食
☐ subsequently	〔副〕その後
☐ topography	〔名〕地形
☐ shallow	〔形〕浅い
☐ in lieu of	〔熟〕～の代わりに
☐ continent	〔名〕大陸

第 **6** パラグラフ

☐ statistically	〔副〕統計的に
☐ be likely to V	〔熟〕V する可能性がある
☐ solar system	〔名〕太陽系

ゴシック建築

本文訳

1　ゴシック建築はフランス発祥で、最初に 12 世紀から 16 世紀までの期間に流行した。それ以来何度か復興したが、約 400 年にわたる最初の流行期間ほど広範囲に用いられたことはない。もともと「ゴシック」という用語は、建築様式には適用されず、ルネッサンスの始まり頃に支持者たちを集めていた古典的な建築様式を復活させようと望んでいた複数の個人によって、後になってから皮肉にも軽蔑的な表現として用いられるようになった。建築様式と「ゴート族」を結びつけるために作られ、その用語はただちに粗雑で野蛮であるという含みを生み出した。

2　今日、ゴシック建築は世俗の建物と同様に現存する教会にも見ることができ、その多くはユネスコによって世界遺産に指定されている。この様式の重要な特徴には飛び梁や尖塔アーチやリブ・ヴォールトなどの使用が含まれるが、それらはすべて（天を目指す）圧倒的な高さと神の全能性のイメージを作り出すことを目標としていた教会にとって様式的にふさわしいものだった。

3　高窓を伴う高くてしばしば狭いアーチは、ゴシック様式の前身であるロマネスク建築に一般的な小さな開口部とは著しく対照的で、際立っている。こうしたアーチは、ずっと急な角度で円柱に重量を逃がすことを可能にしていて、これによりそれ以前に可能だった以上に高いヴォールト［アーチ形天井］の建造を可能にした。ゴシック建築に一般的なリブ・ヴォールトも、長方形や不規則な形状のデザインを屋根に使用することをずっと容易にして、このことがロマネスク様式の建物に見られる半円形ヴォールトと一線を画していた。先に言及した飛び梁は、ヴォールトからアーチ状に［側廊の］屋根をまたいで渡されて、外壁からずいぶん離れた所に位置する大きな控え壁の支柱とつながっていた。こうした支柱は頂点にしばしば小尖塔や彫像などが取り付けられ、ヴォールトと飛び梁のアーチから生じる外方向の推力を打ち消すことを意図したさらに大きな下方向の推力を作り出した。壁をずっと薄くして天井をずっと高くすることが可能になり、建物内部を照らす自然光の量が大幅に増加した。加えて、より高いアーチがずっと大きな窓の使用を可能にして、より大きく、時としてキリスト教の教えを物語るステンド・グラスの窓の使用の普及を促した。

4　もちろん、ゴシック建築にも地域差がないわけではなく、そのうちの 1 つが材料の確保しやすさだが、これは文化とは無関係だ。フランスの方が等級や品質に大きなばらつきがあったが、フランスと英国の国土は石灰石が豊富だった。また、英国には特定の種類の砂岩や大理石が埋蔵されていた。イタリアは大理石が豊富だったが、しばしば建築物にはレンガを使い、石材は要塞用に確保していた。ドイツやポーランド、

オランダやバルト諸国のいくつかは自国で入手できる石が不足していたので、レンガを使った建築に熟達した。材料がまちまちであるのに加え、文化的な影響の多様さは大聖堂の建設において特に顕著だった。

⑤　英国の大聖堂に特有の特徴はその極端な長さで、当然のことながら水平に伸びる線を強調していた。もう1つの重要な点は、大聖堂の異なる部分がしばしば異なる時期に、時として数百年もの年月を隔てて、建造されたという事実による、様式のばらつきだった。よって英国の大聖堂は、建物内部と外部の石造物が素晴らしい彫刻によって装飾されることが非常に多かったが、フランスの大聖堂などよりも統一感がなかった。

⑥　フランスの大聖堂は、ずっと統一された様式で、垂直性に重点を置いていた。それらは英国の大聖堂よりも小さくまとまっていて、無造作な広がりも少なかった。西正面としても知られるそれぞれの大聖堂のファサードには、上部にバラ窓のついた3つの入口と2つの大きな塔がある。それに対して、英国の大聖堂は、場合によってはこの点に関してフランスの様式を模倣していることもあったが、しばしば塔が欠如していた。

⑦　イタリアにおいて、大聖堂の明確な特徴と言えば、紛れもなく建物内部と外部の両方での多色装飾の使用だろう。こうした色の使用は、融合や統一というより、むしろ建築的な特徴の違いを強調していた。大聖堂の間取りは、たいていの場合左右対称であり、比較的簡素で、円柱の数が少なく、間隔を大きくあけて配置されていた。また、こうした大聖堂にはステンド・グラスの窓もあったが、物語の伝達手段としてより好まれたのはフレスコ画だった。

⑧　最後に、ドイツの大聖堂はその巨大な塔と尖塔で知られたが、その多くは完成しなかった。ファサードはフランス様式に類似していたが、塔の大きさにより圧縮された外観になることが多かった。もう1つの独特な特性は建物内部の幅の広さと開放感だった。

⑨　ゴシック様式は20世紀末と21世紀初頭に擬似的な復興を果たしたが、どの程度初期の人気を回復するかは未だ不明だ。

※ 11 点満点。配点：Q1 ～ Q9 は、各問 1 点。Q10 は、3 つ正解＝ 2 点、2 つ正解＝ 1 点、1 つ～ 0 正解＝ 0 点。（解答は順不同です。）

1. Ⓒ   2. Ⓓ   3. Ⓐ   4. Ⓑ   5. Ⓓ   6. Ⓑ   7. Ⓑ

8. Ⓑ、Ⓒ   9. Ⓒ

10. Despite some regional differences, the main characteristics of Gothic architecture were consistent throughout Europe.

- Ⓐ / Tall narrow arches and high windows were often employed in Gothic constructions.
- Ⓑ / Gothic structures generally had much higher vaults than their predecessors.
- Ⓓ / Interior spaces were often well-lit due to increased use of higher ceilings and larger windows.

設問文の訳と解答・解説

1 正解 Ⓒ

第 1 パラグラフによれば、Gothic architecture（ゴシック建築）という用語について正しい内容は次のうちどれか。

Ⓐ 粗雑で野卑な設計の建物の様式を評するものとして使われている。

Ⓑ ゴート族によって考案され、後にフランスへと広まった。

Ⓒ その名前の由来となった集団とは何の関係もない。

Ⓓ 12 世紀から 16 世紀にかけて建てられた教会を言い表すときにだけ使われる。

解説 パッセージの詳細に関する問題。第 3 文と第 4 文から、「ゴシック」という表現が文字通りには「ゴート族の」の意味だが、特定の建築様式を指していたわけではないとわかる。Ⓓ は第 1 文と第 2 文の記述と矛盾し、Ⓐ は内容的に現在の状況とされているのが誤り。Ⓑ は同様の記述がない。

2 正解 Ⓓ

第 2 パラグラフの単語 secular に最も意味が近いのは

Ⓐ public（公共の）

Ⓑ spiritual（精神的な）

Ⓒ private（私的な）

Ⓓ nonreligious（非宗教的な）

> **解説**　語彙の問題。"churches" と "secular buildings" が並列されているので、両者が比較対照されるように Ⓓ を選ぶ。

3 正解　Ⓐ

第 3 パラグラフによれば、ゴシック様式の利点の 1 つは次のうちどれか。

Ⓐ 尖塔アーチによって得られる力学的な利点によりヴォールトはより高くなった。

Ⓑ 半円形ヴォールトの使用によって、屋根に長方形のデザインを用いることがずっと容易になった。

Ⓒ より強く分厚い壁の建造を促した。

Ⓓ 控え壁によって建造物の中に入る光の量が増加した。

> **解説**　パッセージの詳細に関する問題。第 2 文の内容と矛盾のない Ⓐ が正解。第 3 文の後半にあるように、半円形ヴォールトはロマネスク様式の特徴で、より多くの光を採り入れることを直接的に可能にしたのは薄くなった壁と高い天井なので、Ⓑ も Ⓓ も誤り。Ⓒ については同様の記述がない。

4 正解　Ⓑ

第 3 パラグラフによれば、次のうちロマネスク様式と比較した際のゴシック建築の特徴でないものは

Ⓐ 薄くなった壁

Ⓑ 改良された建物外部の照明

Ⓒ 大幅に拡大した窓

Ⓓ より高くそびえる天井

> **解説**　パッセージに記述のない事柄を選ぶ問題。第 6 文で "natural light illuminating the interior"（建物内部への採光）について言及されているが、これは「外部の照明」とはまったく無関係。Ⓐ と Ⓒ については、それぞれ第 6 文の前半、第 7 文の記述と一致する。

5 正解　Ⓓ

なぜ筆者は第 4 パラグラフでフランスと英国の石灰岩に言及したのか。

Ⓐ 石灰岩を使って建設する方がレンガや大理石を使って建設するよりも高品質の成果をもたらしたことを指摘するため。

Ⓑ フランスと英国の両国で石灰岩が乏しかったことを示すため。

Ⓒ フランスと英国で調達可能な石の量をヨーロッパの他の地域で調達可能な石の量と比較するため。

Ⓓ 建設に使用される材料が地元で調達可能な石に左右されたことを例示するため。

> **解説**　パッセージの記述の意図についての問題。第1文でGothic architecture was not without its regional differences, one of which, the availability of materials（ゴシック建築にも地域差がないわけではなく、そのうちの1つが材料の確保しやすさだ）とあり、第2文以降で具体的にどの国でどのような石が材料として使われていたのかが説明されているので、Ⓓ が正解。Ⓐ は材料による建築の質の違いについては言及されていないので不適。Ⓑ は第2文の内容と矛盾するので誤り。Ⓒ は、英仏2国とその他の国が比較されているわけではないので、不適。

6　正解　Ⓑ

第4パラグラフの語句 replete with に最も意味が近いのは

Ⓐ surrounded by（〜に囲まれて）

Ⓑ **abundant in**（〜を豊富に有して）

Ⓒ deficient in（〜が不足して）

Ⓓ complete with（〜を完備して）

> **解説**　語彙の問題。第3文に "Britain also had reserves of certain types of sandstone and marble."（英国には砂岩や大理石も埋蔵されていた）とあるので、文意から判断して Ⓑ が最も適切。

7　正解　Ⓑ

ゴシック様式の建築物で使われた建築材料に関して正しいのは次のうちどれか。

Ⓐ 英国人が保有する天然石の埋蔵量は限られていた。

Ⓑ ドイツ人は現実的な理由でレンガを使って建造した。

Ⓒ フランス人は選択できる石灰石の種類が限られていた。

Ⓓ イタリア人は利用可能な代わりの材料が不足していたのでレンガを使用した。

> **解説**　パッセージの詳細に関する問題。第4パラグラフ第5文より、ドイツはレンガ以外の材料が不足していたことがわかるので、Ⓑ が正解。Ⓐ Ⓒ Ⓓ については、第4パラグラフの第2〜3文、第2文、第4文を、それぞれ参照のこと。いずれも文中の記述と一致しない。

8 正解　Ⓑ、Ⓒ

第 8 パラグラフによると、ドイツのゴシック様式の大聖堂について言える選択肢を 2 つ選びなさい。得点するには選択肢を 2 つ選ばなければいけません。

Ⓐ 西正面はフランスの大聖堂と同一だった。
Ⓑ ファサードはフランスの大聖堂のものと比べて圧縮されているように見えることが多かった。
Ⓒ ある理由で、塔の多くで建設が中断された。
Ⓓ 建造物の外部は幅が広い印象を与えた。

解説　パッセージの詳細に関する問題。第 2 文の内容と一致する Ⓑ と第 1 文後半の内容と一致する Ⓒ が正解。第 2 文で、形容詞 "similar"（類似した）は、"identical" と意味内容が同じではないので、Ⓐ は誤り。第 3 文で「幅が広いのは建物内部」であることがわかるので、Ⓓ も誤り。

9 正解　Ⓒ

パッセージにある 4 つの四角［■］は、次の文を挿入できる箇所である。この文をどこに入れるのが最も適切か。

全体として、こうした変化は教会、さらには世俗の建築物の構造を著しく変化させた。

解説　文挿入の問題。建築物の構造の変化についての記述は第 6 文以降なので Ⓒ が正解だと判断できる。

10 正解　Ⓐ、Ⓑ、Ⓓ

下の文はパッセージ要約の導入文です。パッセージの中で述べられた最も重要な考えを選択肢から 3 つ選んで、要約を完成させなさい。選択肢の中には、本文中に書かれていないため、あるいは主要な考えでないために要約文にならないものが含まれています。この問題の配点は 2 点です。

空欄には答えの記号を書き入れても、文を書き写してもかまいません。

いくつかの地域差にもかかわらず、ゴシック建築の主な特徴はヨーロッパ全体で一貫していた。

A 高く狭いアーチと高い窓がゴシック建築でよく使用されていた。

B ゴシック様式の建造物は前身となる建造物よりも一般的にはるかに高いヴォールトを備えていた。

C ゴシック建築で使用された建設資材は地元の供給に大きく依存していた。

D 内部の空間はより高い天井とより大きな窓の使用が増えたため十分に採光されていることが多かった。

E ゴシック様式の英国の大聖堂は、大聖堂の部分部分が異なる時期に建てられたため、フランスの大聖堂ほど統一感がなかった。

F イタリアの大聖堂ではステンドグラスが使用されたが、物語の伝達手段として好まれた手法はフレスコ画だった。

解説 要約完成の問題。A は第3パラグラフ第1文と、B は第3パラグラフ第2文と、D は第3パラグラフ最後から2文目の内容とそれぞれ一致する。C は第4パラグラフの内容と一致するが、導入文との関連が薄い。E は第5パラグラフ第2文から第3文と、F は第7パラグラフ最終文と一致するが、パッセージの主要な考えではない。

各パラグラフの語彙・表現

第 1 パラグラフ

□ originate	〔動〕	始まる、生じる
□ architecture	〔名〕	建築
□ utilize	〔動〕	利用する
□ initial	〔形〕	最初の
□ term	〔名〕	用語
□ apply	〔動〕	当てはめる
□ ironically	〔副〕	皮肉なことに
□ pejorative	〔形〕	軽蔑的な
□ description	〔名〕	描写
□ attract	〔動〕	引き寄せる
□ following	〔名〕	(集合的に) 崇拝者
□ so as to V	〔熟〕	V するために
□ associate	〔動〕	関連づける
□ immediately	〔副〕	直ちに
□ generate	〔動〕	生み出す
□ rude	〔形〕	粗雑な
□ barbaric	〔形〕	野蛮な
□ connotation	〔名〕	含意

第 2 パラグラフ

□ secular	〔形〕	世俗の
□ designate	〔動〕	指定する
□ heritage	〔名〕	遺産
□ buttress	〔名〕	控え壁
□ pointed	〔形〕	尖った
□ ribbed	〔形〕	畝のある
□ vault	〔名〕	アーチ型天井
□ stylistically	〔副〕	様式的に
□ aim to V	〔熟〕	V しようとする
□ sweeping	〔形〕	全面的な
□ omnipotence	〔名〕	全能

第 3 パラグラフ

□ stand out	〔動〕	際立つ、目立つ

☐ stark	〔形〕	全くの
☐ aperture	〔名〕	開口部
☐ predecessor	〔名〕	前任者、前身
☐ channel	〔動〕	導く
☐ column	〔名〕	円柱
☐ steep	〔形〕	険しい、急角度の
☐ in turn	〔熟〕	同様に、次に
☐ rectangular	〔形〕	長方形の
☐ irregularly	〔副〕	不規則に
☐ departure	〔名〕	逸脱
☐ pier	〔名〕	窓間壁
☐ external	〔形〕	外側の
☐ cap A with B	〔熟〕	A の上部に B を取り付ける
☐ pinnacle	〔名〕	小尖塔
☐ statue	〔名〕	彫像
☐ thrust	〔名〕	推力
☐ counteract	〔動〕	打ち消す、解消する
☐ thin	〔形〕	薄い
☐ ceiling	〔名〕	天井
☐ vast	〔形〕	膨大な、巨大な
☐ illuminate	〔動〕	照らす
☐ popularize	〔動〕	普及させる
☐ narrative	〔形〕	物語的な

第 **4** パラグラフ

☐ regional	〔形〕	地域の、地方の
☐ availability	〔名〕	入手可能性
☐ material	〔名〕	材料
☐ replete	〔形〕	豊富な
☐ limestone	〔名〕	石灰石
☐ reserve	〔名〕	埋蔵量
☐ sandstone	〔名〕	砂岩
☐ marble	〔名〕	大理石
☐ rich in	〔熟〕	～が豊富な
☐ fortification	〔名〕	要塞
☐ notable	〔形〕	顕著な
☐ cathedral	〔名〕	大聖堂

第 5 パラグラフ

☐ **distinctive**	〔形〕	独特な
☐ **emphasis**	〔名〕	強調
☐ **horizontal**	〔形〕	水平な
☐ variability	〔名〕	可変性、ばらつき
☐ **owing to**	〔前〕	～が原因で
☐ cohesive	〔形〕	結束した
☐ counterpart	〔名〕	同等物
☐ exterior	〔形〕	外部の
☐ carving	〔名〕	彫刻

第 6 パラグラフ

☐ uniform	〔形〕	統一した
☐ verticality	〔名〕	垂直性
☐ sprawling	〔形〕	無秩序に広がった
☐ portal	〔名〕	正門
☐ devoid of	〔熟〕	～を欠く
☐ regard	〔名〕	観点

第 7 パラグラフ

☐ polychrome	〔形〕	多色の
☐ distinction	〔名〕	差異
☐ symmetrical	〔形〕	左右対称な
☐ relatively	〔副〕	比較的に
☐ **medium**	〔名〕	媒体、伝達手段

第 8 パラグラフ

☐ massive	〔形〕	巨大な
☐ spire	〔名〕	尖塔
☐ compress	〔動〕	圧縮する
☐ appearance	〔名〕	外見、様相
☐ quality	〔名〕	特性

第 9 パラグラフ

☐ pseudo-	〔接頭辞〕	擬似的な
☐ degree	〔名〕	程度
☐ regain	〔動〕	回復する
☐ remain to be p.p.	〔熟〕	まだ～されていない

種の起源

本文訳

1　1831 年 12 月にビーグル号に乗り込んでイギリスから出航したとき、チャールズ・ダーウィンは 22 歳だった。その航海の主要任務は、当時あまり知られていなかった南米の海岸線の海図を作ることだった。その船の乗組員たちが海岸を調査している間に、ダーウィンはほとんどの時間を海岸で、南米の珍しいさまざまな動植物の標本を観察したり収集しながら過ごした。

2　ダーウィンは、その大陸の動植物は明確な南米的特徴をもっていて、ヨーロッパのものとは大きく異なっていることに気づいた。それ自体は、驚くことではなかったかもしれない。しかしダーウィンはまた、南米の温帯地域の動植物が、ヨーロッパの温帯地域の種よりも、南米の熱帯地域に生息する種とより密接な関係があるということにも気づいた。さらに、ダーウィンの見つけた南米の化石は、現代の種とは明らかに異なってはいるものの、南米大陸に生息する動物と生育する植物に似ている点で、明らかに南米のものだった。

3　種の地理的な分布は、ダーウィンを困惑させた。彼にとって特に不可解だったのは、火山活動が原因でできた比較的新しい島、ガラパゴス諸島での動物相だった。ガラパゴス諸島の動物種のほとんどは、世界のほかの場所には生息していない。とは言え、南米大陸本土に生息している種に似てはいる。それはまるで、南米本土から迷い出て、その後その諸島で多様化していった動植物が、ガラパゴス諸島にコロニーを作ったかのようだった。

4　1836 年にイギリスに帰国して間もなく、ダーウィンは『ビーグル号』での航海中に観察したすべてを再評価しはじめた。彼は、種の起源と環境への適応の 2 つが密接に関連した過程であることに気づきはじめていた。彼の頭の中に、新しい種は祖先の形から異なる環境に徐々に適応することによって生まれる、という考えが浮かんだ。例えば、もし地理的な障害物——海洋上の島々を分断する海峡など——が 1 つの種の 2 つの集団を分離しているとすれば、その集団はその土地の環境条件に適応していくにつれて、外見がますます違ったものになっていくだろう。ダーウィンの航海から何年もたって行われた研究から、生物学者たちは、これがまさしくガラパゴス諸島のフィンチに起こったことだ、と結論づけている。フィンチの個体間に見られる違いの一つにくちばしがあるが、これは生息地の島で得られる特定の餌に適応したものなのだ。

5　1840 年代初期までに、ダーウィンは、進化の仕組みとして彼の自然選択理論の要旨を完成していた。しかし彼は、自分の考えをまだ世間に発表していなかった。健

康状態が悪く、めったに家から出ることがなかったのだ。1844 年、ダーウィンは種の起源と自然選択に関する長いレポートを書いた。自身の研究の重要さを認識していたので、彼は妻に、もし進化に関してのさらに念入りな論文を書き終える前に自分が死ぬようなことがあったら、そのレポートを公表するように頼んだ。進化論的な思想は、この時までに既に多くの分野で登場しつつあったが、ダーウィンは自分の理論を公表するのは気が進まなかった。明らかに彼は、それが引き起こす騒動を予期していたのだ。公表を先延ばしにしている間も、彼は自説を裏づける証拠を引き続き集めた。彼の友人であり同僚でもあったチャールズ・ライエルは、彼自身はまだ進化については納得はしていなかったが、他の誰かが同じ結論にたどり着いて最初に発表してしまう前に、その主題に関する発表をするようにと、ダーウィンには助言した。

⑥　1858 年 6 月、ライエルの予想は的中した。ダーウィンは、東インド諸島で活動中の若いイギリス人の博物学者アルフレッド・ウォレスから、一通の手紙を受け取った。その手紙には原稿が同封されており、その中でウォレスは自然選択の一理論を展開していたのだが、それは本質的にはダーウィンの理論とまったく同じ内容のものだった。ウォレスはダーウィンに、その論文を評価した上で、もしそれが公表に値するならライエルに手渡して欲しい、と頼んで来た。ダーウィンはこれに応じ、そしてライエルに以下のような手紙を書いた。「君の言葉が、文字どおり現実のものになってしまった。…これ以上の驚くべき偶然の一致は一度も目にしたことがない。…だから私の独創性は、どれほどのものであろうとも、打ち砕かれてしまうことだろう」。 ライエルと同僚の一人は、1858 年 7 月 1 日、ウォレスの論文をロンドンリンネ学会に、ダーウィンの未公表だった1844年のレポートからの抜粋を添えて提出した。ダーウィンは急いで『種の起源』を書き終え、それを翌年に発表した。先に発表用に自分の考えを書いたのはウォレスだったが、ダーウィンはウォレスよりもはるかに広範囲にわたって自然選択の理論を展開し、裏づけも取っていたので、彼が提唱者として知られている。ダーウィンの手帳も、彼がウォレスの原稿を読む15年も前に、自分の理論を練り上げていたことを証明している。

※ 11 点満点。配点：Q1 ～ Q9 は、各問 1 点。Q10 は、3 つ正解＝ 2 点、2 つ正解＝ 1 点、1 つ～ 0 正解＝ 0 点。解答は順不同で可です。

1. Ⓓ   2. Ⓓ   3. Ⓑ   4. Ⓒ   5. Ⓐ   6. Ⓓ   7. Ⓒ
8. Ⓑ   9. Ⓒ

10. Charles Darwin developed his theory of natural selection and the origin of species during the 1800s.

- Ⓑ / The primary original evidence for the theory came from observations of the plant and animal life of South America, especially the Galapagos Islands.
- Ⓔ / After returning from South America Darwin developed the theory, but delayed publication for a long time.
- Ⓕ / Prodded by the realization that someone else had come up with the same ideas, Darwin quickly published *The Origin of Species*.

設問文の訳と解答・解説

1 正解 Ⓓ

第 1 パラグラフによれば、ビーグル号が南米に向かった目的は

Ⓐ 南米の海岸の発見を完成させるため
Ⓑ ほとんど知られていない南米の地質に関する理解を深めるため
Ⓒ 南米の自然を観察するため
Ⓓ 南米大陸の海岸線の地図を作るため

解説　パッセージの詳細に関する問題。第 2 文に航海の主要任務として、海岸線の地図作成に関する記述がある。Ⓐ の「南米の海岸の発見」については記述がなく、Ⓑ の「地質」というのは本文の内容と異なる。また、Ⓒ の「自然」は一般論化しすぎのため不可。

2 正解 Ⓓ

第 1 パラグラフの語句 fauna and flora に一番意味が近いのは

Ⓐ animals（動物）
Ⓑ plants（植物）
Ⓒ birds（鳥類）
Ⓓ living organisms（生物）

解説　語彙の問題。動物（fauna）と植物（flora）の両方なので、Ⓐ Ⓑ は不適。

3 正解　Ⓑ

第 3 パラグラフと第 4 パラグラフの情報によって、推測できるのは

Ⓐ 地理的な障害物が、新種が生み出される唯一の原因である

Ⓑ ガラパゴス諸島のどの島に生息するかによって、1 つの種の個体間に違いが見られる

Ⓒ ダーウィンの理論の中で、環境への適応説は種の起源説よりも重要だった

Ⓓ ガラパゴス諸島で起こった適応と進化の過程は、南米のそれ以外の場所で起きたこととはまったく違う

解説　パッセージの内容から推測する問題。第 4 パラグラフ第 3、4 文に、「環境への適応の過程で新しい種が生まれる」といった内容の記述がある。つまりガラパゴス諸島でも、島が違って環境が異なれば違う種へと進化すると推測できる。Ⓐ の地理的な障害物については、あくまで一例として取り上げられているに過ぎず、「唯一の原因」とは言えない。

4 正解　Ⓒ

第 4 パラグラフによれば、ガラパゴスのフィンチが異なるくちばしをもっているのは

Ⓐ 異なる種類の餌を食べて、お互いに競争しないようにするため

Ⓑ 自分にとって最適などの島にでも住めるようにするため

Ⓒ 自分の暮らす特定の島の餌を食べるため

Ⓓ 外見を違ったものにするため

解説　パッセージの詳細に関する問題。第 6 文に、「フィンチのくちばしが異なるのは、生息地の島で得られる特定の餌に適応したからだ」とある。

5 正解　Ⓐ

第 5 パラグラフの単語 mechanism に意味が一番近いのは

Ⓐ process（過程）

Ⓑ theory（理論）

Ⓒ adaptation（適応）

Ⓓ hypothesis（仮説）

語彙の問題。該当箇所 "the *mechanism* of evolution" の意味は「進化の仕組み」なので、Ⓐ が一番近い。

6 正解 Ⓓ

第5パラグラフによれば、おそらくダーウィンが自説の公表を遅らせた理由は

Ⓐ 友人のライエルが、まだ進化について納得していなかったので
Ⓑ 健康状態が悪く、めったに家を離れなかったので
Ⓒ まだ十分な証拠を手にしていないと感じていたので
Ⓓ 世間がどのような反応をするかを心配していたので

パッセージの詳細に関する問題。第7文に、公表するのをためらった理由は「公表が引き起こす騒動を予想していた」とある。Ⓑ に関しては、妻に頼んで公表することも可能だったことが第5文からわかるので、健康状態が公表を遅らせた理由とは言えない。

7 正解 Ⓒ

第5パラグラフの単語 compile に一番意味が近いのは

Ⓐ search for（探す）
Ⓑ find（見つける）
Ⓒ gather together（集める）
Ⓓ examine（吟味する）

語彙の問題。"compile" の意味は「（資料などを）集める」。

8 正解 Ⓑ

次の文のうち、第6パラグラフのハイライトされた文の重要な情報を一番よく表現しているのはどれか。不正解の選択肢は、意味に重要な違いがあるか、重要な情報を含んでいない。

Ⓐ これが起こるとライエルが予言していたとしても、ダーウィンは独創性においてウォレスを打ちのめしたい。
Ⓑ ウォレスの理論が自分の理論に似ていて、ダーウィン自身は自分の考えに対して手柄を認められることはないだろう。
Ⓒ 予言していたとおり、ライエルはダーウィンに復讐し、暴力沙汰になった。
Ⓓ ダーウィンの考えは独自のものではないので、手柄はすべてライエルのものになるだろう。

解説　文の言い換えの問題。該当箇所にある "with a vengeance" は「まさしく」、「文字どおり」という意味の成句で、ここでは "vengeance" に「復讐」の意味合いはないので、 C は不適。 D は「独自のものではない」という表現が本文の内容と違う。

9 正解　 C

パッセージにある 4 つの四角［■］は、次の文を挿入できる箇所である。この文をどこに入れるのが最も適切か。

種の起源に対するこの仮説は、何世代ものうちに、その 2 つの個体群が別々の種と見なされうるほどに違ったものになることを予測した。

解説　文挿入の問題。挿入文の書き出しに "This hypothesis"（この仮説）とあることから、第 4 パラグラフ第 3 〜 4 文の仮説の内容の後だと考えられる。そして、挿入文に "the two populations"（その 2 つの個体群）と "the" をつけた表現が出てくるので、第 4 パラグラフ第 4 文の 2 つの集団の話の直後、つまり C が最適だと判断できる。

10 正解　 B 、 E 、 F

下の文はパッセージ要約の導入文です。パッセージの中で述べられた最も重要な考えを選択肢から 3 つ選んで、要約を完成させなさい。選択肢の中には、本文中に書かれていないため、あるいは主要な考えでないために要約文にならないものが含まれています。この問題の配点は 2 点です。

空欄には答えの記号を書き入れても、文を書き写してもかまいません。

チャールズ・ダーウィンは、1800 年代に、自然選択と種の起源という彼の理論を作り上げた。

A　ダーウィンは 22 歳の時に南米へと航海し、そこで多くの奇妙な動植物を観察するが、それらはその後の生涯にわたって、彼に疑問を抱かせることになった。

B　その理論の主な最初の証拠は、南米、とりわけガラパゴス諸島の動植物の観察から来ていた。

C　ガラパゴス諸島のフィンチの研究から、科学者たちはダーウィンの理論は正しかったと結論づけている。

D　東インド諸島で活動していたイギリス人博物学者アルフレッド・ウォレスは、ダーウィンより前に自分の考えを公表した。

E　ダーウィンは南米から戻った後、その理論を展開させたが、長い間公表は遅らせた。

F　他の誰かが同じ考えに至ったと気づいたことがきっかけで、ダーウィンは『種の起源』を急いで公表した。

> **解説**　要約完成の問題。要約書き出し文に「ダーウィンの理論」があるので、残りの要約文もこの理論を中心に選ぶ。正解の B E F については、それぞれ第1～4パラグラフ、第4～5パラグラフ、第6パラグラフを参照のこと。A ついては、「それらはその後の生涯にわたって、彼に疑問を抱かせることになった」という記述が本文にない。C D は比較すると細部情報なので要約には不適。

 各パラグラフの語彙・表現

第 1 パラグラフ

☐ **primary**	〔形〕主要な
☐ **mission**	〔名〕任務
☐ **voyage**	〔名〕航海
☐ **chart**	〔動〕海図を作成する
☐ **survey**	〔動〕調査する
☐ **shore**	〔名〕海岸
☐ **specimen**	〔名〕標本
☐ **diverse**	〔形〕多様な
☐ **fauna and flora**	〔名〕動植物相

第 2 パラグラフ

☐ **note**	〔動〕気づく
☐ **continent**	〔名〕大陸
☐ **definite**	〔形〕明確な
☐ **characteristic**	〔名〕特徴
☐ **distinct**	〔形〕異なる
☐ **in itself**	〔熟〕それ自体
☐ **temperate**	〔形〕温帯性の、穏やかな
☐ **region**	〔名〕地域
☐ **be related to**	〔熟〕～と関連している
☐ **species**	〔名〕(動植物の) 種

☐ tropical	〔形〕熱帯の
☐ furthermore	〔副〕さらに、その上
☐ fossil	〔名〕化石
☐ resemblance	〔名〕類似

第 **3** パラグラフ

☐ geographical	〔形〕地理学的な
☐ distribution	〔名〕分布
☐ perplex	〔動〕当惑させる
☐ puzzling	〔形〕不可解な
☐ relatively	〔副〕比較的に
☐ volcanic	〔形〕火山性の
☐ colonize	〔動〕入植する、コロニーを作る
☐ stray	〔動〕迷い出る、道に迷う
☐ diversify	〔動〕多様化する

第 **4** パラグラフ

☐ reassess	〔動〕再評価する
☐ observe	〔動〕観察する
☐ perceive	〔動〕気づく
☐ adaptation	〔名〕適応
☐ closely	〔副〕密接に
☐ occur to	〔動〕（考えなどが）〜に思い浮かぶ
☐ arise	〔動〕発生する
☐ ancestral	〔形〕祖先の
☐ gradual	〔形〕徐々の
☐ barrier	〔名〕障害物
☐ channel	〔名〕海峡
☐ isolate	〔動〕隔離する
☐ population	〔名〕個体群、集団
☐ diverge	〔動〕分岐する
☐ appearance	〔名〕外見
☐ biologist	〔名〕生物学者
☐ beak	〔名〕くちばし

第 **5** パラグラフ

| ☐ work out | 〔動〕（理論などを）編み出す、考案する |
| ☐ natural selection | 〔名〕自然淘汰 |

☐ evolution	〔名〕	進化
☐ publish	〔動〕	発表する
☐ thorough	〔形〕	念入りな
☐ dissertation	〔名〕	論文
☐ emerge	〔動〕	現れる
☐ reluctant	〔形〕	気が進まない
☐ publicly	〔副〕	公に
☐ apparently	〔副〕	明らかに
☐ anticipate	〔動〕	期待する
☐ uproar	〔名〕	騒動
☐ procrastinate	〔動〕	ぐずぐずと先に延ばす
☐ compile	〔動〕	(情報や資料などを) 集める
☐ colleague	〔名〕	同僚
☐ nevertheless	〔副〕	それにも関わらず

第 6 パラグラフ

☐ prediction	〔名〕	予想
☐ come true	〔動〕	実現する
☐ naturalist	〔名〕	博物学者
☐ manuscript	〔名〕	(手書きの) 原稿
☐ essentially	〔副〕	本質的に
☐ identical	〔形〕	同一の
☐ evaluate	〔動〕	評価する
☐ forward	〔動〕	転送する
☐ merit	〔動〕	値する
☐ publication	〔名〕	発表
☐ comply	〔動〕	応じる、従う
☐ with a vengeance	〔熟〕	激しく
☐ striking	〔形〕	著しい
☐ coincidence	〔名〕	偶然の一致
☐ amount to	〔動〕	～に等しい
☐ smash	〔動〕	粉砕する
☐ extract	〔名〕	抜粋
☐ extensively	〔副〕	広範囲に
☐ prove	〔動〕	証明する
☐ formulate	〔動〕	公式化する、考案する

Appendix

追加の設問タイプ

追加の設問タイプ

　第 1 章では本試験で毎回必ず出題される設問タイプ 8 つについて実例を見ながら解説しました。最後に、近年では出題頻度が低くなっているものの今後出題される可能性のあるタイプを 2 つ取り上げます。攻略のポイントを押さえたら演習で本番に備えましょう。

設問タイプ 9　指示語の問題

攻略のポイント　"The word A in the passage refers to..." という形の設問文です。A にはほとんどの場合、it, this, they などのような代名詞が入っています。多くの場合指示内容は手前の文にありますが、稀に後ろにあることもあるので注意してください。うっかりミスを防ぐために数の一致を常に意識しておきましょう。

設問タイプ 10　表を完成させる問題

攻略のポイント　このタイプの設問では文章中の情報を 2 つまたは 3 つのカテゴリーに分類し、それぞれの選択肢がどのカテゴリーに当てはまるかを答えます。この問題は本文の大きな論理構成や対比構造などを見抜けていないと解けません。精読とは異なった角度からの読解が求められます。

　おすすめするのはテストが始まったら画面を最後までスクロールして設問が出てくる画面に切り替え、最後の設問が要約問題か表完成問題かを確認しておくことです。表完成問題であった場合はどのようなカテゴリー分けが問われているのかを先に把握しておき、それを念頭に情報を振り分けながら読解を進めることで解きやすくなります。

　これから取り組んでいただく 2 つの演習問題は、例題 2 の本文（p. 50 ～ p. 51）と実戦模試 1 Passage 3 の本文（p. 272 ～ p. 273）を再掲載して問題を新しく付け直したものです。上記の 2 つの設問タイプの解法に集中しながら、もう一度最初から最後まで読んで解答してください。

MOUNTAINS

1　　　Mountains are high lands whose summit area is small, forming a peak. They are not to be confused with plateaus, which may also be high and may also rise sharply from the surrounding area, but which have broader uplands and less of their surface in steep slopes. A few mountains, such as Pikes Peak, are individual summits or peaks, but most of the highest mountains occur in rather narrow, elongated ridges, side by side. A series of ridges forms a mountain range, or chain of mountains.

2　　　Mountains owe their origin to several different and sometimes interrelated causes. The great ranges of mountains which form the backbones of the continents are the result of great movements of the earth's crust. Those mountains which do not occur in ranges were either formed by volcanic action or were left standing after their original surrounding heights had been eaten away by erosion.

3　　　Mountains formed by crustal movement are divided into three classes according to the type of earth-crust movement which formed them. These are fault-block mountains, dome mountains, and folded mountains. There are examples of each class, but combinations of the three categories are the most common. Erosion is common to all of them.

4　　　Fault-block mountains are formed from great breaks in the earth's crust. These breaks, splits, or fractures reach tremendous depths and divide parts of the earth's crust into very large blocks. These blocks move downward or upward in relation to the land around them. Today's frequent earthquakes in regions of faults show that this type of mountain-making is still occuring.

5　　　Dome mountains are popularly named for their appearance, but they are scientifically classified because of the way they are formed. Magma from the interior of the earth has pushed the overlying layers of rock upward into huge dome shapes. These domed mountains are usually oval or circular, and most of them have had their original layers of softer surface rock eroded away. The more resistant core of igneous rock (formerly magma) then lies exposed. The Black Hills area of South Dakota is an excellent example of a dome with the igneous rock core exposed. The Henry and Uinta Mountains of Utah are other illustrations of dome mountains.

6　　　Folded mountains result from internal pressures wrinkling the earth's crust with bulges and dips. These mountains, particularly after years of erosion, consist of a number of parallel ridges which may be thousands of miles long. Most of the important mountain ranges of the world are folded. These include the European Alps, the Asian Himalayas, and the American Rockies.

7   Most mountains, of course, have been formed by a combination of the preceding processes. The Appalachians of the eastern United States, for example, are primarily folded mountains, but much faulting has also taken place.

8   Throughout the earth's past, mountains have had a lasting influence on climate, vegetation, animals, and especially on people. Mountains are one of the natural barriers of the world. Due to the fact that mountain ranges are difficult for people to cross and because they usually have a different climate on each side, they have become natural political boundaries between nations. There are some military advantages and a feeling of security for a nation surrounded by a mountain barrier.

9   Peoples living in heavily mountainous areas usually learn to rely upon their own productive efforts for survival. Even minor mountain chains slow down the development of a region, but where the incentive is sufficient the barriers can be overcome. Today, mine and forest products are taken from mountainous areas which people would have considered impassable a few centuries ago.

10   Even in tropical regions, the climate and vegetation of mountains differ considerably from what would be considered normal for the area. Kenya's Mount Kenya, only about ten miles from the Equator, has fifteen glaciers. The windward side of a mountain usually has a much lower temperature and a much heavier rainfall than the leeward side. The leeward side is often known as a "rain shadow," and is a desert. Most mountains have what is called a timber line, a line above which no trees grow. Immediately below that line, even in the Torrid Zone where one would expect palm trees and tropical vegetation, the vegetation and trees are more the deciduous types of the Temperate.

1 The word which in paragraph 1 refers to

   Ⓐ mountains

   Ⓑ summit area

   Ⓒ plateaus

   Ⓓ surrounding area

2 The word them in paragraph 4 refers to

   Ⓐ fault-block mountains

   Ⓑ great breaks

   Ⓒ frequent earthquakes

   Ⓓ very large blocks

3 **Directions:** Complete the table below by matching five of the six answer choices with the appropriate characteristics of mountains. ***This question is worth 3 points.***

Write your answer choices in the spaces where they belong. You can either write the letter of your choice or you can copy the sentence.

TYPES OF MOUNTAINS	CHARACTERISTICS
Fault-block Mountains	•
	•
Dome Mountains	•
Folded Mountains	•
	•

Answer Choices

   A are oval or circular

   B are high lands whose summit area has a broad upland

   C are mountains which comprise most important mountain ranges of the world

   D are formed from large breaks in the earth's crust

   E are caused by the internal pressures of the earth

   F are still being formed

正解一覧

※5点満点、配点：Q1～Q2は、各問1点。Q3は、5つ正解＝3点、4つ正解＝2点、3つ正解＝1点、2つ～0正解＝0点。（解答は順不同です。）
1. Ⓒ　　2. Ⓓ
3. TYPES OF MOUNTAINS　　CHARACTERISTICS
　　Fault-block Mountains　　　● D / are formed from large breaks in the earth's crust
　　　　　　　　　　　　　　　● F / are still being formed
　　Dome Mountains　　　　　 ● A / are oval or circular
　　Fault-block Mountains　　　● C / re mountains which comprise most important mountain ranges of the world
　　　　　　　　　　　　　　　● E / are caused by the internal pressures of the earth

設問文の訳と解答・解説

1 正解 Ⓒ
第1パラグラフの単語 which が指しているのは

Ⓐ 山
Ⓑ 山頂地帯
Ⓒ 台地
Ⓓ 周辺地域

解説 この which は関係代名詞なので先行詞を探す。文全体を確認すると1つ前の行にも which があり同じ名詞を指していると考えられる。直前の名詞 plateaus が正解。broader uplands（広い高台）があるという説明とも適合する。

2 正解 Ⓓ
第4パラグラフの単語 them が指しているのは

Ⓐ 断層山脈
Ⓑ 大規模な破断
Ⓒ 頻繁な地震
Ⓓ 非常に大きな塊

解説 in relation to ～（～と関係して、～と比較して）に注目すると、These blocks と the land around them の2つの関係について述べた文だと理解できる。この点を考慮すれば、them は直前の複数名詞 These blocks だと考えられる。

3 正解　☞「正解一覧」（p. 406）

6つの選択肢の中から、山（山脈）の特徴として適切なものを5つ選んで、下の表を完成させなさい。この問題の配点は3点です。

空欄には記号を書き入れても、文をコピーして書き入れてもかまいません。

山（山脈）のタイプ	特徴
断層山脈	•
	•
ドーム型の山	•
褶曲山脈	•
	•

A　楕円形か円形である
B　頂上に広い高台がある高地である
C　世界の最も重要な山脈を形成している
D　地殻の大きな裂け目から形成されている
E　地球内部の圧力が原因でできる
F　今でも造られている

解説 本文全体の内容が頭の中に図として描ける程度に理解ができていれば解ける問題。本文の論理構成が思い出せない人は読むときにメモ用紙に各段落のキーワードと思われるものを書いておくと、それぞれの選択肢について文章中のどこを探せばよいのかがわかりやすくなる。ほとんどが本文を確認すれば直接言及のあるものばかりなので、諦めて雑にならずに根気よく丁寧に見つけようとする姿勢が大切。A は第5パラグラフにすぐに見つかる。ドーム型の特徴だ。B は upland を探してみると第1段落に見つかる。これは台地の特徴だ。C は文法的要素に注目して most important を探すと第6段落に見つかる。褶曲山脈の特徴だ。D は breaks, crust を探すと第4段落の断層山脈の説明に該当していることがわかる。E は internal pressures を手掛かりに第6段落にたどり着く。C と同じく褶曲山脈の説明だ。F は still, formed に注目すると第4段落の第1文や最終文が手掛かりだとわかる。ここでは断層山脈が説明されている。

COOPERATIVE BEHAVIOR

1   Early humans were able to accomplish an incredible feat: surviving i a world filled with huge predatory animals while armed with only the most rudimentary of tools and no appreciable physical weapons such as fangs or claws. It is often suggested that humans' survival was made possible by their clever minds and their aggressive tendencies. It may be however that, rather than self-interested aggression, the human trait of cooperation is what allowed us to survive—and thrive.

2   Studies of bonobos and chimpanzees, humankind's closest living relatives, have revealed some of the characteristics of their cooperative behavior that may shed some light onto our own tendencies. First of all, cooperation in these primates is often based on mutual exchange. When a chimpanzee is given a gift by another chimpanzee, be it grooming or food, it is likely to return the favor at a later time. This reciprocal relationship tends to strengthen over time, to the benefit of both parties involved. Second, cooperation between primates is not dependent on direct kinship. Studies have shown that some of the strongest non-sexual partnerships in primates exist between individuals that are not blood relatives. Finally, cooperation may be based on a sense of compassion or empathy. Most mammals, not just primates, respond in a helpful manner to the distress of others. Primates, however, seem to show a specific caring for other primates. In fact, studies have shown that primates will make choices that specifically benefit others.

3   When this last characteristic is taken to a higher level, it morphs into altruism. This trait can be observed in humans when they put their own lives in danger to save a stranger from a burning building. It can also be witnessed in primates when they defend other primates from predators, at the risk of injury or death to themselves. Primates and humans also have a strong tendency to ensure that rewards are shared in equal portions.

4   Despite these similarities, humans possess a few key differences that may have contributed to our becoming the dominant species on this planet. First of all, we have a much greater affinity towards cooperating with outsiders than a primate would. In the wild, most primates become extremely territorial when they encounter individuals outside of their own group. They are very likely

to either attack such an individual, or at least to chase it out of their territory. While humans certainly show a degree of suspicion of outsiders, they are much less likely to attack or chase away someone who does not belong to their group. Humans also show a greater awareness of and attachment to their own reputations. They place stock in how they and others are perceived and judged by their group. Naturally they tend to reward those with good reputations who exhibit positive actions, such as hard work, and to punish those with poor reputations who behave less favorably, such as those who shirk their duties. And perhaps the greatest difference of all is the ability of humans to cooperate on a level that would be unheard of by any of the primates. Humans can form huge groups of individuals that are organized in a hierarchical manner, groups that can generate incredibly complex outputs, ranging from the Pyramid of Khufu on the Giza Plateau to the International Space Station. While primates do acknowledge alpha leaders in their groups, these leaders do not command the group members when it comes to performing group tasks. Primates work in a much more egalitarian manner, meaning that the ability to create hierarchical groupings with commands being issued from the top down may have been one of the keys to our success as a species.

5　　So, despite our physical limitations as a species, our ability to improve upon the cooperative traits of our primate relatives has helped us to achieve the dominance that we currently enjoy.

1 The word It in paragraph 3 refers to

   Ⓐ this last characteristic

   Ⓑ altruism

   Ⓒ cooperation based on mutual exchange

   Ⓓ building

2 The word they in paragraph 4 refers to

   Ⓐ humans

   Ⓑ outsiders

   Ⓒ primates

   Ⓓ individuals

3 **Directions:** Based on information in the passage, two of the answer choices below describe characteristics of primates and three describe characteristics of humans. Complete the table by matching appropriate answer choices to either the primates or humans that they describe. *This question is worth 3 points.*

Write your answer choices in the spaces where they belong. You caneither write the letter of your choice or you can copy the sentence.

Primates	Humans
●	●
●	●
	●

Answer Choices

   Ⓐ Will reward hard work

   Ⓑ Do not display altruism

   Ⓒ Can organize into hierarchies

   Ⓓ More likely to attack or chase away a stranger

   Ⓔ Rarely form partnerships with non-blood relatives

   Ⓕ Work in groups without the issuing of top-down commands

   Ⓖ Place value on individual reputations

※本文訳は p. 298 〜 p. 299 を参照

正解一覧

※5点満点、配点：Q1 〜 Q2 は、各問 1 点。Q3 は、5 つ正解＝ 3 点、4 つ正解＝ 2 点、
3 つ正解＝ 1 点、2 つ〜 0 正解＝ 0 点。（解答は順不同です。）
1. Ⓑ　　2. Ⓐ
3. Primates
- D / More likely to attack or chase away a stranger
- F / Work in groups without the issuing of top-down commands

Humans
- A / Will reward hard work
- C / Can organize into hierarchies
- G / Place value on individual reputations

設問文の訳と解答・解説

1 正解　Ⓑ

第 3 パラグラフの単語 It が指しているのは

Ⓐ この最後の特徴
Ⓑ 利他主義
Ⓒ 相互交換にもとづいた協力
Ⓓ 建物

解説　文の主語で過去分詞 witnessed が表す「目撃する」という動作の意味上
の目的語になる語句を探す。前文の主語 This trait が指す altruism が正解。

2 正解　Ⓐ

第 4 パラグラフの単語 they が指しているのは

Ⓐ 人間
Ⓑ よそ者
Ⓒ 霊長類
Ⓓ 個体

解説　文頭の接続詞 While（〜な一方で）は対比を表す。「人間はよそ者に対し
て警戒するが、彼らはそのよそ者を攻撃したり追い払ったりする可能性は低い」
という内容なので、「彼ら」＝「人間」だと考えられる。

正解 ☞「正解一覧」(p. 411)

文中の情報にもとづくと、以下の選択肢のうち2つが霊長類について説明し、3つが人間について説明している。適切な選択肢をそれらが説明する霊長類または人間に適合させて、表を完成させなさい。この問題の配点は3点です。

空欄には答えの記号を書き入れても、文を書き写してもかまいません。

霊長類	人間
•	•
•	•
	•

A　勤勉に対して報酬を与える

B　利他主義を示さない

C　階層に組織化できる

D　見知らぬ人を攻撃または追い払う可能性がより高い

E　血縁関係ではない親戚と協力関係を築くことは滅多にない

F　上から下へ指令を出すことなく集団で働く

G　個人の評判に価値を置く

解説　霊長類と人間の違いに関しては第4パラグラフに説明がある。A は人間の特徴（第4パラグラフ第8文）。B は霊長類、人間ともに利他主義を示すことがあるため、表に当てはまらない。C は人間の特徴（第4パラグラフ第10文）。D は霊長類の特徴（第4パラグラフ第4文）。E は表に当てはまらない。F は霊長類の特徴（第4パラグラフ第11文）。G は人間の特徴（第4パラグラフ第6文）。

[編著者紹介]

トフルゼミナール
1979年に英米留学専門予備校として設立以来、TOEFL、TOEIC、IELTS、SAT、GRE、GMATなど海外留学のための英語資格試験対策や渡航準備などを通し、多くの海外留学を目指す学習者をサポート。国内大学受験においては、東京外国語大学、早稲田大学国際教養学部、上智大学国際教養学部、ICUなど英語重視難関校対策や、AO・推薦入試のための英語資格試験対策、エッセイ指導等を行っている。

執筆協力：Zachary G. Kelly、Christopher Esquiaqui、R. A. Paulson、Markus Lucas、Michael McDowell、小倉雅明、高橋由加梨、梶ヶ谷毅
編集協力：飯塚香、山田広之
本文デザイン・DTP：有限会社トゥエンティフォー
装丁：佐藤真琴（株式会社鷗来堂 組版装幀室）

TOEFL® テスト集中攻略リーディング 改訂版

発行　　　　：2021 年 3 月 10 日　改訂版第 1 刷
　　　　　　：2024 年 7 月 30 日　改訂版第 3 刷

編者　　　　：トフルゼミナール
発行者　　　：山内哲夫
企画・編集　：トフルゼミナール英語教育研究所
発行所　　　：テイエス企画株式会社
　　　　　　　〒 169-0075
　　　　　　　東京都新宿区高田馬場 1-30-5 千寿ビル 6F
　　　　　　　E-mail　books@tseminar.co.jp
　　　　　　　URL　https://www.tofl.jp/books/
印刷・製本　：TOPPAN クロレ株式会社